教育部人文社会科学重点研究基地重庆工商大学长江上游经济研究中心
"三峡库区百万移民安稳致富国家战略"服务国家特殊需求博士人才培养项目
重庆市人文社会科学重点研究基地重庆工商大学区域经济研究院

NONGCUN JINRONG TIXI DE GONGNENG QUEXIAN YU ZHIDU CHUANGXIN
—— Jiyu Chongqing Shi Nongcun Jinrong Shijian de Sikao

农村金融体系的功能缺陷与制度创新

—— 基于重庆市农村金融实践的思考

李虹 著

西南财经大学出版社
Southwestern University of Finance & Economics Press

中国·成都

图书在版编目(CIP)数据

农村金融体系的功能缺陷与制度创新:基于重庆市农村金融实践的思考/李
虹著. —成都:西南财经大学出版社,2021.7
ISBN 978-7-5504-4835-3

Ⅰ.①农… Ⅱ.①李… Ⅲ.①农村金融—金融体系—研究—重庆
Ⅳ.①F832.35

中国版本图书馆 CIP 数据核字(2021)第 063698 号

农村金融体系的功能缺陷与制度创新——基于重庆市农村金融实践的思考
李虹 著

责任编辑:雷静
封面设计:张姗姗
责任印制:朱曼丽

出版发行	西南财经大学出版社(四川省成都市光华村街55号)
网　　址	http://cbs.swufe.edu.cn
电子邮件	bookcj@ swufe.edu.cn
邮政编码	610074
电　　话	028-87353785
照　　排	四川胜翔数码印务设计有限公司
印　　刷	四川五洲彩印有限责任公司
成品尺寸	170mm×240mm
印　　张	12
字　　数	222 千字
版　　次	2021 年 7 月第 1 版
印　　次	2021 年 7 月第 1 次印刷
书　　号	ISBN 978-7-5504-4835-3
定　　价	75.00 元

前　言

　　发展地方金融的迫切任务是金融体制的改革和农村金融的发展。农村金融一直备受关注，特别是自 2003 年启动了以农村信用社改革为标志的新一轮农村金融体系改革和创新以来，其发展取得了很大的进步。比如推动农业银行、农村信用社、邮政储蓄银行等银行业金融机构的市场化改革和涉农信贷发展；加大政策性金融对农村改革发展重点领域和薄弱环节的支持力度，拓展农业发展银行支农领域和国家开发银行对小微企业信贷的扶持领域，加快培育村镇银行、小额贷款公司、农村资金互助社，有序发展贷款担保组织；引导社会资金投资设立适应"三农"需要的各类新型金融组织，推进农村金融产品和金融服务方式的有序创新，满足农户和农村中小企业的实际需求；促进农村支付体系和信用体系的建设，逐步完善农村金融基础设施建设等。这些改革和创新的确有效地解决了重庆市农村金融服务不到位、信贷资金供给不足的问题，改善了农村金融服务状况。本书具体分工为：李虹编写第一章至第五章，并负责全书统稿；龚黔芬编写第六章至第七章，艾熙编写第八章至第十章。

　　本书是在重庆市教育科学技术研究项目"农村金融体系的功能缺陷与制度创新——基于重庆市农村金融实践的思考"（KJQN201800823）研究成果的基础上，综合其他课题和文章的精华，更新数据、资料和研究方法，以及扩展研究内容完成的。因此，我要首先感谢重庆市教委给我这么好一个项目，在研究过程中市教委的领导和专家还给我提出了很多宝贵的意见；同时要感谢课题参与人周洪文、龚黔芬、艾熙及课题组其他成员，没有他们的辛勤付出，课题也不能顺利完成，当然也会影响本书的写作和出版。在本书的写作过程中，我拜读了很多关于农村消费的书籍和文章，这些熟悉和不熟悉的国内外学者的研究使我深受启发，我也引用了其中许多高见，在此谨向这些学术前辈们表示诚挚的感谢！最后，感谢西南财大出版社对本书学术价值的肯定，使得本书得以顺利出版。

由于作者水平有限，本书难免存在疏漏，敬请各位专家、读者不吝赐教，我由衷地表示感谢！

李虹

2021 年 6 月

目　录

第一章 农村金融体系的制度变迁 与农村经济发展

农村金融体系是农村经济的"造血体"。一方面，农村金融的产生和发展依赖于农村经济，农村经济的运行和运行轨迹决定了农村金融的特征和历史沿革；另一方面，农村金融的发展程度和资源配置能力又制约着农村经济的发展，农村金融和农村经济之间相互依存、相互影响的关系在农村制度变迁过程中表现得尤为突出。随着农村改革的不断探索和深化，农村金融体系经历了许多变迁，在起伏震荡之后，形成了当前农村金融体系正规金融组织和非正规金融组织并存的局面。其中，正规金融组织呈现出农村政策性金融、商业性金融、合作性金融"三驾马车"并行的格局，而非正规金融组织主要以民间自由借贷、合作基金会等形式存在。

1. 农村政策性金融的制度变迁

政策性金融也被称为国家金融、政府金融等，是指在一国政府的支持与鼓励下，以国家信用为基础，运用种种特殊的融资手段，严格按照国家法规所指定的业务范围、经营对象，以优惠的存贷款利率和条件，直接或者间接为贯彻和配合国家经济和社会发展政策而进行的一种特殊的资金融通行为或活动。由政府主导的政策性金融往往具有政策性、服务性和公共性等特征，成为各国政府支持本国金融发展的重要措施。

农村政策性金融仍属于政策性金融的范畴，但"农村"一词界定了其所服务的范围和对象，即主要是"三农"。具体来讲，农村政策性金融是指以政府发起、组织为前提，以国家信用为基础，以配合、执行国家农业和农村产业政策、区域发展政策及农业科技进步政策为主要目的，在农业及相关领域从事资金融通，旨在改善农业基础设施条件，支持、保护农业生产，促进农业、农村经济发展和农民增收的一种特殊金融活动。

农业作为弱势产业，其高风险、高投入、低收益的特征，使得以市场为导向的商业性金融机构和处于改革过程中的合作性金融机构难以成为当前农村金融的主要供给者，因此政策性金融机构（政策性金融业务）在农业发展中发挥着不可替代的作用。

我国农村政策性金融的发展经历了从无到有的过程，伴随着我国经济体制改革的进程逐步深化。以改革开放为分水岭，新中国成立到1978年这段时期是高度集中的计划经济体制时期，与之相适应，金融管理体制也必然是集中统一的计划经济管理模式。在这一时期，我国的金融体制高度集中统一，农村金融活动实际上是在人民银行的统一指令下进行的，并无政策性金融和非政策性金融之分。在这种"大一统"的金融体制下，人民银行实际上是以中央银行、商业性银行和政策性银行结合体的形式存在的，经营包括农业政策性金融业务在内的所有金融业务，其中农业政策性金融业务主要是为了支持农业生产。这种计划经济管理体制下的农业政策性金融业务主要包括以下几个方面的特点：

（1）高度集中统一的管理体系。与计划经济体制相适应，这一时期的所有金融活动都可以理解为政府调控下的金融行为。此时的人民银行独揽了所有一般金融活动和金融管理职能，既要履行央行的职能，又要办理各项具体业务。农村政策性金融业务和其他一切金融业务一样，都由国家进行信贷决策，由人民银行统一经营和管理。

（2）计划性的金融运作模式。在计划金融运作模式下，所有的农村金融活动都是在人民银行的统一指令下进行的，并没有政策性业务和商业性业务之分。贷款的方式是由银行和信用社根据国家的生产计划，将生产所需要资金按计划直接拨给公社和大队，计划到期再收回。

（3）金融机构职能的机关化。计划性的金融运作模式使得银行没有任何运营资金的自主权，银行完全按照政府的计划指令发放贷款，基本上如同政府机关中的一个行政部门。存贷款利率形同虚设，既不反映供求关系，也不反映行业利润水平，只算政治账，不算经济账，基本上实行固定利率，往往若干年才变动一次。在存贷款上实行收支两条线，存款不考核，贷款给指标，按指标放款。

2. 农村商业性金融的制度变迁

商业性金融是各国金融体系中最重要的组成部分。商业性金融机构是指以获得利润为经营目标，以多种金融资产和负债业务为经营对象的综合性、多功能的金融机构。农村商业性金融机构——中国农业银行，经历了从无到有、从政府直属机构转变为真正的国有商业银行这样一个曲折的发展过程。

改革开放之前，我国在计划经济体制下形成了由中国人民银行"大一统"的银行体系，即银行不划分专业系统，各个银行都作为中国人民银行内部的一个组成部分，从而使中国人民银行成为既办理存款、贷款和汇兑业务的商业银行，又负担着国家宏观调控职能的中央银行。在此期间，中国农业银行经历了"三立、三撤"的曲折发展历程。

（1）"一立、一撤"。为满足土地改革后农村经济不断发展的需要，1950年12月20日，中国人民银行讨论通过了《筹设农业合作银行提案》。1951年8月，经政务院批准，中国农业银行正式成立，其主要任务是专门办理国家各项农业财政拨款和一年期以上的长期贷款。农业合作银行只设总管理处，未设分支机构，总管理处又归中国人民银行主管，所以实质上还是由中国人民银行办理业务，于是中国农业银行在"三反"运动和精简机构中被撤销。

（2）"二立、二撤"。1955年3月，经国务院批准成立中国农业银行，负责吸收农村各项存款，办理农村的长短期贷款和农业的基本建设拨款与监督等业务。但由于当时财政拨款由中国建设银行负责，农业长期贷款由于国家没有拨给资金而无法展开，相当一部分金融业务还是由中国人民银行办理，所以中国农业银行实际上是个"农贷银行"。管理体制和职能业务均未理顺，造成了许多人为的矛盾，农业银行于1957年4月与人民银行合并，再次被撤销。

（3）"三立、三撤"。为了加强对农业发展的资金支持，1963年10月，经国务院批准中国农业银行再次恢复，其任务是统一管理财政部门直接拨付的各项支农资金和中国人民银行办理的各项农业贷款，统一领导农村信用社。其机构一直设到基层营业所，但是这次设立没有解决好营业所"代理"和"双规"问题，部分业务划转纠纷依然存在，给干部管理、业务分工、账务处理带来很多困难，于是在1965年11月，农业银行再次并入中国人民银行。

我们从这一时期农业银行的曲折发展过程可以看出，在计划经济体制下，无论是农业政策性金融，还是农业商业性金融，都难以发挥其应有的职能作用，高度集中的经济体制所形成的部门权力是不容分散的，不允许有更多的灵活性选择。

3. 农村合作性金融的制度变迁

自1849年德国人雷发巽创办第一家合作金融机构以来，合作金融机构已经有170余年的发展历史。作为一种特殊的金融组织形式，合作金融机构是指由个人集资联合组成、以互助融资方式为基础的金融机构，其参加者往往是社会中的弱势群体，它已成为各国农村金融体系中的重要组成部分。

在实际运作中，各国合作金融机构以1995年国际合作联盟100周年代表大会上产生并通过的"合作制原则"为指导实践的依据和章法。该原则的主要内容是：自愿和开放原则，民主管理资源原则，社会经济参与原则，自主和独立原则，教育培训和信息原则，合作社间合作原则，关心社区原则。

从其含义和指导原则上可以看出，合作金融机构应具备以下特征：第一，合作金融机构是经济上的弱势群体按照合作原则，即自愿、互利原则所组成的金融互助组织；第二，合作金融是互助金融，具有不同于商业金融的公共产品特征，其服务对象限于本社成员，信贷活动不具有竞争性，不以营利为唯一和主要目的，带有扶弱功能；第三，参加合作金融机构的往往是经济上的弱势群体，实行一人一票制，而不是商业性机构实行的一股一票制，更加体现了内部的民主管理原则。这三大特征已经成为辨别合作金融机构真伪的主要标志。

一般认为，我国农村合作金融体系包括农村信用合作社、农村合作基金会、合会及农村资金互助社。其中，农村合作基金会已于1999年被取缔，已有的合作基金会或纳入农村信用社，或清盘关闭。合会作为民间自发的"草根金融"组织，往往具有分散、隐蔽、容易诱发风险和其他犯罪活动，以及扰乱金融秩序的弊病，因此其发展备受争议，当前难以成为农村合作金融的主体。农村资金互助社于2006年批准组建，其运行状况、功效及发展前景还有待进一步考察。因此，农村信用合作社仍被认为是当前我国农村合作金融的主要实现形式。

我国农村信用合作社创办于20世纪50年代初期，虽然发展的历史不算长，但过程曲折起伏，改革开放以来主要经历了三次大的变革。

第一次改革的标志是1983年由中国农业银行总行发布，并于1984年由国务院批转的《关于改革信用合作社管理体制的报告》。该报告提出，恢复农村信用社合作金融的性质，恢复和加强信用社组织上的群众性、管理上的民主性、经营上的灵活性，变"官办"为"民心"；要积极吸收农民入股，增强群众基础，壮大资金力量，将信用社和农民的经济利益紧密联系起来；农村个人和集体经济单位均可入股，但要贯彻自愿原则，有入股和退股的自由；加强农村信用社的民主管理；强调信用社组织的资金要优先用于农村，存款除按照比例向农业银行上交存款准备金外，其余资金信用社有权按照国家信贷政策充分运用，多存可以多贷，以加强其经营上的灵活性；逐步取消农业银行对信用社的亏损补贴办法，实行独立经营、独立核算、自负盈亏；在此基础上，各个基层信用社组织建立起信用合作社的县联社。这次改革促进了农村信用合作社的发展，到1995年年底，全国已有独立核算农信社20 219个，总资产达到9 587亿元，所有者权益达到632亿元，其中实收资本378亿元，各项存款余额达到7 173亿元，各项贷款余额5 176亿元。但此次恢复合作金融的改革没有突破行政管理的框架，管理体制并没有发生实质性的变革，因而并未取得突破性的进展。

第二次改革的标志是1996年国务院发布《关于农村金融体制改革的决定》提出，此次改革的核心是把农村信用社逐步改为由农民自愿入股、由社员民主管理、主要为入股社员服务的合作性金融组织。其改革的主要步骤是，使农村信用社与中国农业银行脱离行政隶属关系，而由农村信用社县联社和中国人民银行承担其业务管理和金融监管工作，然后再按合作制原则加以规范。此次改革通过加强农信社县联社的建设，加强中国人民银行对农信社的监管，按合作制原则重新规范信用社改革现有农信社的管理体制等措施，使农村信用社在股权设置和民主管理等方面逐步向"合作金融"方向回归，农村信用社与社员关系明显加强，基本上突破了农村信用社"既是集体合作金融组织，又是国家银行基层和机构"的管理体制。农村信用社虽然在此次改革中在体制上与农业银行脱离了行政隶属关系，却承接了大量累积的不良资产。2002年年末，全国农村信用社资不抵债额达3 300多亿元，资本充足率为−8.45%，不良贷款5 147亿元，连金融机构存在的基本条件都不具备。

第三次改革的标志是2004年国务院印发的《国务院办公厅关于进一步深化农村信用社改革试点的意见》。该意见认真总结重庆等八个省市农村信用社试点改革的经验：一是新的监督管理体制框架基本形成，有关方面对农村信用社的监督管理责任进一步明确；二是农村信用社的历史问题得到初步化解，经营状况开始好转，三是农村信用社实力明显增强，金融支农力度加大，支农服务进一步改善；四是农村信用社产权制度改革已经起步，经营机制开始转换，内控制度得到加强；五是农村信用社的社会信誉进一步提高，员工精神面貌有了很大的改观，为下一步工作打下良好基础。在此基础上，政府进一步扩大农村信用社改革试点范围，确定北京、天津、河北、山西、内蒙古等21个地方作为进一步深化农村信用社改革试点地区。这一轮农村信用社改革的重点包括三个方面。第一，以法人为单位，改革农村信用社产权制度，明晰产权关系，完善法人治理结构，区分各类情况，确定不同的产权形式。在制度选择上，信用社既可以实行股份制、股份合作制，也可以继续完善合作制。在组织形式上，有条件地区的农村信用社可以改制组建农村商业银行、农村合作银行等银行类机构或实行以县市为单位的统一法人；其他地区也可以继续实行乡镇信用社、县市联社各为法人的体制；对少数严重资不抵债、机构设置在城区或城郊、支农服务需求较少的信用社，可以考虑按《金融机构撤销条例》予以撤销。第二，改革农村信用社管理体制，将农村信用社的管理交由省级人民政府负责。目标模式是"使农村信用社真正成为自主经营、自我约束、自我发展和自担风险的市场主体，真正成为服务于民，农业和农村经济的社区性地方金融企业"。第三，以加强支农服务、改善支农效果为目标，转换农村信用社经营机制，加强内控制度建设，逐步推进经营机制转换。此次改革使农村信用社实现了十年以来的首次盈余，但是这次改革只强调了支农目标，模糊了合作性质，特别是如此迅速的扭亏为盈引发了关于农村信用合作社性质的争论，使农村信用合作社未来的发展方向变得扑朔迷离。

4. 重庆市农村金融体系的情况

4.1 重庆市农村金融机构整体情况概述

我国涉农金融机构主要包括银行业金融机构、民间金融机构及担保、保险等第三方金融机构。《中国银行业监督管理委员会年报》统计显示：截至2018年年底，银行业金融机构涉农贷款余额已经达到了15.1万亿元，相比年初增加了2.93万亿元，增长了24.1%，高于各项贷款增速6.2个百分点，而且涉农贷款余额占各项贷款余额的比重相比2017年年底提高了2.6个百分点，为"三农"问题提供了有效的金融支持。在金融机构乡镇网点设置上，据中国银保监会统计，截至2018年年底，全国金融机构空白乡镇只有2 016个，完成了715个空白乡镇金融机构的覆盖。但是我国农业保险和再保险体系发展长期低迷，风险保障水平很低，担保体系的培育也相对缓慢。

重庆市农村金融体系基本上形成了以农村合作金融为主体，新型金融机构和邮政储蓄银行为生力军，政策性金融和商业性金融为辅助，民间金融为补充的格局，在具体金融机构上包含了中国农业发展银行、重庆市农村商业银行、中国邮政储蓄银行、中国农业银行、资金互助社、小额贷款公司及民间借贷机构。数据显示，截至 2018 年年末，重庆市各金融机构投放县域地区的贷款为 1 970.5亿元，占全市总贷款余额的 18.1%，其中，中国农业银行、重庆市农村商业银行和中国邮政储蓄银行共有乡镇网点 2 746 个，乡镇网点金融机构覆盖率仅为 30.5%，平均每个金融网点服务 5.4 个村，服务 3 665 户农户。可见，重庆市农村金融体系的构建与改革问题俨然成为当前普遍关注的热点。

4.2 重庆市农村金融体系具体阐述

4.2.1 重庆市农村合作金融

合作金融是按合作制原则组建起来的一种金融组织形式，最早的合作制原则源于 1895 年成立的国际合作联盟的罗虚戴尔原则，即自愿性原则、互助共济原则、民主管理原则、非盈利性原则，1995 年又被概括为包含自愿和开放原则、教育培训和信息原则、合作社间合作原则及关心社区原则等在内的新的七项原则。信用合作组织在遵循以上合作制基本原则的基础上形成了以入社的开放性和自愿性、民主管理、非歧视性、面向会员服务、主动承担社会义务为特征的金融合作组织。我国的农村信用社起源虽然可以追溯到新中国成立初期，但是当时的信用社由于在历史背景下并不符合合作社公认的原则，体制方面也遭到了扭曲，因此不是真正意义上的农村信用合作社。而我国决心改革信用社体制是在 1984 年，当时中央发布了中央一号文件，明确指出，"信用社要进行改革，真正办成群众性的合作金融组织"，并将信用社改革的领导指导权力下放给中国农业银行，旨在恢复其"三性"合作社特性。1996 年，国家又启动了以"农村信用社与中国农业银行脱离行政隶属关系"为核心的新一轮农村信用社改革，强调要把农村信用社逐步改革为由农民自己入股、由各社员民主管理且主要为入股社员提供服务的合作性金融组织。2003 年，国务院以《深化农村信用社改革试点方案》为开端，在全国农村信用社中掀起了新一轮大规模改革。此次改革充分考虑了我国的基本国情和地区差异，不再把恢复纯粹的典型合作制模式作为改革的唯一目标，而是开始了对农村信用社的多种模式创新的探索，核心是产权制度改革和管理体制改革。在产权制度改革方面，根据地区现实情况和区域差异形成了以股份制、股份合作制、合作制为内容的产权改革；在管理体制上，强调政企分开、强调信用社的管理交由地方政府来负责，省级政府则通过省级联社等管理机构对辖区内的信用社履行指导、协调等服务职能。

农村合作金融在重庆市的具体表现为重庆农村商业银行股份有限公司（简称重庆农商行），其前身就是重庆市农村信用社。2007 年 6 月，重庆市正式被党中央国务院批准成为全国统筹城乡发展综合配套改革试验区。作为改革带头兵，重庆市农村信用合作社根据重庆市本身的经济情况进行了以股份制改造为内容的产权制度改革，使得农村信用社这样一个经过 50 多年发展的合作制金融机构于 2008 年 6 月改制成为一个适应现代市场化运作的、全国注册资本金最大的农村商业银行，并于 2010 年 10 月在香港交易所上市，成为第一家在香港上市的农商行，实现了从 2003 年改革以来从信用社到农商行再到上市银行的三级跳。作为重庆市支农服务的中坚力量，重庆农村商业银行始终遵守着改革之初许下的"改名不改姓，改制不改向"的十字承诺，支持重庆市"一圈两翼"的发展战略，支持县域和农村经济进行金融融资。在支农总体发展战略上，为了促进农村产业化经营，2009 年重庆农商行提出了"323"信贷支农金融服务工程，即从 2009 年开始，用 3 年时间，达到累计发放支农贷款 200 亿元，支持农业产业化项目 3 000 个；之后又提出了"3221"信贷支农金融服务计划，即从 2010 年起，用 3 年时间，达到累计投放支农信贷资金 200 亿元，支持和带动"两翼"地区 200 万农户实现户均增收 1 万元。股份制改革以来，重庆农商行涉农贷款持续攀升，在支农贷款总量占比方面，重庆农商行一直位居重庆市银行业的首位。2017 年涉农贷款余额达到了 600 多亿元，2018 年涉农贷款余额更是达到了 800 多亿元，其涉农贷款结构和质量也进一步得到优化，涉农不良贷款率相比年初下降了 4.50 个百分点，农户贷款管理改革试点工作也取得了明显成效。在机构网点布局方面，重庆农村商业银行加快网点建设整合步伐，在保证"一镇或乡一点"的基础上，力求促进机构网点布局能够与金融需求和经济流向相匹配。据统计，2018 年，重庆农商行加强设立"三农"业务部，31 个非主城区支行划为"三农"支行，圆满完成了 9 个区县 27 个零网点乡镇服务覆盖工作 83.5%。2019 年在继续推进乡镇网点建设的同时，重庆农商行建立农村金融自助服务终端，并设立了全市首个农村便民金融自助服务点，让农民享受足不出村的现代金融服务。在涉农贷款品种创新上，重庆农商行也从未停下脚步，先后推出了"致富之路"支农系列贷款、"精彩人生"消费系列贷款、"创业伙伴"经营系列贷款等支农贷款产品，启动了对农村居民住房抵押贷款、农户万元增收担保贷款、农产品鲜储保证贷款、农用机械按揭贷款、地票质押贷款等多种信贷产品模式的尝试，基本形成了从单个农户到辐射农村各类市场参与主体，从 3 万元单个农户小额信贷到 30 万元农村产业大户信贷，从 5 万元农户联保贷款到 50 万元农村产业大户联保贷款，从信用贷款到各类担保方式共同发展的局面，并通过对农村龙头产业的信贷支持大力促进农民专业合作社的发展，改善合作社融资难的状况。

4.2.2　重庆市农村政策金融

农村政策金融是指由政府支持的，不以市场机制为经营原则，意在贯彻、配合政府的经济政策，直接或间接地帮助农业进行政策性融资活动，弥补一国财政、合作金融机构、商业性金融机构及民间金融机构在支持农业信贷上的缺口的一种金融组织形式。当前世界上绝大多数国家都建立了农业政策性金融机构，其是一国支农金融体系中被各界关注的一个特殊金融机构，比如法国的农业信贷银行、美国的联邦土地银行、日本的农林渔业金融公库、韩国的全国农业协同组合中央会及印度的国家农业和农村开发银行等。虽然它们的成立方式各有不同，但是其运行目的及宗旨都是为了支持本国农村和农业的发展。

中国农业发展银行是我国唯一的农业政策性金融机构，于 1994 年 4 月成立，并在同年 6 月正式接手原本由中国农业银行承担的农村政策性金融业务，同时具有政策性和金融性的双重特性。农业发展银行从经营业务范围的变化来看，大致经历了从综合性业务阶段到单一性业务阶段再到更优质的综合性业务阶段的过程，涵盖了包括粮棉油专项贷款业务等共六大类九个品种的业务经营范围，是支持新农村建设的重要力量。根据中国农业发展银行 2018 年的年报，2018 年年末，农发行贷款余额达到了 46 560.4 亿元，比上年增长了 5 614.08 亿元。从贷款结构来看，全行粮棉油贷款余额达到了 990.16 亿元，净增 719.70 亿元，仍然是农发行的主要政策性经营业务。农业农村基础设施建设中长期贷款年末余额为 2 625.5 亿元，净增 1 760.17 亿元，保持了较好的发展势头；对农村产业化龙头企业、中小企业及农民专业合作社的贷款达到了 141.34 亿元，成为解决农民专业合作社融资问题的重要金融机构。

中国农业发展银行重庆市分行成立于 1996 年 12 月，迄今为止，下辖 1 个营业部、3 个二级分行和 32 个支行，拥有员工千余名。总的来说，农发行重庆市分行的业务经营范围和政策目的随着我国经济体制改革的变化而不断调整，基本上遵循了我国农发行总行的规定范围与总体特征，但是在很多细节上，结合重庆市的经济特点和区域差异，在遵循重庆市"一体两翼"的总体发展战略基础上，农发行重庆市分行表现出了自己的特点。农发行重庆市分行的支农特征可以追溯到 2006 年，农发行重庆市分行根据重庆市农村企业的特点申请成为全国开办农业小企业贷款业务的三大试点之一，正式获准为各种不同类型所有制和组织形式的农业中小企业办理贷款，并且进一步获批为农业产业化龙头企业办理农业科技贷款，根据中小企业特质简化了贷款审批程序，制定了贷款利率定价办法，设立了针对收入、成本、利润及绩效的考核体系，带动了重庆市农业中小企业及农民专业合作社的发展。2007年，农发行重庆市分行向武隆县仙女山新区开发有限公司总共发放了农业综合开发中长期贷款2.2亿元，使得这座以前的穷山一跃成为观光旅游的热门景点，带动了当地农村经济发展和农民收入增加，成为农发行支持"三农"的成功案例。2008年，农发行重庆市分行与重庆市政府签署了合作备忘录，通过高达100亿元的政策性金融信贷支持重庆市"森林重庆"的建设，以期改善农村生态环境，带动林业产业化的龙头企业与农民专业合作社的发展。2009年以来，农发行重庆分行根据重庆市政府的整体战略，通过百亿元的信贷计划，支持重庆市政府的"两翼"95%的农民实现万元增收的工程。数据显示，截至2018年年末，农发行重庆市分行不断加大政策性金融支持力度，累计投放精准扶贫贷款100.11亿元，精准扶贫贷款余额465.96亿元，占全市金融机构精准扶贫贷款份额的43%，余额和占比稳居第一，起到了很好的支农表率作用。同时在2018年，农发行重庆市分行累计向全市18个贫困区县投放各类贷款154.06亿元；推动省级政策性金融扶贫实验示范区建设，投放各类贷款110.27亿元，超额完成2018年脱贫攻坚市级部门目标责任制考核任务；贫困区县各项贷款平均利率4.8%，每年为贫困区县节约融资成本10亿元。因此，可以说农发行重庆市分行在解决"三农"问题方面，切实发挥了我国农业政策性金融机构的支农职能，推动了重庆市农业农村经济的快速优质发展，成为解决农户及农民专业合作社融资问题的重要力量。

4.2.3 重庆市农村商业金融

根据《中华人民共和国商业银行法》，商业银行是吸收公众存款、发放贷款、办理结算等业务的企业法人。我国的商业银行大致有如下三类：大型国有商业银行、大中型全国性股份制商业银行及不断涌现出的地方性的商业银行。这些商业银行形成了覆盖全国各个区域及城乡的较为完善的金融体系。作为商业金融体系的重要组成部分，我国的农村商业金融体系基本上形成了以中国农业银行为主导，中国邮政储蓄银行为生力军，各个全国性股份制商业银行和外资银行为补充的体系结构。其中，由于全国性股份制商业银行涉农分支机构尚处于初步建立阶段，重庆市尤为如此，因此，重庆市的农村商业金融机构主要包括中国农业银行重庆分行和中国邮政储蓄银行重庆分行。

（1）中国农业银行重庆分行涉农现状。

中国农业银行是新中国成立以来的第一家国有商业银行，通过几十年的发展，相继经历了国家专业银行、国有独资商业银行及国有控股商业银行几个发展阶段，于 2004 年首次上报农行股份制改革方案，并在 2019 年 1 月完成股份制改造，于 2010 年 7 月在上海证券交易所和香港联合交易所挂牌上市，为我国四大国有银行的股份制改造画上了一个圆满的句号。中国农业银行的股份制改造，对盈利性的要求越来越重视，使其按照市场供需原则进行业务操作，从而削减了大量县域分支机构，尤其是农村金融信贷的供给。虽然如此，相比另外三大国有银行，中国农业银行依然是进行"三农"服务的主力军，成立了"三农"金融发展委员会，以面向"三农"、服务城乡为宗旨，并通过金融创新弥补网点的大量缩减。数据显示，截至 2017 年年末，中国农业银行涉农贷款余额达 3.08 万亿元，比年初增加 3 586 亿元。未来中国农业银行将进一步服务好乡村振兴战略，绿色金融、普惠金融将是农行资产配置的重点。

中国农业银行重庆分行抓住了重庆直辖后经济金融大力发展的机遇，在重庆成为全国统筹城乡综合配套改革试验区的新形势下，立足"三农"，不管是涉农贷款总量，还是金融产品与服务的创新，都走在了全国前列，也走出了自己的特色。为了支持"五个重庆"的建设，中国农业银行重庆分行累计贷款 175 亿元，用以对基础设施建设及民生工程进行金融支持；为了支持重庆市推行的"两翼"农户万元增收工程，中国农业银行重庆分行三农产品研发中心研发了包括农民专业合作社流动资金贷款、花舟苗圃质押贷款及季节性收购贷款等在内的数十种符合重庆市农村具体情况的特色金融产品。为了缓解农民金融需求日益强烈与乡镇金融网点缺乏、农村金融机构不足的矛盾，中国农业银行重庆市分行在 2018 年提出了"乡镇自助银行流动服务组"的"流动服务自助银行"金融渠道创新模式的构想，并于 2018 年年初在武隆县仙女山镇首次实施，使得更大乡镇区域内的农户不仅能够办理类似在机上的自助现金存取款业务，还能办理小额信贷申请、银行卡挂失补办等非现金业务，既解决了在乡镇开设营业网点成本高的困难，也能基本满足农户的金融需求；为了加大力度改善偏远山区金融服务供给缺乏、农户基本金融需求不易满足的现状，中国农业银行重庆市分行于 2010 年在巫溪县农村开始了新型金融服务终端——惠农通——的建设工作，依靠商务部的"万村千乡市场工程"科技平台，使得偏远山区的农民也能够足不出村地办理转账、查询、存取款及刷卡消费等现代金融业务。中国农业银行重庆分行已经安装了多台"惠农通"机器，覆盖了全市行政村的 92.5%，让偏远山区的农民也能够享受现代金融的便捷。

（2）中国邮政储蓄银行重庆分行涉农现状。

中国邮政储蓄银行的起源可以追溯至 1986 年，直到 2004 年中国银监会才下发通知要求邮政储蓄与邮政业务应该实行财务分开和分账经营，由此中国邮政储蓄银行才成为一个真正独立经营的商业银行。通过几年的筹划，2007年3月，中国邮政储蓄银行有限责任公司在原国家邮政局、中国邮政集团公司经营的邮政金融业务的基础上成立了，其希望通过发挥邮政的网络优势来完善城乡金融服务，为农户提供多样化的融资渠道。自成立以来，中国邮政储蓄银行在我国农村地区的金融业务和营业网点都得到了飞速发展，根据《中国银行业监督管理委员会年报》的统计，截至2016年一季度末，中国邮政储蓄银行拥有营业网点超过4万个，网点覆盖中国全部城市和近99%的县域地区。中国邮政储蓄银行"三农"金融服务水平得到明显提高，服务覆盖范围显著扩大，在改善农村金融环境及提高农村金融服务水平方面都发挥了重要的积极作用，俨然成为农村金融服务体系中最有潜力的生力军。

中国邮政储蓄银行重庆分行于2007年12月成立，以服务"三农"、中小企业和城市社区为发展定位，依托其遍布城乡的网点平台，为重庆市城乡统筹建设提供金融支持，开创了适合重庆市自身特色的金融支农道路。和各地邮政储蓄银行一样，重庆市分行也积极开展小额贷款，为农民专业合作社及农民专业化中小企业提供方便及时的金融服务，助推"两翼"农户万元增收工程，并积极进行金融产品及组织模式的创新。以2008年12月中国邮政储蓄银行重庆分行与巴南区政府签署试点信用村战略协议为开端，中国邮政储蓄银行重庆分行在全市启动了绿色信用村、信用园区和信用商城建设工作，不仅使得农户可以更加方便快捷地获得小额信贷，也使农户增强了信用意识，缓解借贷双方信息不对称的矛盾，成为中国邮政储蓄银行重庆分行的特色金融服务组织模式。截至2018年6月，全行辖1个直属支行和39个区县支行，共3 500多名员工，全市拥有邮政金融营业网点1 670个、自动存取款机（automated teller machine，ATM）744台。全行资产规模、存款规模均突破1 000亿元，城乡居民开立的邮政储蓄账户超过3 000万户，使用邮政绿卡的客户达到1 100万户。中国邮政储蓄银行重庆分行还设置了特色的"好借好还"青年创业资金，为农户和小微企业主提供更加方便专业的信贷服务。为了促进重庆市城乡统筹发展战略的实施，中国邮政储蓄银行重庆分行承诺在2019年，向其提供资金以支持"五个重庆"的建设、"两江新区"的建设、中小企业金融服务及农民专业合作社的融资。

4.2.4 重庆市新型农村金融

农村金融的初步开放可以追溯到2005年，以中国人民银行宣布的在山西、四川、陕西、贵州、内蒙古五省进行"只贷不存"的小额贷款试点工作为标志。为了缓解农村金融供给严重缺乏与农村金融需求日益旺盛的矛盾，2006

年年底，我国银监会出台了相关文件，正式认可了包括村镇银行、贷款公司和农村资金互助社在内的新型农村金融机构在我国农村金融体系中的地位，并在四川、内蒙古、甘肃、青海、吉林和湖北六省进行试点工作。相比传统的金融机构，新型农村金融机构与农村实际情况贴合得更加密切，服务方式更加灵活多变，创新信贷产品层出不穷，许多无法从传统金融机构获取贷款的农户可以从新型农村金融机构获得及时的贷款服务。根据《中国银行业监督管理委员会2018年报》的统计，截至2018年年底，全国新型农村金融机构数量达到了4 588家，其中村镇银行为1 616家；股份制银行、城商行数量不变，分别为12家、134家；农村合作银行、农村信用社、农村资金互助社数量不同程度减少，较2017年分别减少3家、153家、3家；外资法人银行增加2家，分别是国泰世华银行（中国）有限公司和彰银商业银行有限公司。在存贷款规模上，截至2018年年末，新型农村金融机构人民币各项贷款余额136.3万亿元，同比增长13.5%，增速比上年年末高0.8个百分点。同年12月末，本外币存款余额182.52万亿元，同比增长7.8%；月末人民币存款余额177.52万亿元，同比增长8.2%，增速比上月末高0.6个百分点，比上年同期低0.8个百分点。可见，新型农村金融机构，特别是村镇银行，俨然是缓解我国农村融资问题的中坚力量。

重庆市新型农村金融机构的出现相对较晚。2008年，重庆市首家资金互助组在巫溪县塘坊乡梓树村成立，直到2008年9月，重庆市第一家村镇银行大足汇丰村镇银行股份有限公司才获批设立，其也是重庆市首家外资村镇银行。2018年7月，重庆市金融机构本外币存款36 659.69亿元，其中境内存款36 613.41亿元，境外存款46.28亿元。境内存款中：住户存款15 566.34亿元，非金融企业存款11 235.12亿元，广义政府存款7 194.68亿元，非银行业金融机构贷款2 617.27亿元。2018年7月，重庆市金融机构本外币贷款30 973.97亿元，其中，境内贷款30 942.95亿元，境外贷款31.03亿元。境内贷款中：住户贷款10 904.46亿元，非金融企业及机关团体贷款20 037.85亿元，非银行业金融机构贷款0.63亿元。新型农村金融机构在重庆市还有非常大的发展空间和服务"三农"的潜力。

4.2.5 重庆市农村非正规金融

农村非正规金融一直以来都是我国农村融资非常重要的渠道，包括民间借贷、典当铺、私人钱庄等组织模式，其中以农户之间及农村经济组织之间借贷为主要模式的民间借贷是非正规金融中最主要的融资方式。非正规金融具有灵活多变、贷款手续简便等特点，能够更加适合农村融资小额、急切、短期等需求，有效弥补了农村正规金融供给的不足。根据农业部农业经济研究中心采集的农户数据，从 2009 到 2019 年，全国农户借款的几种来源中，向私人借款占比 81%，向银行和农村信用社借款占比 26%，其他渠道借款占比 2%。由此可见民间非正规金融对于满足农民资金需求的重要性。

重庆市的民间借贷虽然不如沿海地区活跃，但是一直以来都是农户及合作社融资的重要渠道，在璧山、大足一带尤为普遍，有着不可忽视和不可代替的地位。据不完全统计，重庆市农户大约 48% 的资金都来自民间借贷活动。

第二章　重庆农村金融体系中农业信贷配置的效率分析

　　农村金融机构经营具有小规模、高风险、低收益的特征，而农户征信又存在严重的信息不对称问题，使得农村金融市场具有较强的外部性。因此，世界大多数国家都会对农村金融市场进行干预。随之而来，大量学者对政府干预状况下的农村金融市场的效率进行了研究。贝朗吉亚和吉尔伯特考察了美国政府对农业部门的信贷支持绩效，他们发现，政府贷款在一定程度上弥补了私人部分对农户的信贷配给导致的资金短缺问题，但补贴性贷款对农业产出没有显著的作用。宾斯瓦格和汉得克对印度1972—1973年及1980—1981年85个农村地区的研究发现，供给主导型农业贷款推动了农村非农就业数量的迅速增加，并适度提高了农村的工资水平。过去我国学者比较关注农村资金投入不足的问题，近来也有部分学者开始注意到贷款效率可能造成的影响。张杰认为，在低收入发展中国家，政府常常被赋予扶持农业信贷的重任，但他们为农民提供的越来越低息的信贷对于刺激农业发展的效果微乎其微。朱熹和李子奈通过实证研究发现，农业信贷的配置缺乏效率在一定程度上阻碍了我国农村经济的发展和农民生活水平的提高。

　　上述研究虽然在理论和实证上为农村金融体系改革提供了参考，但仍有不足之处。首先，模型的设计和指标的选取可能没有充分考虑到变量的时间序列特性；其次，由于重庆市的特殊情况，农村信贷的指标选取应包含农业信贷和乡镇企业贷款两部分；最后，现有研究尚未涉及重庆市贫困地区农村金融市场的信贷配置效率问题。有鉴于此，本书选取重庆市2015—2018年的数据做出一些新的尝试。

1. 实证模型与数据

1.1 模型选择

国外学者研究金融发展对经济增长的影响的实证模型已经较为成熟，列文、好利斯托普洛斯和斯翁纳斯等人所用的模型已被广泛采纳。模型形式如下：

$$G_t = \alpha_0 + \alpha_1 \, \mathrm{FIN}_t + \alpha_2 \, CS_t + \varepsilon_t$$

其中，因变量 G 代表产出或收入，FIN 代表金融发展程度或金融深化的指标，CS 代表其他影响经济产出的控制变量。于是，参数 α_1 就反映了金融发展对经济增长的净作用。

本书在借鉴前人经验的基础上，将模型设置为：

$$\mathrm{INC}_t = \alpha_0 + \alpha_1 \, \mathrm{FIN}_t + \alpha_2 \, GS_t + \varepsilon_t \tag{1}$$

其中，INC_t 代表第 t 年农村的人均经济产出（取自然对数形式），FIN_t 代表第 t 年政府农业贷款总额占农业总产值的比重，GS_t 代表第 t 年政府财政中农村人均支出（取自然对数形式）。政府财政支出在农村贫困地区是最重要的资金来源，这里将其作为控制变量，ε_t 是随机扰动项。

在式（1）中，政府财政的农业支出 GS_t 作为控制变量可以较好地消除农业信贷中行政干预的影响。FIN_t 的系数 α_1 反映了农村贷款的效率，如果这一系数为正，则代表改革以来农村资金分配在一定程度上是有效率的，否则就说明资金分配效率存在较大的问题。

1.2 数据选择

INC_t 采用农村居民家庭人均纯收入，数据来源是 2015—2018 年的《重庆统计年鉴》（下同）。重庆农村农民人均纯收入占人均农业产值的比重较低，因此，农民人均纯收入比人均农业产值更能反映农村经济和农民生活水平状况（见表 2-1）。

FIN_t 采用政府农业贷款总额占农业总产值的比重。需要特别指出的是，乡镇企业由于在一定历史时期肩负着促进农村经济发展、提高农民生活水平的重任，因此其在农村经济改革历史上有着举足轻重的地位和作用。农业信贷总额包括农业信贷和乡镇企业贷款两项。GS_t 采用农村人均财政支出，即市财政支出中的用于农业的支出除以全市乡村人口而得的数据，见表 2-1。

表 2-1　重庆农村农业生产总值、可支配收入、农业财政支出、农业信贷数据

年份	地区生产总产值/亿元	农村常住居民人均可支配收入/元	农村人均财政支出/万元	农业信贷/亿元
1996	1 315. 12	1 479. 00	794 216. 00	207. 43
2000	1 791. 00	1 900. 00	187 643. 00	194. 73
2005	3 467. 72	2 842. 00	4 873 543. 00	150. 17
2010	7 894. 24	5 378. 00	17 691 065. 00	209. 14
2016	15 719. 72	11 549. 00	17 381 158. 00	176. 00
2017	17 558. 76	12 638. 00	21 822 878. 00	180. 00

注：数据来源为 1996—2018 年的《重庆统计年鉴》，并经过笔者整理。

2. 实证检验及结果

2.1　单位根检验

对于宏观时间序列数据，我们首先进行单位根检验（见表 2-2）。

表 2-2　ADF 单位根检验

项目	原变量	一阶差分后的变量
INC_t	-2.14（2）	-4.51（0）*
FIN_t	-1.67（3）	-3.84（1）**
GS_t	-2.97（2）	-5.27（0）*

注：①＊和＊＊分别表示在 1% 和 5% 的显著水平下拒绝单位根；

　　②INC_t 和 GS_t 均为对数化的数据。

我们对 INC_t（对数化）、FIN_t 和 GS_t（对数化）数据进行标准的 ADF 单位根检验，其结果如表 2-2 所示。INC_t（对数化）、FIN_t 和 GS_t 均不能拒绝原假设，在一阶差分之后，INC_t（对数化）、FIN_t 和 GS_t 在 1% 显著水平下平稳，FIN_t 在 5% 的显著水平下平稳。因此，INC_t、FIN_t 和 GS_t 均满足 I（1）过程，可以用协整检验考察它们之间的长期均衡关系。

2.2 协整检验

根据约翰森及尤塞柳斯的方法，我们选用最合适的协整模型进行检验。其零假设

H_0：$k=k_0$，备选假设 H_0：$k=q$（平稳），其似然比统计量为：

$$-2\left[\log L(K_0)-\log L(q)\right]=-T\sum_{i=k_0+1}^{q}\log(1-\hat{\tau}_i)$$

检验从 $k=0$ 开始，如果得到的统计量不显著（统计量小于显著性水平下的约翰分布临界值），不拒绝 H_0，说明有 0 个协整向量，即不存在协整关系；如果统计量显著，则拒绝 H_0 而接受 H_1，此时至少存在 1 个协整向量，必须继续检验 $k=1$ 的显著性。如此依次检验 $k=2$，$k=3$ 等，直至出现第一个不显著的统计量为止，此时接受 H_0 假设（见表2-3）。

表2-3   模型的协整迹检验

项目	迹统计量 1（tracel1） （滞后项阶数 = 2）	迹统计量 2（tracel2） （滞后项阶数 = 2）
None	47.05*	28.52
不超过 1	26.46**	7.68
不超过 2	14.81**	0.82

注：①*和**分别表示在1%和5%显著水平下拒绝原假设；

②根据约翰森的方法，在1%的显著水平下更适宜的模型；

③模型的滞后项阶数根据 VAR 模型的 AIC 值决定，根据这一标准，模型的滞后阶数为2，因此在用误差修正模型检验协整关系时，相应的选择滞后1阶。

据表2-3，模型选择不同的确定部分将导致协整关系的显著差异。如果选择 tracel1 的模型，三变量之间将具有三阶协整关系，若采用选择 tracel2 的模型，三变量之间将不具有协整关系。鉴于此，我们采用约翰森讨论的选择标准来同时决定模型的协整阶数和确定性部分，根据约翰森的方法，选择 tracel2 的模型，三变量之间将不具备协整关系，也就是说，重庆农村信贷与农村经济增长或农民收入水平之间不存在长期均衡关系，农村信贷在长期内并未能发挥其配置效率，没有起到金融深化的作用。

2.3 短期格兰杰因果关系检验

协整检验表明重庆农村信贷配置效率长期低下，这是否意味重庆农业信贷配置效率在短期内也较低呢？由于 INC_t、FIN_t 和 GS_t 之间不存在协整关系，因

此就无法使用误差修正模型，可以采用一阶差分后的 VAR 模型，即 VEC 模型来考察三变量之间的因果关系。

在确定了模型的滞后期后，我们可以估计出并选择适宜的农村信贷与农民收入关系的模型：

$$\Delta INC_t = 1.514\,\Delta ING_{t-1} - 0.621\,\Delta ING_{t-2} - 0.139\,FIN_{t-1}$$

$$+ 0.814\,\Delta FIN_{t-2} + 0.017\,\Delta GS_{t-1} + 0.034\,\Delta\Delta GS_{t-2}$$

$$(R^2 = 0.9893,\ F = 262.99)$$

基于 VAR 模型的格兰杰因果关系检验结果见表 2-4。农村人均财政支出是农村人均收入的短期格兰杰原因，并且其效应为正；农村贷款总额也是农村人均收入的短期格兰杰原因，但其效应为负。这一结果证明，农村贷款的分配在短期内是低效率的，它造成了资源配置的扭曲，也可以理解为重庆农村信贷配置短期效率低下的不断积累导致了长期农村信贷的配置效率低下。

表 2-4　基于 VAR 模型的短期因果关系检验

零假设	$X^2(2)$	效应
ΔINC 不是 ΔFIN 的格兰杰原因	3.12	不显著
ΔFIN 不是 ΔINC 的格兰杰原因	14.73*	负
ΔGS 不是 ΔFIN 的格兰杰原因	2.14	不显著
ΔINC 不是 ΔGS 的格兰杰原因	12.54*	正
ΔFIN 不是 ΔGS 的格兰杰原因	2.73	不显著
ΔGS 不是 ΔINC 的格兰杰原因	6.82**	正

注：①VEC 模型滞后阶数为 2；

　　②* 和 ** 分别表示 1% 和 5% 显著水平下拒绝原假设。

农村人均收入是农村人均财政支出的短期格兰杰原因，并且其效应为正；而农村贷款总额不是农村人均财政支出的短期格兰杰原因。这表明，农村经济的发展促使政府在农村投入更多进行基础设施和农业产业配套设施建设，导致农村人均财政支出的上升，农村人均财政支出与农村人均收入互为对方的短期格兰杰原因，形成了良性循环，说明国家财政的农业支出对于提高农民收入，减少农村贫困人口起到积极的作用。但农村人均财政支出在一定程度上对农村信贷具有挤出效应。

农村人均收入和农村人均财政支出都不是农村贷款总额的格兰杰原因，这表明，目前重庆农村信贷体系还没有和财政体系、农村经济增长形成紧密的联系，即在短期内未形成良性互动。

3. 成因分析与小结

从上述成因分析可以看出：一方面，制度性缺陷是造成目前重庆农村欠发达地区农业信贷配置效率低下的主要原因，同时，也是造成该地区农村金融抑制的根本原因；另一方面，农村金融产品的设计没有因地制宜也是造成农业信贷配置效率低下的重要原因。因此，从制度变迁、制度创新及金融产品的角度打破目前的困境就显得尤为重要，也尤为迫切。

首先，农村金融体系的制度变迁应从政府主导下的强制性制度变迁的模式转变为政府主导的强制性制度变迁和市场调配的诱致性制度变迁相结合的模式。历史经验已经证明，政府主导下的强制性制度变迁难以符合市场经济的自发运行规律，使得重庆农村金融市场供求关系严重失衡，导致农村金融发展受到抑制。因此，新阶段的农村金融体系改革应该更多地引入市场竞争机制，鼓励发展市场竞争程度较高的农村信用社、农村商业银行、村镇银行、小额贷款公司等机构，提高农村资金的配置效率。

其次，以农村金融体系的制度创新为中心，逐步实现抵押担保领域的配套制度创新。农村信征体系空缺和抵押品缺失是制约农村信贷市场发展的重要因素，因此，进行以农村土地使用权抵押为核心的农地金融制度创新，建立农地使用权、经营权流转市场，鼓励建立农地股权化机制，对于完善农村金融征信体系具有重要的意义。

再次，以信贷产品创新为契机，拓展农村金融体系服务"三农"的涵盖面，逐步形成满足不同经济发展水平和不同收入群体的金融服务产品，提高农村的金融参与率。针对农村贫困人口和低收入群体，政府可以提供政策扶持类的金融服务；针对传统种植养殖业农户，可以提供农户贷款、农户联保贷款和兴农贷款等；针对农村企业，则可以提供微型企业贷款、农业产业化龙头企业贷款、农业科技贷款等。

最后，完善农业保险的政策体系，将农业保险纳入农村政策性金融扶持体系。在落后地区大力发展以农业保险为主的政策性农业保险，鼓励商业性保险公司开办涉农保险，尝试建立信贷机构、保险公司、农业企业和政府四者之间的联合风险分担机制。

第三章　重庆农村金融供需分析

经过十多年的重庆农村金融体制改革，重庆农村金融体系目前已基本形成包括政策性、商业性、新型农村金融性等正规金融机构及非正规农村金融机构在内的较为完整的农村金融体系结构。在这一体系结构中，正规金融机构是主导，重庆农村商业银行是主导核心，民间借贷扮演了体系中的补充角色（见图3-1）。

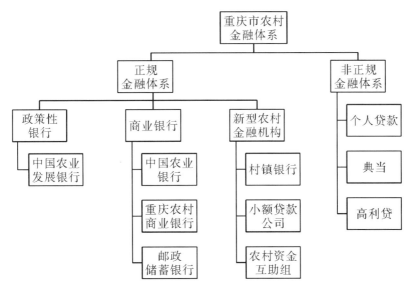

图3-1　重庆农村金融体系一览

1. 重庆农村金融供给现状

就2017年经济总量来看，重庆地区形成了工业牵头、农业支撑和服务业快速发展的良好态势，全市国内生产总值19 500.27亿元，见表3-1。其中，第一产业增加值 1 339.62 亿元，第二产业增加值 8 596.61 亿元，第三产业增加值 9 564.04 亿元，分别占比 6.87%、44.08%、49.05%；在财政收支方面，全区地方财政收入 22 523 788 万元，财政支出却高达 43 362 800 万元，严重依赖上级财政的转移支付；在财政支出中，农业支出 3 475 669 万元，占比约8%。在城乡居民收入方面，重庆地区人均 GDP 仅为 63 689 元，远远低于全国人均 GDP，而农村人均可支配收入为 12 638 元，略高于全市农民收入平均水平，但远低于全国农民收入平均水平。

表 3-1　重庆地区经济概况

经济指标	2016 年	2017 年
A. GDP/亿元	17 740.59	19 500.27
其中：第一产业	1 303.24	1 339.62
第二产业	7 898.92	8 596.61
第三产业	8 538.43	9 564.04
B. 人口数/万人	3 392.11	3 389.82
其中：农业人口	1 139.98	1 104.48
非农业人口	2 252.13	2 285.34
C. 地方财政收入/万元	22 279 117	22 523 788
财政支出	40 018 090	43 362 800
其中：农业支出	3 479 907	3 475 669
D. 人均 GDP/元	58 502	63 689
农村居民家庭人均可支配收入	11 549	12 638

1.1　政策性银行

因为农业的三性——基础性、弱质性、外部性，加上市场失灵，造成了各个大型商业银行的侧重点纷纷远离农村，农村经济发展融资难的局面，因此政策性银行在农村地区的存在，对农村经济的发展非常重要。中国农业发展银行是国务院直属领导下的我国唯一的农业政策性银行。它以国家的法律、法规及方针、政策为规范指导，国家为它提供信用担保，对外进行资金筹集，为国家承担起农业政策性的金融业务。其主要职责是代理拨付财政支农资金，从而为农村经济发展服务。中国农业发展银行重庆市分行是农发行的一级分行，成立于 1996 年 12 月。重庆分行现下辖 1 个营业部、3 个二级分行和 32 个支行。中国农业发展银行重庆市分行在总行党委、市委和市政府的正确领导下，在社会各界的大力关怀和帮助下，以支持和促进"三农"发展为己任，严格根据重庆市委、市政府推进经济发展的各项政策措施，累计发放各类贷款 1 800 多亿元，切实发挥了农业政策性金融机构的支农职能，推动了重庆市农村经济的快速有效发展。中国农业发展银行重庆市分行的贷款余额从最低的 60 多亿元发展到最高时期的近 800 亿元，其支农力度之大，在重庆农村经济的增长过程中起到了相当大的促进作用。

但是，重庆分行因为成立时间较短，以及其特有的背景，在支农方面还存在一些具体问题。第一，贷款的对象主要集中为粮食收购贷款，对村镇企业及农户投放的贷款则相对较少；第二，资金来源相对比较单一，中国农业发展银行的资金 90% 都来自中央银行的再贷款，这就造成其资金规模远远不能满足自身业务发展的需要。

1.2　商业性银行

现阶段，在重庆农村正规金融体系中，商业性银行主要包括中国农业银行、重庆农村商业银行和邮政储蓄银行。其中，重庆农村商业银行是促进农村经济增长的主力军。重庆农村商业银行股份有限公司的前身为重庆市农村信用社，现下辖 1 家分行、42 家支行、1 767 个营业机构，从业人员 2 万人，是重庆市资产规模最大、资金实力最强、服务范围最广的本土金融机构，也是重庆市最大的涉农贷款银行、中小微企业融资银行和个人信贷银行。截至 2018 年年末，重庆农村商业银行实现年内营业收入 260.92 亿元，同比增长 8.85%；归属于该行股东的净利润为 90.58 亿元，同比增长 1.37%，每股基本盈利为 0.91 元，拟派发期末股息每股 0.20 元（含税）。自改制、上市以来，重庆农村商业银行始终坚持"服务三农、服务中小企业、服务县域经济"的市场定位。

这三类银行在支撑农村经济增长方面普遍存在以下问题：第一，贷款的对象一般为村镇企业及一些具有代表性的县域龙头农业生产销售企业，对农户的直接贷款则较少；第二，三类银行在农村的从业人员总体素质不高，管理混乱，导致银行促进农村经济增长所起的作用受到制约。

1.3　新型农村金融机构

新型农村金融机构的产生和发展，主要是为了应对日渐严重的农村融资难问题。这类机构正式从法律上得到确认，是以 2006 年 12 月中国银监会发布的《关于调整放宽农村地区银行业金融机构准入政策更好支持社会主义新农村建设的若干意见》（简称《意见》）为标志。它明确指出，欢迎各类资本到农村设立分支机构。同时新型农村金融机构的概念也随之在该《意见》中被首次提出。《意见》明确界定了新型农村金融机构的组成部分主要是村镇银行、小额贷款公司和农村资金互助组。如图 3-2 所示，截至 2018 年年末，农村地区银行网点数量 12.66 万个；每万人拥有的银行网点数量为 1.31 个，县均银行网点 56.41 个，乡均银行网点 3.95 个，村均银行网点 0.24 个。

（万个）

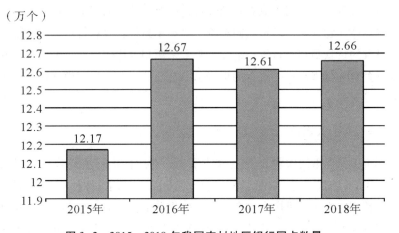

图 3-2　2015—2018 年我国农村地区银行网点数量

2017 年 12 月末，重庆市新型农村金融机构达 56 家，其中村镇银行 41 家，而村镇银行中，共有 15 家在乡镇设立了约 30 家支行级机构。这也表明，重庆与全国总体情况一样，新型农村金融机构中的村镇银行占比也达到了 90%以上。但是农村融资难问题并没有因农村金融机构的发展得到较大的缓解。

2. 重庆农村金融需求分析

在对重庆农村的金融供给现状有了大致了解后，我们将结合重庆农村地区的经济发展状况对该地区农村的金融需求展开分析。

2.1　农户家庭的金融需求

截至 2017 年年底，重庆农村常住人口数为 3 075.16 万人，占全市总人口数的 90.72%，农业人口 110 448 人，占人口总数的比例为 35.90%。从城乡人口结构来看，重庆地区具有很明显的农业经济特点。

根据国内学者宋宏谋和李建英的测算和研究，随着农民收入水平的提高，特别是永久性收入水平的提高，农户的金融需求将不断增加。我们通过图 3-3 可以发现，自建立试验区以来，重庆地区农村居民人均纯收入呈稳定增长趋势，至 2017 年，农民人均纯收入已达到 12 638 元；同时，农村地区农民人均纯收入与全国农民人均纯收入之间的差距也大幅缩小。因此，从整个农户群体来看，随着收入水平的提高，重庆农户对金融服务的需求在不断扩大，见表 3-2。

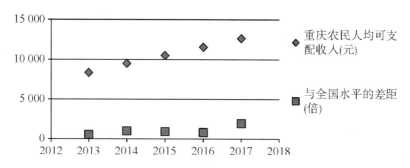

图 3-3　2013—2017 年重庆农村农民人均纯收入变化状况

表 3-2　2013—2017 年重庆农村居民生活收支状况　　　单位：元

年份	农村居民家庭人均现金收入	农村居民人均生活消费支出	食品支出	恩格尔系数
2013	2 735	5 796. 36	2 538. 99	38. 1
2014	3 189	7 983	3 023. 96	40. 5
2015	3 572	6 971	3 571	40
2016	3 953	9 954	3 851	38. 7
2017	4 373	10 936	3 393	36. 5

经过发展，虽然重庆农村地区农户的整体收入水平有了大幅度的提高，每年有 14.8 万农村人口脱贫，但是，截至 2017 年年底，仍然有近 17 万农村贫困人口，贫困地区贫困发生率由 4.0% 下降到 2.0%，低于全国 2.5% 的平均水平。贫困农户是一种特殊的金融需求主体，其生产和生活资金均较为短缺，为了维持基本的生产和生活，其收入水平越低，对生产、教育、医疗等方面的潜在借贷需求就越强烈。金融需求可以直接从表 3-2 中体现出来，在 2013 年，

重庆地区农村居民家庭的人均生活消费支出的 5 796.36 元中有 38.1% 直接用于最基本的食品支出，而农村居民家庭的人均现金收入仅 2 735 元，这就产生了 3 061.36 元的现金缺口。因此为了维持基本的生活和生产，农户的借贷动机非常强烈。随着收入水平的提高，食品支出这种基本生活需求在重庆农户家庭生活消费支出中所占的比重逐步下降到 2017 年的 36.5%，但仍远远高于全国平均水平近 10 个百分点。与此同时，人均现金收入增长明显加快，并逐步缩小了现金缺口，现金余额也从赤字变成了盈余 6 563 元。虽然人均情况好转，然而贫困人口数量仍然很大，离全国平均水平仍有很大的差距，这导致了重庆地区农户基本的生活和生产信贷需求非常旺盛。

更进一步，我们可以从农村居民家庭生活消费支出的明细构成来考察重庆地区农户金融需求及未来的变化趋势。仅次于占整个消费支出 37% 的食品支出，居民居住消费占整个消费支出的比重已经达到 18%，见图 3-4。虽然如此，但就农村人均住房面积来看（表 3-3），重庆地区农村居民居住资金需求仍有很大的增长空间。2013—2017 年，重庆农村常住居民人均住房面积增长幅度与全国平均水平持平，但是与全体人均住房面积的绝对差距仍保持在 20 平方米左右。在西部农村，重庆农户在满足基本生活需求的基础上，最急迫的支出需求就是建房。随着重庆农村地区农村家庭收入的不断提高，改善住房条件，提高人均住房面积已经成为农户金融需求的主要部分，并且这种金融需求还将不断扩大。

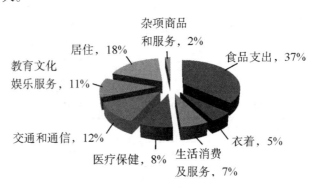

图 3-4 2017 年重庆农村居民家庭人均年消费支出构成

表 3-3 2013—2017 年重庆地区农村人均住房面积

单位：平方米

年份	全体居民	城镇常住居民	农村常住居民
2013	41.08	33.59	41.55

表3-3(续)

年份	全体居民	城镇常住居民	农村常住居民
2014	43.66	35.63	54.13
2015	42.41	35.16	52.17
2016	42.28	34.00	53.74
2017	43.31	35.28	54.81

　　重庆农民储蓄行为基本上是以预防风险为主，同时带有某种社会保障性质的家庭储蓄，总体上主要包括：应急、养老和子女教育三部分。一方面，我们看出重庆农村经济发展水平与农民收入水平严重不相匹配，从而造成农民的基本需求未能得到满足。在投资储蓄方面，储蓄所占的比重较大，超过了80%，这也反映出农村地区投资渠道不足，农民只能将钱存入银行。现阶段重庆农民储蓄主要集中在重庆农村商业银行和中国邮政储蓄银行。在农户投资理财方面，因为农业生产的高风险和低收益性特性，重庆农户现如今投资较多地表现为非农化倾向，而对农业生产的投资水平则相对偏低。另一方面，农户对农业的投资大多为短期行为，从而极大地忽视了对农用固定资产等方面的长期投资。而且在农业投资资金的使用过程中，农户用于农业先进适用技术的支出比重也相对较低。

　　综合以上数据分析，重庆地区农户金融需求具有五个特点。第一，受绝对收入水平限制，农村存在较普遍的生活性金融需求，且信贷需求额度小。第二，农户的生活性金融需求逐步从短期基本生活需求向长期的住房、教育需求转变，从短期、易变的金融需求向长期稳定的金融需求转变。第三，农户生产性金融需求的主要来源是自给自足小农经济的扩大再生产。第四，农户生产性金融需求受农作物生长的季节性因素影响较大，主要集中在春耕阶段，因此，农户的信贷需求具有较强的时效性。第五，大量农村人口外出务工，增加了农村金融需求的突发性和非稳定性。

2.2　农村企业的金融需求

　　2018年重庆实现地区生产总值20 363.19亿元，比上年增长6.0%。按产业分，第一产业增加值1 378.27亿元，同比增长4.4%；第二产业增加值8 328.79亿元，同比增长3.0%；第三产业增加值10 656.13亿元，同比增长9.1%。三次产业结构占比分别为6.8∶40.9∶52.3。非公有制经济实现增加值12 516.37亿元，同比增长6.1%，占全市经济增加值的61.5%。其中，民营经济实现增加值 10 334.67 亿元，同比增长 6.1%，占全市经济增加值的 50.8%。按常住人口计算，全市人均地区生产总值达到 65 933 元，比上年增长 5.1%；全员劳动生产率为 118 647 元/人，比上年增长 6.6%；全市农民工总量 766.03 万人，比上年增长 2.8%。其中，外出农民工 553.95 万人，比上年增长 2.8%；本地农民工 212.08 万人，比上年增长 21.1%。

地区规模以上工业增加值按可比价格计算同比增长 0.5%。分经济类型看，国有及国有控股企业增加值同比下降 7.7%，股份制企业同比增长 3.3%，外商及港澳台商投资企业同比下降 10.7%。分三大门类看，采矿业增加值同比下降 13.1%，制造业增加值同比增长 0.4%，电力、燃气及水生产和供应业增加值同比增长 8.0%。在"6+1"支柱行业中，电子制造行业增加值同比增长 13.6%，材料行业增加值同比增长 11.0%，化医行业增加值同比增长 4.9%，装备制造业增加值同比增长 3.2%，消费品行业增加值同比增长 1.9%，能源工业增加值同比增长 1.7%，汽车制造业增加值同比下降 17.3%。

伴随着"互联网+"与产业深度融合，消费新模式新业态快速发展。2018 年，重庆地区 426 家批发零售企业通过公共网络开展零售业务，较上年增加 56 家，共实现网上商品零售额 239.37 亿元，同比增长 28.6%，高出社会消费品零售总额增速 19.9 个百分点。

2018 年，工业化解 5 万载重吨船舶，245 万吨水泥，87 万吨煤炭产能；处置僵尸企业 48 户。全年规模以上工业产能利用率为 72.4%。去杠杆稳步推进，工业企业杠杆率持续下降。2018 年年末，规模以上工业企业资产负债率为 57.7%，较上年年末下降 1.5 个百分点。去库存成效显著，商品房待售面积持续减少。2018 年年末，商品房待售面积为 1 750.74 万平方米，比上年年末减少 300.95 万平方米。其中，商品住宅待售面积 383.63 万平方米，减少 194.45 万平方米。降成本成效显现，企业负担有所减轻。

综合来看，重庆农村企业的金融需求具有三个特点：第一，企业总体负债率较高，资金需求较大；第二，乡镇企业中各行的龙头企业具有较好的盈利能力和管理能力，资金需求期限较长、稳定性较强，具有一定的抵押品；第三，大量的小型、微型乡镇企业资金需求量相对较小，呈现出较强的季节性、短期性且缺乏抵押。

3. 重庆农村金融供给及供需匹配分析

前文分别从农户和农业企业的角度分析了重庆农村地区金融的需求状况和

特点，接下来，我们将考察重庆农村金融供给状况及其对上述金融需求的满足情况。

3.1 重庆农村金融供给情况

目前，重庆农村银行类金融机构包括工、农、中、建四大国有银行和重庆农村商业银行、邮政储蓄银行、农业发展银行及重庆银行等。截至 2017 年年底，重庆农村金融机构存款余额 33 718.98 亿元，金融机构贷款余额 27 871.89 亿元，其中，农业贷款 5 071 亿元，占比 18.20%。在重庆地区的主要农村金融机构中，截至 2018 年年底，重庆农村商业银行总资产突破 9 500 亿元，比年初增加 448 亿元；存款突破 6 000 亿元，比年初增加 439.8 亿元；贷款余额 3 800 亿元，比年初增加 427.9 亿元。

从表 3-4 中的数据可以看出，在 1999 年以前，重庆地区金融机构信贷余额一直高于存款余额，存差为负，表明外部资金在净流入重庆地区。然而，从 2014 年开始，重庆农村金融机构信贷投放迅速放缓，而与此同时，存款余额却加速增长，并在短短两年内超过了信贷余额，存差变为正，表明重庆农村资金开始流向外部。其间，各金融机构从为地区经济发展"输血"25 亿元，迅速转变成为从原本贫瘠的土地上"抽血"93 亿元。严重的资金外流既是重庆地区金融供给抑制的结果，又加深了重庆农村金融抑制的程度，给重庆农村经济的健康发展带来巨大的挑战。

表 3-4　1980—2017 年部分年份重庆农村金融机构存差变化情况

年份	存款余额/亿元	贷款余额/亿元	存差/亿元	存差占存款/%
1980	29.15	42.19	-13.04	-0.45
1990	198	268.4	-70.4	-0.36
1999	1 580.8	1 611.68	-30.88	-0.02
2013	2 220.1	17 381.55	-15 161.45	-6.83
2014	24 501.54	20 011.5	4 490.04	0.18
2015	28 094.37	22 393.93	5 700.44	0.20
2016	31 216.45	24 785.19	6 431.26	0.21
2017	33 718.98	27 871.89	5 847.09	0.17

根据《重庆统计年鉴》数据，多方面的因素造成这种资金外流现象。第一，存差的出现主要来源于重庆农村商业银行大量在基层农村吸收存款，并将

资金转移到上级分行。第二，四大国有银行虽然大量撤销、裁减了基层机构，但是他们在重庆农村地区的"抽血"效应依旧明显。第三，农村信用社和邮政储蓄银行大量扩充基层机构，但是它们将吸收的存款放到上级银行或进行异地拆借。第四，由于自身信贷资金的来源原因，农业发展银行还在不断地向农村注入新的信贷资金。

3.2　重庆农村金融供需的匹配分析

从上述对重庆农村金融需求和金融供给的分析可以看出，无论是农户还是农村企业都存在大量的资金需求或潜在资金需求。另外，大部分金融机构将存款资金源源不断地转移出去，这必然会导致重庆农村地区金融体系的供给抑制。当然，重庆农村金融体系的抑制现象不能单纯地从资金供给角度来找原因，而应该将需求和供给双方匹配起来考虑。从农村金融需求方的角度来看，需求主体的金融特性在一定程度上决定了其获得金融资源的难易程度；而从农村金融供给方的角度来看，金融机构的定位决定了它主要面对的客户群体，如果不顾双方的匹配性而强行配对，必然导致市场抑制。机制设计者应该思考如何创新机制，以降低农村金融市场中需求方和供给方的交易成本，最大限度地优化金融资源的配置。

截至 2017 年年底，重庆乡镇企业发展较为迅速，企业数量达到 77 930 个，其中，私营企业占到了 70%以上。在促进农业生产、提高农民收入、扩大农民就业、繁荣农村经济方面，乡镇企业发挥了巨大作用，乡镇企业已经成为重庆经济中最富增长活力的部分。然而，资金规模、贷款方式等因素造成的融资需求得不到满足，严重制约了乡镇企业的发展。现阶段，重庆乡镇企业的金融需求主要表现在资金融出、结算和资金融入三个方面。与全国其他地区一样，重庆的乡镇企业，其融资需求主要体现在资金融入需求上。随着自身的发展，乡镇企业资金需求会呈现出不同的阶段性特点：在筹建阶段，其贷款需求主要体现在启动市场、固定资产及机器设备的投资和技术引进上；在发展阶段，贷款主要用在生产方面；在成熟阶段，资金也主要用于企业生产规模的扩张、产品技术升级改造及环保达标等方面的投入。

重庆市乡镇政府金融需求主要体现在农村基础设施与政府机构本身的金融需求两方面，主要表现为资金的融入需求。按照中央"十二五"规划所提出的社会主义新农村的建设要求，农村基础设施建设应当包括水利农田、交通运输设施、电网、通信、自来水等硬件设施及文化教育、医疗卫生等软件设施。这些设施工程通常具有公共产品或准公共产品的性质，因此一般由地方基层政府来主导贷款。虽然重庆市财政支持"三农"的资金投入逐年加大，但是距离基础设施建设所需的巨额资金缺口仍相去甚远。乡镇政府机构自身的金融需求主要来源于其要履行保证农村经济增长的职能。除了将融资资金用于完善农村基础设施建设外，资金的使用还体现在以下几个方面：第一，加快农业产业结构调整和优化升级；第二，鼓励有条件的地方推行土地适度规模经营；第三，推进农村小城镇建设及工业化的建设进程；第四，为推动农村当地经济增长而进行的投资。

农户小额贷款需求在正规金融体系内得到满足的程度较低，因此其转向民间借贷。重庆农村贫困人口数量较多，在理论上，农户的潜在金融服务需求较大，但是部分地区对外沟通不畅，农户缺乏金融服务意识，导致潜在需求无法变成有效需求，这在一定程度上降低了其对正规金融体系的小额信贷需求。从供给方来看，重庆农村商业银行是这部分小额信贷需求的主要满足者。例如，重庆农村商业银行以调查农户基本情况为基础，通过评定农户信用等级，根据农户信誉条件，发放满足农户生产经营、生活消费资金需求的"致富通"农户小额信用贷款。尽管如此，由于农户小额贷款需求较大，而信用社资金能力有限，并且信用审核较严，重庆农村农户的小额贷款需求只能在较低程度上得到满足。在重庆农村的部分地区，农户会更倾向于选择向亲朋好友借钱周转，而并不直接向正规金融机构贷款。在重庆农村地区调查队的调查报告显示，接受调查的 125 户中，认为当地银行贷款不方便的占调查户数的 70.02%，而在曾借高利贷的 64 户农户中，57.81% 的农户是因为无法在当地银行贷款。

小型、微型乡镇企业的金融需求难以从正规金融体系中获得满足，普遍依靠民间借贷或者高利贷。重庆农村的小型、微型乡镇企业集中在农产品加工、种植养殖及零售批发和餐饮等行业。这些企业资产规模较小、抵御市场风险能力低，资金需求超过农户小额贷款额度，并且季节性因素较强、稳定性较差，同时缺乏抵押品，导致难以从正规金融机构中找到适合的资金供给者。在这种背景下，这些企业的融资普遍涉及民间信贷或高利贷。造成这种情况的另一重要原因就是商业银行网点大量撤出乡镇，无法弥补遗留的需求缺口。根据上述分析，我们将农村正规金融供给、非正规金融供给及需求的关系进行匹配，就可以得到图 3-5。

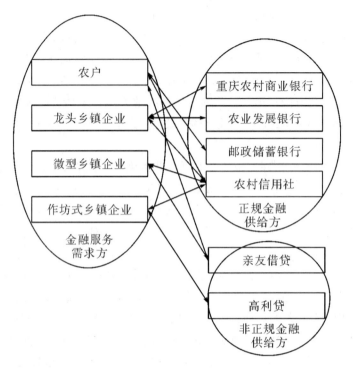

图 3-5　农村金融供需匹配

4. 完善重庆农村金融体系的国内外经验借鉴

4.1　农村金融体系建设的国际经验借鉴

现今，国际农村金融体系大致分为三种类型：第一种是以法国为代表的极其专业性的农村金融体系模式；第二种是以日本为代表的注重政府引导作用的农村金融体系模式；第三种是以美国为代表的侧重发挥市场化机制力量的农村金融体系模式。接下来我们就对美国、日本、法国和印度的农村金融体系模式进行分析，以便能将其成功经验运用到重庆市农村金融体系的建设中。

4.1.1　美国的农村金融体系

美国是世界上农业高度发达的国家，除了自然条件优越、科学技术发达之外，很重要的一点就是美国的农村金融体系为农业的发展提供了强大的资金支持和全面的金融服务。美国的农业金融机构建立于 20 世纪初，至今已经建立了以合作性金融体系为主导，以政策性金融体系为补充，商业金融和私人信贷也提供一定程度支持的多层次、全方位的农村金融体系。下面主要介绍美国的合作性金融体系和政策性金融体系。

（1）合作性金融体系。

农户信贷系统是美国的合作性金融体系，是根据1916年政府颁布的《农户信贷法》，由政府出资采取自上而下的方式来逐步发展起来的。它通过对农业相关组织、农业发展项目放贷来扩大农业可用资金的来源，以改善农民工作条件和福利，增加农民收入，加快农业发展。其系统主要包括三大部分：联邦中期信用银行、合作社银行及联邦土地银行。其组织机构如图3-6所示。

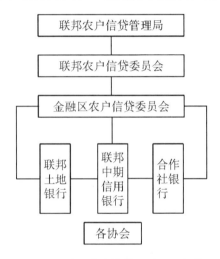

图3-6　美国农户信贷系统组织机构

政府成立独立的领导机构——联邦农户信贷管理局，负责领导、监督和管理整个农户信贷系统。它的具体管理机构是联邦农户信贷委员会，为确保政府对农户优惠政策的执行，又下设12个农户信贷区，并成立金融区农户信贷委员会进行领导。每个信贷区又分别设立三家不同的专业化信贷机构：联邦中期信用银行、合作社银行及联邦土地银行。

联邦中期信用银行是美国最重要的农业信用合作系统，主要提供中短期的动产农业抵押贷款，它的建立在于沟通都市工商业金融与农村的农业金融，以吸取都市资金用于农村。但它不是直接贷款给农户，而是贷款给农户的合作社及其他各种农民的营业组织，以贷给生产社为主，以促进农牧业的生产和经营。合作社银行是负责清算和资金调剂的中央机构，其主要职能是为区域的农业合作社提供贷款和咨询服务，目的是帮助合作社进行农产品的销售、储存、包装、加工，保证农业生产资料供应和其他与农业有关的活动顺利进行。合作社银行主要提供三种贷款：一是设备贷款，二是经营贷款，三是商品贷款。除这三种贷款外，合作社银行还开展国际银行业务，为农业合作社农产品出口提供便利。

联邦土地银行实行股份所有制，每个合作社必须向联邦土地银行缴纳本社社员借款总额的5%的股金，银行股权归全体合作社所有，也间接地归全体借款人所有。联邦土地银行的主要业务是提供长期的不动产抵押贷款，贷款对象主要是个体农场主，贷款期限为法定的5~40年。

从美国合作金融的建构来看，其具有一定的官办色彩，特别是这三家专业性银行的资本金完全由政府提供，可视为半官方金融机构。但是，在成立后的一段时间内，这些银行逐步归还政府的资金，向完全的合作制转变。其中，联邦土地银行于1947年完成合作制转换，联邦中期信用银行及合作社银行于1968年实行合作制。

即便是这些机构可以自给自足了，政府依然提供了大量优惠以促进合作金融体系的可持续发展。其主要措施包括以下三个：

一是允许发行农业信贷债券和票据。其等级较高、信誉好，而且持有者免征州和地方所得税，类似于政府债券，因而较容易融资。

二是税收优惠。依据美国法律，合作金融机构享有税收优惠，除自身所有的不动产之外，其他一切免征税。与其他金融机构相比，免税可以增强合作金融机构的竞争力。

三是允许进行股权类融资。这些银行可以发行没有投票权、只有分红权的"参与证"来融资，这样既可以扩大资金来源，又不违背合作制的基本精神。

1985年，为适应美国金融体系购并、重组的浪潮，根据修订的《农业信贷法》，其合作金融体系在结构上进行了较大的改革。总体结构如图3-7所示。

改革最大的变化就是区域结构的改变，原有各区域内平行分布的专业金融机构已经重组为综合性的机构：美国农业银行、农业银行、第一农业银行、德克萨斯农户信贷银行和合作社银行。改革后，在一定区域内只要有一家金融机构就可以办理综合性业务，进一步降低了成本，提高了竞争力。

（2）政策性金融体系。

美国的农村金融服务体系中与合作金融体系相配套的是政府主导的政策性金融体系，它专门针对农村和农业发展来实施政府的优惠政策。其虽然在深度和广度上远不及合作金融体系，但是在实施政府农业补贴、调节农业生产的规模和发展方向、贯彻政府的农业支持政策方面发挥了难以替代的作用。根据《农业信贷法》，这个体系由农民家计局、农村电气化管理局、商品信贷公司、小企业管理局组成。这些金融机构的资金主要来源于政府提供的资本金、预算拨款、贷款周转资金和部分借款，服务对象各有侧重。

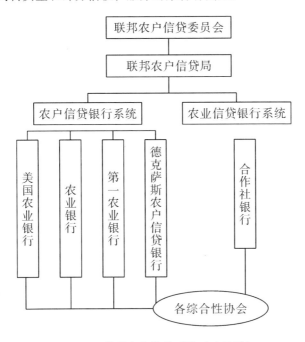

图 3-7　美国农户信贷系统（改革后）

①农民家计局是美国政府办理农业信贷的主要机构。其设立宗旨是，创立自耕农户，改进农业生产，改善农民生活。服务对象主要是那些无法从商业银行和其他农业信贷机构借到款的农业从业人员，帮助贫困地区和低收入的农民解决资金短缺的问题。农民家计局资金运用主要是提供贷款和担保。贷款可以分为直接贷款计划和紧急贷款计划两种，包括农场所有权贷款、经营支出贷款、农房建设贷款、水利开发和土壤保护贷款等。担保主要是为了方便农民贷款，通过商业银行和其他金融机构对农民发放的贷款提供担保，并补贴由此产生的利差来解决农民贷款难的问题。同时，农民家计局也是政府农业政策实施的主要工具，在农业部的领导下有力地促进了农村的发展。

②农村电气化管理局主要是为改善农村公共设施和环境而设立的。由于农村社区发展、水利建设、电力设施等有关农村基本建设问题的解决需要大量的资金，并且获得回报的周期长、风险大，一般的金融机构难以胜任，只有国家

出面，在统一规划的基础上，利用财政和优惠贷款来解决。农村电气化管理局成立以来，通过对农村电业合作社和农场等借款人发放贷款，极大地提高了农村电气化水平。

③商品信贷公司主要帮助政府实施对农产品的支持和保护政策，调节农业生产，避免农业的生产波动给农业生产者带来的不利影响。其资金运用形式主要为提供贷款和支付补贴，主要包括农产品抵押贷款、仓储干燥和其他处理设备贷款、灾害补贴和差价补贴等，多为短期流动性贷款。

④小企业管理局主要针对一些贷款需求较大的小农场。通常，小规模的贷款可以由农民家计局发放，而多样化、规模较大的贷款则由小企业管理局发放。两部门相互协作，共同促进美国小农场的发展。

4.1.2 日本的农村金融体系

日本是一个人多地少的国家，但是二战后其农业生产和农业现代化有了长足进展。一个重要原因就是日本政府凭借其雄厚的财力，建立了完善的农村政策性金融体系和强大的合作金融体系。政策性金融机构主要指日本农林渔业金融公库，合作金融机构主要是日本农协内部的三级合作金融部门。就其支农力度来说，表面上合作金融略占优势，但考虑到农协承担着大量的政策性业务，因此从总体上看，日本的政策性金融在农村金融体系中是占主导地位的。

（1）政策性金融体系。

①日本农林渔业金融公库。

它建立的目的是当农林渔业从业者向农林中央金库和其他金融机构筹资发生困难时，给他们提供利率较低、偿还期较长的资金。长期以来，该机构一直运行较好，极大地促进了日本农林渔业的发展。其成功源于以下三个方面：

第一，实行严格的计划管理，保证资金的供给。公库设有总店和支店两级机构，其财务管理实行一级法人、统一核算、专项管理。每年公库都要上报财务预算，经核准后根据实际情况决定补偿金，结余上交，不足则必须追加。总店和支店的资金往来也严格按计划执行，各项费用由总店统一管理，统一支付。

第二，对贷款实行严格的贷款审查和及时跟进的贷后管理援助。放贷审查要经过三级，分别是市、町、村审查农户的贷款资格；公库支店或业余代理审查贷款使用期限；总店根据各机构意见作出决定并通知农户。贷后管理主要包括监督资金的运用和提供必要的资金支持，项目初期要防止资金被挪用，运转后帮助解决实际困难，以确保贷款的回收。

第三，根据政策需要适时调整职能定位。由于在经济发展的不同阶段，农业对信贷的需求不同，政府的农业信贷导向也不同，这些都决定了公库要及时调整贷款重点，以适应农业在不同时期对信贷资金的需求。具体来讲，公库的职能经历了四个阶段：20 世纪 60 年代以前，公库主要为增加粮食生产、实施土地改良和促进生产力发展提供资金；20 世纪 60 年代至 1975 年，贷款范围急剧扩大，主要用于农业生产的调整，缩小与其他产业的差距；1976—1990 年，公库贷款主要支持农产品出口，提高农业在世界范围内的竞争力；1991 年以后，贷款重点转向农户和农村基础设施建设，进一步提高农户收入，提高农业产量，稳定农业生产。

②日本农协的政策性业务。

尽管农协的信贷业务属于合作金融范围，但是由于日本农林渔业金融公库的资金投放以委托放款为主要形式，故农协系统承担着相当比重的政策性贷款业务，主要包括农业现代化资金、农业改良资金、农业经营改善资金和灾害资金。

③农业信用担保保险制度。

这一制度可以分为担保保险制度和信用保险制度。担保保险制度是为了方便农户向农协贷款而设立的一种担保制度。当农户缺乏必要的抵押物或贷款困难时，只要得到县级农业信用基金协会的担保承诺就可以顺利从农协得到贷款，一旦到期不能偿还，则由基金协会代偿。基金协会的资金主要来自各个会员的出资、储备金余额、县级政府补助金和来自信用基金的保险基金等。信用保险制度相当于对各县级基金协会的再保险制度。由国家、47 个基金协会和农林中央金库共同出资建立农林渔业信用资金，主要对基金协会受理的担保给予保险和对不经基金协会担保而直接向农林中央金库、信农联和其他指定机构申请的贷款进行保险。

（2）合作金融体系。

农协是日本的合作金融组织，从中央到地方形成三级体系。最高层的农林中央金库，为中央一级，是各级农协内部及农协组织与其他金融机构融通资金的渠道。它是农协系统的领导机构，负责系统内部资金的融通、调剂、清算。由于其突出的地位，它的资金主要贷给信农联和全国性的大企业。中间一层是都道府县级组织，成立信用农业协同组合联合会，简称"信农联"，主要帮助基层农协进行资金管理，并在全县范围内组织农业资金的结算、调剂和运作。其资金要首先满足辖区内部的基层农协的资金需求，然后满足县内中等企业的需要。最基层的是农业协同组织，为市町村一级，主要把资金贷给内部社员，不以营利为目的。

（3）日本农村金融的最新发展研究。

2005 年 12 月，根据政策性金融改革要求，日本政府决定缩减政府金融机构的融资规模，扩大民间金融的规模，政府金融机构彻底成为民间行业的补充机构。农林公库的融资进一步限定于政策要求高、风险评估难、公益性强的领域。政府金融机构要为激活包括农协系统在内的民间金融机构开展农业融资而创造环境，促进民间机构参与中短期融资及运转资金投放，使农业经营者在金融方面能够有更多选择。

具体实施方法和步骤是：第一，推进与民间的协作融资；第二，与民间金融机构签订业务合作协定，提供公库所拥有的农业审查的智慧和经验；第三，研究提出新的金融体系构造，即为农业融资债权流动提供证券化支持和利用金融衍生品（以股份、债券、汇率、利率的变动为对象的金融交易商品）来减轻信用风险；第四，通过提供信用风险数据库，对农业融资信用风险进行统计评估，开展信用风险的补充服务。

4.1.3　法国的农村金融体系

（1）法国农村金融体系概况。

法国农村金融机构主要包括法国农业信贷集团、互助信贷联合银行、大众银行和法国土地信贷银行等农业信贷机构。其中最重要的机构是法国农业信贷集团，它采用是的多种所有制复合形成的"上官下民"的模式，较好地把政策性金融和合作金融融合到一起，具有较强的借鉴意义。

该集团由三个层次构成：最高层次是法国农业信贷银行，它是会计独立的官方金融机构，也是全国农业信贷互助银行的最高管理机关；中间层是省农业信贷互助银行，属于合作金融机构，负责协调省辖基层农业信贷互助银行的业务，分配管理资金，并可办理转账、投资等业务；基层是地方农业信贷互助银行，主要负责吸收和管理活期存款及储蓄资金，也属于互助合作性质的金融机构，凡从事农业活动的自然人和机构法人均可成为会员。基层银行吸收存款并上缴所属省级银行，由省级银行根据基层银行的审核意见向会员发放贷款，多余的存款交给中央一级的法国农业信贷银行统一调拨使用。

（2）法国农村金融体系的优点。

信贷集团的最高层属于政府管理，极大地保证了政府对农村优惠政策的实施效果，具体表现在以下三个方面：

第一，代表中央一级的法国农业信贷银行参与制定国家农业信贷政策，为政府提供农业发展的合理政策和建议，既有助于政府在农业方面的科学决策，又在某种程度上加强了农业信贷银行在整个金融体系中的特殊地位和政府的扶持优势。

第二，享有发行由政府担保债券的特权，加强了在债券市场上的融资能力；还有一部分来自政府借款及其他方式筹集的资金，这些政府的优惠措施保障了资金的充分供应。

第三，信贷集团从地方到中央都享有减免税收的待遇，并且政府对于该行的政策性低息贷款给予补贴，使其在全国金融体系中处于一个较为有利的地位，以促使其业务规模和实力不断壮大。

法国信贷集团虽然由政府管理，但并没有因此形成一个僵化的体制，相反，它的业务是十分灵活的。从其他业务范围看，其不仅有大量的存款、贷款，而且还涉及农村各方面的投资和担保活动。贷款主要是与农业生产有关的普通贷款和优惠贷款，其中优惠贷款更能体现政策性贷款的职能，期限较长，主要满足个人购地、农村组织建设、电气化和农田水利建设等需要。涉农投资主要采取商业化运作，涉及面广，大到农村的工业和教育，小到个人经营和住房需求，主要是为了改善农村环境，提高农业技术水平。担保主要是为了农户和合作金融组织更加有效地开展贷款活动。

总的看来，以农业信贷集团为标志的法国农村金融体系较好地把政策性金融机构和合作金融机构整合为一个体系，既保证了政府的适当干预和控制，有利于快速有效地贯彻政府的农业政策，又没有过分干预基层机构，充分调动了中下级合作金融的积极性，从而保证了整个体系的灵活性。

4.1.4 印度的农村金融体系

印度是发展中的农业大国，与我国有很多相似的地方，其农村金融成功因素尤其值得我们借鉴。

（1）印度农村金融体系的演进。

印度独立初期，高利贷占印度农村信贷总额的一半以上，其他信贷规模比较低。20 世纪 60 年代中期以前，成立于 1904 年的印度合作金融机构是农村信贷资金的主要提供者；随后，商业银行在农村经济发展中发挥了重要的作用，但流向农村的信贷资金从未充分地满足农户的需求。印度政府从 20 世纪 60 年代开始，实施"绿色革命"，采取各种措施来支持农村金融的发展。印度在 1969 年至 1980 年年末进行了两次银行国有化运动，直接控制国有银行，并在农村设立大量的金融机构。印度政府还要求私人银行与外资银行也必须增加农村网点，同时颁布了一系列的法令，设立土地开发银行、地区农村银行，调整监管体系，另外还规定银行对优先部门的贷款比例必须保证有机构进入农村的同时还有足够的资金进入农村，从而增加对农户信贷资金的供给。政府还实施了一系列的计划直接或间接支持农村的金融活动，主要以推行现代农业为中心，辅之以农业信贷、财政补贴、农产品价格支持等。随着这些措施的实行，印度支持农业发展的金融体系逐渐得到发展和完善，同时也在很大程度上满足了农村的金融需求。

（2）印度农村金融体系现状。

目前，印度农村金融体系主要包括印度储备银行（RBI）、商业银行、地区农村银行、合作银行（或合作社）、国家农业和农村开发银行。

印度储备银行是国家的中央银行，它对农村的金融机构实施单独的许可准入制度，以鼓励和促进农村金融机构的发展。在1982年以前，其负责监管和协调各农村金融机构。为了加强政府的扶持力度和对农村金融的监管，1982年7月，印度将印度储备银行农业信贷部、农村计划和信贷办公室与农业再融资开发公司合并，成立全国农业和农村开发银行（简称"农发行"）。农发行的地位相当于农村金融体系的中央银行，为农村金融机构贷款，并负责监管所有的农村金融机构，是整个农村金融体系的核心，其职能主要包括信贷职能、开发职能和监管职能。贷款分为三种贷款：一是生产性贷款，只贷给各邦合作银行和地区农村银行，期限相对较短，一般不超过18个月，用于涉农物资的购销和农村中小企业的可持续发展；二是投资性贷款，服务对象为各类农村金融机构，主要用于加强农村基础设施建设、产业结构调整和环境保护，贷款期限较长，运行模式采用项目管理模式，为防范风险，要充分考察项目的可行性，并且规定项目所有者自有资金比例，大大提高了项目的安全性，政府根据不同的项目提供不同的利率优惠，并且优先满足不发达地区的资金需求；三是转换性贷款，主要用于自然灾害的时候，当农村中小金融机构的短期贷款回收困难时，农发行向其提供信贷支持，把贷款期限延长为中期贷款，但一般不超过7年。在开发方面，农发行花费了大量的人力、物力增强合作银行和地区农村银行的实力和规模，通过建立各种专项基金开展人力资源培训、信息系统更新、基层组织建设等。监管上范围广，但主要监管合作银行和地区农村银行，除了非现场监管外，还包括业务检查、系统研究、管理审计和财务状况评估等。

另一个政策性很强的金融机构是地区农村银行。农村信用社的资金来源和经营管理都比较薄弱，而印度商业银行资金雄厚、管理专业，但以城市服务为主要对象。为了结合两者的长处，印度1976年通过《地区农村银行法》，建立了地区农村银行。每个地区农村银行均由一家商业银行主办，由中央政府认缴50%，邦政府认缴35%，主办商业银行认缴15%，还可以通过发行债券等方式筹措资金。地区农村银行的经营机构主要建立在农村信贷机构薄弱的地区，贷款对象主要是小农、无地农民和农村小手工业者等贫困农民，还给贫苦农民提供维持生活的消费贷款，贷款利率一般低于当地农业信用合作机构。地区农村银行大量机构的设立，大大提高了印度农村地区金融机构的覆盖率，而政府的直接支持，维持了这些地区农村银行在农村信贷体系中的特殊地位。

印度的合作金融机构是整个农村金融的基础力量，它分为两类：一类是提供短期、中期贷款的合作机构，主要是信贷合作社；另一类是提供长期信贷的合作机构，主要是土地开发银行。信贷合作社自下而上又可以分为三个层次：最低一级的是初级农业信用社，由农民集资入股组成，主要向社员提供中期贷款，期限一般是一年，利率比较低。除提供贷款外，它还向社员提供生产资料供应、安排剩余农产品销售等服务。在初级农业信用社的雏形上形成的地区性中心合作银行是中层信贷合作机构，其经营活动限于某一特定区域，主要是向由农民组成的初级农业信用社发放贷款，以解决其成员即初级农业信用社资金不足的困难，它是初级农业信用社和邦合作银行的桥梁。最高一级是邦合作银行，其成员为邦内所有的中心合作银行。它的资金主要来源于从印度储备银行取得的短期、中期贷款，还有一部分来自个人存款及中心合作银行的储备。

土地开发银行是为了满足农民购买价值较高的农业设备、改良土壤、偿还国债和赎回抵押土地而提供长期信贷，它分为两级，即每个邦的中心土地开发银行和基层的初级土地开发银行。初级土地开发银行直接与农民发生业务联系；中心土地开发银行则主要向初级土地开发银行提供资金。

对各种商业银行来说，由于农村金融业务的高风险，其在农村的业务规模不大，政府为了使资金流向农村，实行对"优先部门"的强制性贷款规定：本国银行对优先部门的放贷不低于贷款净额的40%；外商银行不得低于32%。这些优先部门包括农业、小型企业、出口产业，甚至涵盖政府推动的住宅贷款计划，其中直接用于农业的部分不得低于贷款净额的18%，对农业薄弱部门和农村地区的直接贷款须占农业贷款的55%。如果达不到规定比例，差额部分的资金以低于市场利率的资金价格存放到国家农业农村发展银行，由国家农业农村发展银行对地区农村银行和邦农村合作银行进行再融资，也可以用于购买印度农业农村发展银行的债券。大量的贷款保证了农村发展的资金支持，提高了农业的增长率。

4.1.5　国际经验总结与借鉴

（1）发达国家农村金融成功的经验。

从发达国家来看，各国农村金融成功的共同点有如下几点。

①各国都建立了较为完善的农村金融体系。

该体系包括政策性金融机构、合作金融机构，还有其他一些商业性金融机构及私人借贷等，它们互为补充、相互促进，共同支持农业的发展。

②政策性金融机构在体系中占据着主导地位或重要地位。

国家通过各种措施和渠道保证了政策性金融机构的良性运转，以保障其良好的资金供应能力。这一点充分体现了一国农村金融体系的建设离不开政府的财政支持和政策倾斜。

③国家财政的大力支持，范围广泛，涉及整个农村金融体系。

由于发达国家有着雄厚的经济基础，为了建立高效的农村金融体系，各农村金融机构在发展过程中得到了政府在财力上和优惠政策方面的大力支持，利率比较低，贷款条件比较宽松。

④相关金融机构融资渠道广泛，并且含有政府的隐性或者显性担保。

由于政府的政策优惠，农村金融机构除了可以获得国家优惠贷款之外，还可以凭借其特殊地位，通过发放债券较为容易地在资本市场上融资。各农村金融机构不仅发放贷款，而且对农民的生产还有一定的指导性。这样不仅有利于帮助农民进行科学生产，帮助农民致富，同时也减少了贷款的不确定性，降低了贷款的风险。

虽然政策性金融的地位依然重要，但新的发展趋势是政策性金融的规模有所下降，合作金融的规模有所上升。这种变化可能会提高整个农村金融体系的支农效率，因为政府主导的政策性金融机构的效率低下，而合作金融机构网点具有多、分布广，同农民联系密切，经营方式灵活，业务范围大等优势。

⑤各国都通过立法来保障整个农村金融体系的正常运行。

金融支持农业发展需要法律的保障。美国、日本等国家都有比较完善的关于农业金融的法律体系，如美国《联邦农业贷款法案》《农业信用法案》等，同时，美国还把农业金融的运作融合到其他的相关法律体系中，从而使金融支持农业发展有法可依。日本的《信用担保保险法》、法国的关于农业信贷银行的法令等，这些法律都有效地促进了支持农业发展的金融机构发挥作用。

⑥各国大都建立了内容广泛、行之有效的农业保险制度。

各国大都把农业保险制度的建立作为支持农业发展的一个重要环节。这些国家通过财政补贴及其他经济政策（如农业信贷政策）支持农业保险的发展。如美国在农业保险的发展过程中，政府对农业保险提供高额补贴及其他优惠政策，对保护农业生产者免遭自然灾害侵袭起了很大作用。农业保险为农业发展的自然、经济、社会三大风险提供了有效的保障，成为各国政府扶持农业的重要政策。

（2）印度农村金融成功的经验。

印度与中国同为发展中的农业大国，因此印度的经验更加值得借鉴，具体表现在以下几个方面：

①政策性银行机构地位突出，职能比较全面。

印度农业农村发展银行作为农业政策性银行，是印度政府制定农村金融服务政策、信贷投放计划、执行国家农村金融政策和监管所有农村金融机构的核心部门。它较好地协调、统一了全国金融机构的农村金融活动，在促进农村、农业发展方面形成了合力。

②国有大型商业银行在农村金融体系中发挥着重要的作用。

目前，印度共有 28 家国有银行，占整个银行资产的 80%，规模庞大。通过政府政策引导，主要国有商业银行不断加大支农力度，并利用其先进的管理经验和技术优势，提升了农村金融服务的整体水平。

③分布广泛的农村合作金融机构。

经过长期的发展，印度农村合作银行建立起了健全的服务体系和合理的运行机制，加之其网点分布广泛、更加贴近农民的优势，弥补了商业银行服务网络和服务手段的欠缺，成为农村金融服务的基础力量。

④政府在农村金融方面的强制性措施强化了支农力度。

印度政府要求私人银行与外资银行必须增加农村网点。于是，1973—1985年，在政府的直接支持下，银行营业网点在农村地区迅速普及，年均增长15.2%；还有就是上边提到的对优先部门贷款比例的要求。除此之外，政府还制定了大量的计划，通过各种渠道使资金能到达更多的农户手中，如农村综合发展计划（Integrated Rural Development Programme）、农村青年培训及自我就业计划（Training of Rural for Self - Employment）、农村妇女发展计划（Development of Women and Children in Rural Areas）、全国农村就业计划（National Rural Employment Programme）以及农村无土地人口就业保障计划（Rural Landless Employment Guarantee Programme）等。

⑤注重提升农村金融机构从业人员的业务素质。

印度储备银行、印度国家农村发展银行和各类商业金融机构都建立了相对完整、覆盖面广泛的培训组织体系，结合农村金融的特点和实际，有针对性地开展培训工作。

4.2 农业保险的国际比较和经验借鉴

这一部分的国际比较和经验借鉴主要涉及农业保险、小额贷款和存款三个方面。

农业保险始于两百多年前西欧的农作物雹灾保险。德国是世界上最早建立农业保险机构的国家。当时，许多欧洲国家的农业处于向产业化转型的过程中，农业保险的需求开始出现，由于农业风险的相对集中性，风险损失的相对严重性，风险承担者的分散性，风险的明显区域性等特点，一些商业保险公司的农业保险业务很难满足这种需求，许多国家采用了政府与市场相结合的方法，支持保险公司开办农业保险来分散农业风险，稳定农业生产。目前，世界上约有 40 多个国家推行农业保险，这里主要介绍美国、日本和印度的成功经验。

4.2.1　美国的农业保险

美国是农业保险发展得比较完善的国家之一，其农业保险始于 20 世纪 30 年代，于 1938 年颁布《联邦农作物保险法》，规定了农作物保险的目的、性质、开展办法和经办机构等内容，为联邦政府全面开展农作物保险业务提供了法律依据和保障，并根据此法成立了联邦农作物保险公司（FCIC），由政府经营。此后，随着农业保险规模的不断扩大，政府开始逐渐退出了农作物保险的直接业务，将业务全部交给了私营公司经营或代理。联邦农作物保险公司只负责规则的制定、稽核和监督职能的履行，并提供再保险。

经过不断发展，目前美国的农业保险已经比较完善，涉及农业的方方面面，主要分为三类：一是对遭灾减产作物保险；二是区域单产保险，即向单产接近的地区提供作物保险；三是气候保险，即对某些具有特殊气候因素的地区提供保险。2004 年，美国从事农业保险的保险企业共收到保费 41.9 亿美元，承保面积 2.21 亿英亩（1 英亩≈4 046.86 平方米），赔偿责任金额为 4 456.2 亿美元，对稳定农业生产起到了积极的作用。农业保险之所以取得这么好的效果，是因为美国政府的大力扶持政策，扶持主要是依靠政府财政的补偿，如 2004 年政府对农业保险的补贴达到 24.8 亿美元，占美国农业增加值的 1%以上。具体来看，补贴可分为两个层次。第一个层次是对农场主或农户的补贴，参保农场主可以得到政府 30%的保费补贴，同时，参加保险的农场主不仅可以得到银行的优惠贷款，而且还享受税收减免。现在，已有超过 50%的农场主参加了农业保险。第二层次是对保险公司的补贴，从事农业保险的私人保险公司不仅可以得到政府的保费补贴和各种政策优惠，而且可向 FCIC 或私人再保险公司进行分保以分散风险，再保险公司又可以从政府获取费用补贴及税收优惠。

4.2.2　日本的农业保险

日本的农业保险是 20 世纪 20 年代发展起来的，现行的农业保险制度由

1947 年颁布的《农业灾害补偿法》确立，实行三级制村民共济制度，形成了政府与民间团体相结合的自上而下的农业组织体系。农业共济组合是设置在市、镇或村一级，不以营利为目的的民间保险相互会社，其作为最基层组织直接向本地区所有成员承保；都道府县一级成立共济联合会，承担共济组合的分保；中央一级的全国农业保险协会承担各共济联合会的再保险。三重风险保障机制的确立有效地分散了农业风险。

保险实施方式的特点是强制保险（或称为法定保险）与自愿保险相结合。凡关系国计民生和对农民收入影响较大的农作物和饲养动物都要实行强制险，凡生产数量超过规定数额的农民和农场必须参加保险，还有一种情况就是如果按政府指令种植农作物的农户，不用投保就自动参加了保险；自愿保险主要是满足一些小规模农作物种植的个别需求。

在农业保险体系中，政府的投入也是相当大的。除了承担份额较大的再保险之外，政府还对农业保险提供了一定比例的保费补贴，保费补贴比例依费率不同而高低有别，费率越高，补贴越高。如水稻补贴 70%，小麦最高补贴80%。另外，政府为了稳定农业保险的规模，还建立了以各府农业相互救济协会联合会为成员的农业相互救济基金会，以保证资金的供应。

4.2.3 印度的农业保险

印度的农业保险可追溯到 20 世纪 40 年代，但一开始由于得不到政府的财政支持，农业保险没能发展起来。直到 1972 年政府通过对全国性保险机构的直接组织和经营，并实行保险责任由中央政府与邦政府两级按比例分摊，以及经营管理费用全由国家负责之后，农业保险才得以迅速发展。

印度的保险模式是自愿保险与有条件的强制保险相结合的方式，即进行生产性贷款的农民必须参加相关农业保险，其他的保险如牲畜保险，实行自愿的原则，由农户根据自己的条件选择是否参加。由于开展农业保险的市场环境不够成熟和政府的财力有限，印度农业保险的承保范围只限于关系国计民生的一些领域。

应该说，政府支持的农业保险也曾经走了一段弯路，这是值得借鉴的经验。1985 年印度政府针对信贷农户正式推出了综合作物保险计划。该计划由一般保险公司和各邦政府按照 2∶1 的比例分担农户投保风险损失，各邦自愿选择办理这项保险计划，农户则自愿参加。综合作物保险先后经历 5 年时间，最终仍然因赔付率较高而终止。经过总结后，政府于 1999 年开始执行新的全国农业保险计划，这次有了明显的变化：覆盖了所有农户，多种作物均可选择投保；排除了投保金额的限制；合理设计了费率级差；以乡村自治委员会为单位投保，提高了参保率；大面积灾害保障与单独灾害分别承保，灵活性较强。现在，政府一方面对一般的经济作物给予大量的财政补贴；另一方面对单独园艺和种植园等经济作物不再优惠，而由国民保险公司等四家补贴型保险公司承办。这次调整极大地减轻了政府的财政负担。

4.2.4 经验总结与借鉴

第一，法律上保证农业保险的特殊地位，使其有法可依。从各国的普遍经验来看，制定专门的农业保险法之后，农业保险的发展都比较迅速。可见，农业保险被法律强化后，就可以作为一种制度被很好地确立下来。由于我国目前还没有颁布专门的农业保险法，对保障目标、保障范围、保障水平、组织机构与运行方式、政府的作用、农民的参与方式等没有明确的法律规定，农业保险的盲目性很大，由此可见，立法工作刻不容缓。

第二，各国普遍实行强制保险和自愿保险相结合的保险方式。对主要农作物实行强制保险可以扩大投保规模，以保证风险能在空间和时间上进行分散，充分体现了保险的互助性质，当然费率的设定要充分考虑农业生产经营者的经济承受能力；自愿保险则体现了农业保险的灵活性，以保证满足农民在保险上的个性化需要。

第三，政府要对农业保险进行大量的投入。农业保险的高风险性、高费用率、高赔偿率、非营利性的特点决定了它是一项政策性极强的保险。我们从各国农业保险的实践中可以发现，政府在农业保险中确实发挥了重要的作用，保险费补贴、业务费补贴、税收优惠等成为政府支持农业保险的重要内容。但是，我国由于还是一个发展中国家，财力还十分有限，因此对农业保险的投入要量力而行，印度政府实施的综合作物保险计划就是因为政府不堪重负才失败的，我们应该引以为戒。解决办法可以分为以下几点：一是成立专门的政策保险公司，以贯彻国家对农业的保护政策，同时可以最大限度地防范道德风险；二是对商业性保险机构进行补贴，吸引它们进入农业保险体系，这样通过农业保险的商业运作就可以提高整个农业保险的效率；三是借鉴美国的风险转移基金、发展基金和商业基金的操作模式，在我国发展农业风险基金，既减轻了政府的负担，又可以稳定整个农业保险体系的运转。

第四，不断完善农业再保险机制，以达到分散农业保险的目的。为了在更大范围内分散农业风险，规避风险，许多推行农业保险的国家都对农业保险实行了再保险。我国是一个农业风险发生率很高的国家，在目前承担风险责任的能力和赔付能力都很有限的情况下，再保险就显得尤为重要的。

4.3 小额信贷的国际经验借鉴

小额信贷是一种特殊的金融服务或金融机构，它在客户无力提供担保（抵押）品的情况下，以不同于正规金融机构的风险管理技术，为那些被排斥于正规金融体系之外的客户提供额度较小的金融服务，尤其是小额贷款服务。小额信贷组织出现于 20 世纪 70 年代，其后在世界范围内获得广泛发展，形成了各种各样的组织方式。其中孟加拉国的乡村银行模式和印度尼西亚的人民银行村银系统模式最具有代表性。

4.3.1 孟加拉国的乡村银行模式

孟加拉国的乡村银行模式（GB）源于 20 世纪 60 年代末著名经济学家穆罕默德尤努斯博士的小额信贷试验。1983 年其被政府允许注册为民间银行，但仍属于非政府组织，是福利主义小额信贷的典范。GB 模式具有以下特点：

首先，它具有典型的层级组织结构。这体现在自身组织结构和借款人组织结构两个方面：GB 的自身组织结构为总行—分行—支行—乡村中心；而借款人组织由会员—联保小组—乡村中心组成，这构成了 GB 运行的基础。

其次，资金来源上，乡村银行成立初期主要依靠外部资金注入，如 1984 年至 1996 年，国际社会国际农业发展银行和基金组织都曾提供资金。然而从 1996 年开始，GB 完全依靠自身市场化运作获得资金，并开始进入稳定发展期。

然后，以贫困人口，特别是贫困女性为主要服务对象。孟加拉国的女性在社会中处于弱势地位，比男性更难以改变自己的贫困状况，而且女性家庭观念比男性更强，她们会积极地利用贷款改善经济条件，使其家庭和子女受益。最为重要的是女性运用资金比较保守，从各国的统计来看，女性的还款率明显要高于男性。

最后，对贫困户发放无抵押的小额贷款，并以小组互助联保来防范风险。在一个通常由 5 人组成的信贷小组中，一人违约会导致对其他成员的贷款同时中止，虽然小组成员并无义务替违约的成员偿还债务，但为了继续获得资金他们会这样做。这样就可以很好地解决道德风险和信息不对称问题，有利于贷款的及时收回。目前，乡村银行遍布于全国 64 个地区的 68 000 个村，还款率达到 97% 以上。

以上是乡村银行的传统模式，虽然取得了较大的成功，但还存在需要完善的地方：小组联保存在着特殊的风险扩散机制，单个借款人的拖欠或违约可能导致大面积的拖欠或者违约，这对乡村银行来说是致命的；因为不允许借款人提前还贷，整借零还的制度过于僵化；贷款以妇女为主要对象，没有考虑到妇女借款人经常会失去对借款的控制权，在相关研究中，63%的妇女对贷款只有部分、极有限的权利或根本没有控制权，贷款通常由男性亲属管理和控制，而女性却承担偿还义务，这与小额信贷所宣传的增强妇女参与性相去甚远。因此，乡村银行专门对此进行了改革，其措施主要有：小组成员不再承担连带责任，而以成员间道德约束来替代；贷款具有灵活的期限，还款额度可以不等，也可以提前偿还所有贷款；如若违约，经过借款双方协商可以把贷款调整为灵活贷款；取消了小组基金。

4.3.2 印度尼西亚的人民银行村行系统模式

印度尼西亚人民银行（BRI）是印度尼西亚主要的国有银行之一，从1996年开始，其在全国建立了3 600个村行，逐步开展小额信贷业务，并获得巨大的商业成功，成为制度主义小额信贷的典范。BRI的业务主要分为三个部分：①商业金融；②小额信贷金融；③公司和国际金融。小额信贷金额部（UD）是BRI总部直属的一个业务部门，简称BRI-UD，主要负责向低收入家庭和小企业客户（包括贫困和非贫困客户）提供基本的无补贴的信贷和储蓄服务。

其小额信贷的运行有以下几个特点：

一是基础结构享有高度的自主权。BRI-UD总部对中央银行和财政部负责，下设地区人民银行、基层银行和村银行。村银行是基本经营单位，独立核算，自主决定贷款规模、期限和抵押，具体执行贷款发放和回收。

二是实行商业化运作。这包括：以商业银行贷款利率（年利率32%）覆盖成本；如果借款者在6个月内都能按时还款，银行将每月返回本金的5%作为奖励；储蓄利率根据存款额确定，存款越多，利率越高。可以说正是依靠高利率鼓励储蓄的政策，才保证了财务上的可持续性。

三是特殊的安全保障和激励机制。由于实行商业运作，其对于没有合适抵押品的贫困户，有必要使用特殊的办法，如冻结借款小组部分存款作为保证金，如果呆账率超过5%便中止项目，而那些能够按期还款的农户则可以得到更多贷款。

并且，BRI-UD成功地经受住了亚洲金融危机的考验，并一直保持盈利，使其成为印度尼西亚唯一的一家能盈利的政府银行。

4.3.3 经验借鉴

以上是我们主要介绍的福利主义和制度主义在小额信贷上的典范模式，应该说这种区分是相对的，目前这两种模式有相互融合的趋势。我们应该积极借鉴两者的长处来发展我国的小额信贷，总体来看有以下几个方面：

由于小额贷款的对象一般是没有抵押物的贫困人口，所以防范风险是非常重要的。这可以通过几个方面来保障：事前要加强客户的甄选，当然不一定照搬GB模式，即主要贷给贫困妇女，我们可以通过完善客户诚信档案来克服信息不对称的问题；事中可以发挥小组机制的作用，这里主要强调成员之间的道德监督，即成员之间可以不承担连带还款责任，但是一个成员的违约可能导致其他成员贷款权利的丧失；事后可以实行动态激励机制，对按期还款的予以奖励，而违约的要及时约束，或适当展期或中止贷款；在整个过程中要加强对客户的诚信教育，提高他们的还款意识。

世界小额贷款的主流模式是商业运作，因为如果依靠捐赠和政府补贴等外部资金，很难保证财务上的可持续发展，而且容易引发腐败、效率低下等一系列问题。实践证明，高效率的商业运作既有利于小额信贷组织的良性发展，又可以有效地扶持农村贫困人口和改善农村金融生态环境。当然，这还有一个前提，就是政府应开放对小额贷款的利率管制。国际上成功小额贷款的利率均高于银行的利率，小额信贷机构利率均高于商业银行利率，但是低于私人借款利率。只有较高的存贷款利率差才能弥补操作成本，小额信贷机构才能实现可持续发展。

正规的商业银行也可以开展小额信贷业务，但应该设立独立的小额信贷部，财务上独立核算，吸引金融专家和专业管理人士参与经营管理，制定适宜的工作激励和奖惩制度，建立有效的内部管理和监控系统，这样完全可以实现小额信贷的高回报率。

足够的客户数量来保证"规模经济"的优势。制度主义模式的小额信贷成功的关键在于有足够的覆盖面，这样能获得规模经济效益，达到降低成本的目的。做到这一点可以通过开展多样化的业务，如除了提供贷款外，还提供存款、保险、汇款和支付结算等金融服务；利用高科技实现金融产品的创新来吸引更多的客户。

广泛的资金来源进一步保障其可持续发展。成功的小额信贷机构的资金来源是多样化的，除了捐助资金和政府补贴外，还有自有资金、吸收的公众存款，以及通过资本市场广泛筹集资金，从而保证机构的持续经营。

建立与农村金融相适应的存款保险制度（Deposit Insurance Syetem，DIS）。所谓存款保险制度是指由经营存款业务的金融机构，按照所吸收存款的一定比例，向特定的保险机构缴纳一定的保险金，当投保金融机构出现支付危机、破产倒闭或者其他经营危机时，由该保险机构通过向其提供财务救助或直接向存款人支付部分或全部存款，从而保护存款人利益，维护银行信用，稳定金融秩序的一种制度。存款保险制度最早产生于美国纽约，于1829年最先开始实行存款保险计划，并扩展到其他州，经历了100多年各州存款保险的失败与成功之后，美国于1933年正式建立了联邦存款保险制度。如今，全球1/3的国家都建立了存款保险制度，可以说在经济金融化和金融全球化迅猛发展的今天，建立存款保险制度已经是大势所趋。

综观世界各国的存款保险制度，虽然千差万别，但从组织模式上可以分为两种：一种是以美国联邦存款保险制度为代表的政府存款保险模式，另一种是以德国非官方自愿存款保险为代表的非官方存款模式。就数量而言，建立第一种模式的国家占了大多数。这两种模式各有千秋，而且有相互融合的趋势，到目前为止，两国的银行体系还十分稳健，其保险模式有效地防范了较大金融风险的出现。从各国实践来看，存款保险制度是一把"双刃剑"，它既能保护存款人利益，维护银行信用，防范金融危机，也能引发逆向选择、道德风险、委托—代理等问题。因此，存款保险制度的设计必须十分谨慎，要充分考虑国情，即根据一个国家的经济发展状况、银行业的特点、社会及民众的承受能力而定。由于我国是一个社会主义市场经济的发展中国家，银行业的情况较为复杂，加上考虑到"三农"问题是目前中国经济发展的重中之重，因而本书从农村金融角度来谈我国存款保险制度的选择。

要考察我国农村金融的实际情况，可以从其构成和特点入手。

首先，我国农村银行金融机构可以分为政策性银行机构、商业性银行机构和合作银行机构。政策性银行由于不涉及存款，可以先行省略不谈，而农业银行规模较大，与工行、中行和建行同属一个级别，目前处于股改上市、剥离不良资产的过程中，情况特殊，与其他众多农村中心银行有显著差别，而且近年来农行大量撤并在农村的营业网点，其地位也大不如以前，农行更属于城市银行体系的范围。因此，与以国有控股大银行为主体的城市金融体系不同，我们把农村信用合作社、农村商业银行、村镇银行、农村合作银行及农村地区的邮政储蓄机构等中小银行作为农村银行金融机构的一般客体来加以分析。

其次，我国农村银行金融机构有如下特点。

一是经营业务的高风险性。这一点源于服务对象——"三农"的弱势地位。①农业属于弱质产业，其生产的"高风险性、分散性、波动性、长期性"会使风险通过农业贷款向农村金融机构传递。②我国的农民是中国社会一个典型的强位弱势群体，一方面事前他们缺乏银行认可的、有效的抵押物，事后贷款的用途以非生产性用途为主，缺少未来的现金流，还款很难有保障，并且农村金融市场存在严重的信息不对称问题，更是加大了农户还款的道德风险。③

农村经济以中小企业和个体经济为主体，它们规模不经济、范围不经济、竞争力弱、技术水平相对较低，又是一个强位弱势企业群体，因此与城市金融相比，这些无疑加大了农村金融的运行风险。

二是以中小金融机构为主体。全国中小金融机构的90%以上在农村，数量大、规模小、资本与资金实力强、高度分散。截至2018年年末，全国银行类金融机构有4 588家，其中仅农商行就达到了1 460家左右，除了村镇银行外，就属农商行的数量最多。这些机构从整体来讲，规模较小，国家规定的最低注册资本金也能充分说明这一点。比如，省联社的最低注册资本金是500万元；农村商业银行的注册资本金不低于5 000万元；农村合作银行只要求2 000万元以上。而2007年中国银行业监督管理委员会印发的《村镇银行管理暂行规定》中的注册资本金最低额度为：在县（市）设立的村镇银行，其注册资本不得低于300万元人民币；在乡镇设立的村镇银行，其注册资本不得低于100万元人民币。另外，现在的小额贷款公司只贷不存，但其发展趋势必然是要吸收存款，这只是一个时间问题。

农村银行机构从其实际情况来看，适合以非官方资源存款模式为主，辅之以一定程度的政府参与，这样就可以较好地吸收这两种模式的优点，更好地防范我国农村银行机构的风险。

①政府强制存款保险对我国农村银行作用有限。众所周知，强制存款保险就是要求所有吸收存款的银行机构都加入存款保险体系，以符合大数定律，实现分散风险的目的。这一机制主要针对一些大银行，由于它们存在"太大而不能倒闭"的想法，没有加入这一体系的动力，而没有这些大银行的加入，一旦大银行出现问题，不仅会产生巨大的损失，而且会对金融系统造成严重的冲击，存款保险的作用就会大大削弱。但是，农村银行机构不存在这个问题，我国农村银行机构以中小银行为主，由于其经营业务的高风险性，它们加入存款保险体系的愿望十分强烈，并且由于大银行存在一定程度的国家隐性担保，而中小银行处于相对弱势的地位，存款保险制度可以为中小银行提供一个同大银行公平竞争的平台，因此，农村银行机构加入存款保险体系的积极性很高，强制存款保险的意义不大。

②政府存款保险不可避免地会出现"委托—代理问题"。这一点，我们可以从美国存款保险制度的历史经验总结得出。20世纪80年代以前，联邦存款保险制度运行得较好，1934—1980年，平均每年只有15家商业银行和储蓄贷款协会倒闭，1981年之后，倒闭数量是前几年的十倍以上，一个重要原因就是"委托—代理问题"的暴露。在银行出现危机之后，理论上说，存款机构

的净值为零时就应予以关闭，这样就不会给存款保险公司带来损失，也不会产生更大的危害。但是联邦住房贷款银行委员会和联邦储蓄贷款保险公司却采取了监管宽容的态度。监管者或出于自私或出于政府干预的目的，通过放松资本金要求，从而隐藏了无力偿债的银行的问题，并希望这种状况能够改善。爱德华凯恩将监管者的这种行为称为"官僚赌博"。赌博的结果是令人失望的，从1983年到1989年，失去清偿能力的储蓄机构每年都在500家以上，总资产都超过2 300亿美元，并最终导致联邦储蓄贷款保险公司（FSLIC）的破产。虽然事后美国政府颁布一系列法律来加强监管的力度，规范储贷业的行为，暂时度过了危机，但时至今日，同样是房地产泡沫破裂，这次却导致美国爆发了空前绝后的次贷危机，大量的抵押贷款公司破产，股市遭受重挫，信贷市场紧缩。不同的是，过去银行把贷款和抵押都记在他们的账户上，把信用风险保留在自己内部；现在银行通过资产证券化把风险转移给广大的投资者，但是并没有消除系统性风险。而且，在高度发达的金融市场上，次贷危机必然会危及银行业的安全。可以说，这次危机的爆发是与政府主导的监管机构的放纵密不可分的。因此，即便是美国这样金融市场发达的国家，在其银行监管上仍然存在严重的"委托—代理问题"，何况我国是一个新兴市场经济国家，一方面监管水平落后，另一方面金融产品发展日新月异，倘若实行政府存款保险模式，其"委托—代理问题"会更加突出，随着金融风险的集聚，必将产生灾难性后果。

③实行自愿存款保险模式可以减轻财政负担。存款保险由于较多地依赖财政，在危机时往往需要大量的资金，因此，需要强大的财政作为后盾，并且在一定程度上也加大了银行的道德风险。而自愿存款通过各银行机构入股，加强银行间的融资和管理，有助于银行间的相互监督，并且由于其属于非官方性质，缺乏公共资金的支持，成员银行不能把来自问题银行的成本外部化，这就更增加了银行间相互监督的压力。但是，考虑到我国农村银行机构的弱势，政府一开始应持有较多股份，并提供启动资金，待保费盈余到一定规模，政府再逐步退出。因此，这里特别强调政府的参与。

最后，有几个值得注意的问题需要明确：

第一，自愿存款保险模式并非十全十美，与政府存款保险模式相比，其更容易产生逆向选择的问题。在这里，我们可以借鉴德国的做法，即加强银行业协会的作用。德国银行联邦协会拥有很大的权利，并且不受官方监管，保证了其独立性和灵活性。对于问题银行，银行业协会有权将其开除出存款保险体系，也可以担保或直接对存款人进行偿付，因此鉴于银行业协会的突出地位，绝大多数银行都加入了协会。正是存款保险体系与银行业协会的完全一体化，才能将发生逆向选择问题的风险降到最低。

第二，银行业协会的监管并不排斥政府监管。就德国而言，银行监管由政府和民间两部分组成，前者包括联邦银行监管局和德意志联邦银行（德国中央银行）。这两个联邦机构与外部审计师和银行业协会共同承担了监督管理的职责。公共监管部门、银行业协会、外部审计和存款保险部门的密切合作与协调，就可以构筑独特有效的金融安全网。因此，能否把政府监管和民间监管的作用整合到一起就成了一个关键问题。

第三，我国农村银行金融机构存在合作金融和商业性金融，可以借鉴其他国家的做法，即分为合作银行保险基金和商业银行保险基金，以适应这两类银行的经营特点。

第四，存款保险制度的设计应该是一个动态的过程。就目前来看，农村金融机构和城市金融机构还有着显著的差别，在存款保险方面理应区别对待，而不能搞"一刀切"，但是发展的趋势是城市金融和农村金融的统一和融合。还有就是，政府的参与程度问题。在存款保险体系建立之初，政府应该发挥主导作用，在立法、启动资金、生态环境的建设和民众金融风险意识的教育方面都离不开政府的大力支持。而且，农村信用社的改革尚未到位，省联社依然交由省政府管理，政府对农村银行机构的影响力还很大。因此，要特别注意避免银行机构和存款保险体系受到政府部门不合理的干预，以防止"委托—代理问题"的出现。随着存款保险体系的规模不断扩大，政府应逐步退出，以行业管理为主，充分发挥市场的约束作用。

4.4 农村金融体系建设的国内经验借鉴

同发达国家的农村金融体系相比，我国的农村金融体系建设普遍落后，同时，在政策背景及生态环境方面，重庆市与我国其他省市是极其相似的，因此，本书通过对我国优秀省市的代表性农村金融体系进行分析探讨，来为重庆市农村金融体系的建设提供借鉴经验。

4.4.1 浙江省农村金融体系模式

浙江省在农村金融体系的构建上，提出了"三位一体"的农村新型金融合作体系。供销社农村信用合作社借助政府相关部门的服务和管理，把服务有效地渗透到农村资金供应链条体系中，为农村金融需求搭建服务平台，出现了以浙江省农村信用社联社为主导，商业金融、政策性金融、新型金融及民间借贷百花齐放、共同协作的局面，各种差异化的创新金融产品也是层出不穷。鄞州银行推出了农村股份经济合作社股权质押贷款，健全了股权的功用；温岭市农村合作银行推出了土地承包经营权流转抵押贷款，增加了农民贷款的有效抵押物；临海市联社率先开展了"支农授信卡"的推出工作，在全国首次提出了"一卡一点一服务"的理念，使得农民能够通过一次授信获得循环贷款，更加方便快捷，节约双方成本；建德市将信用户的评定办法引入农村经济组织，建立起了村民、社员的信贷档案。总之，浙江各级金融机构因地制宜，大力开发适合当地的信贷产品，着力推动信贷管理工作。在政策扶持方面，政府通过采取减免增值税等税收优惠、直接财政支持等方式缓解农村资金供需不平衡问题，人民银行积极指导农村合作金融加大支农力度，并在利率、额度、程序等方面给予优惠措施，银监局鼓励金融机构大力发展对农村的信贷支持，真正形成了各政府部门相互协作的局面。在农业保护措施上，担保公司基本已成体系，全省已经普遍建立起了农信担保公司，在农村合作银行的支持下，按照注册资本金的五到十倍进行担保，并联合农村合作银行对规模化的农产业开展信用评级工作，以期改善农村信用环境，并同时发挥供销合作社的增信作用。截至 2017 年年底，全省共提供农信担保额 1.32 亿多元。浙江省的法律保障也一直走在前列，浙江省在我国颁布合作社法之前就率先于 2004 年出台了本省的合作社条例，按照"民办民管民受益的原则"大力发展农民专业合作社，之后又颁布了《关于加强金融机构支持社会主义新农村建设的通知》及《浙江省农村资金互助社登记办法》等文件，规范农村金融体系，着手解决农村资金需求问题。

4.4.2 四川省农村金融体系模式

和重庆市一样，四川省也是一个农业大省，在农村金融体系布局中，四川省特别重视新型农村金融机构的培育及金融制度的改革创新。2007 年，我国第一家村镇银行——四川仪陇惠民村镇银行在四川仪陇县金城镇挂牌开业，从此拉开了四川省乃至整个国家的新型农村金融机构试点工作。四川省更加重视新型金融机构的建设，新建了都江堰金都村镇银行，主要用于解决灾后重建的大量资金需求问题。四川省共有 20 余家新型金融机构，占据全国的十分之一，各项贷款余额达到了 29.57 亿元，均实现了盈利，吸引了包括民生银行、交通银行、浦发银行在内的六家商业银行参与。除了新型农村金融机构的卓越成效外，四川省还积极进行农村金融制度的改革创新：积极促进农村信用社产权改革，推进农村信用社以县为单位统一法人改革工作，在成都市进行以市为单位统一法人改革试点，组建了成都市农村商业银行；改进国有商业银行省分行的信贷管理体制，适当授予下级行相应的授信业务审批权限，鼓励各类银行到金融服务不充分的地区设立分支机构，严格控制撤并农村信用社乡镇网点，并加大资金投入，促进农村科技成果向商业价值的转化；加大农村信用体系建设，推广农村企业和个人信用信息基础数据库建设，推动建立农户信用档案工作，构建"征信评分信贷"的管理模式，深入推进农村金融生态环境建设。

4.4.3 国内经验借鉴

从以上分析不难看出，重庆市正在学习浙江省和四川省的一些成功经验，比如对农村实行信用村的评定办法和开发土地承包经营权流转抵押贷款，积极进行合作性金融机构的产权制度改革等。除此以外，重庆市需要借鉴的经验仍然还有很多。首先，浙江省农村金融体系不论在思想上还是实践上都非常重视开发适合当地具体情况的、差异化的金融信贷产品，建设农业保险、担保体系，并力争做到程序更简便、成本更低廉，这是重庆市农村金融体系学习的方向；其次，浙江省法律制度出台的及时性和完备性值得重庆市借鉴；再次，浙江省政府、人民银行及银保监会等政策性体系更为契合的资金支持及战略政策无疑为重庆市的政策性金融指明了前行的方向；最后，四川省大力推行各家银行参与建设新型农村金融机构的思想与路径也是重庆市需要学习的方向。

第四章 重庆农村金融环境调研分析

1. 重庆农村农户贷款需求分析

农村金融供给不足是现阶段中国农村的一个普遍现象，其中贷款供给不足是最突出的问题之一，贷款难同样是长时间困扰重庆农村农户发展的一个突出问题。重庆农村的信贷机构主要是重庆农村商业银行，它成立于 2008 年 6 月 29 日，在原重庆市信用联社和 39 个区县信用社、农村合作银行的基础上组建而成，是继上海、北京之后我国第三家、西部首家省级农村商业银行。贷款难的原因，从贷款机构来看，可提供贷款的机构比较单一，存在竞争不足等弊端。从信贷市场调查结果看，一方面，广大农户的资金需求强烈；另一方面，作为农村农户主要资金供给者，农村商业银行在满足农户金融需求方面还远远不够。从本次调研数据分析结果来看，有 36.2% 的农户表示，"目前急需资金"。同时，从信贷供给方——重庆市农村商业银行的情况来看，截至 2019 年年末，该行贷款余额达到 4 370 亿元，较上年年末增长 570 亿元。数据说明，重庆农村商业银行是重庆农村信贷服务的最主要供给者，同时，根据相关统计资料，截至 2019 年年末，在重庆的各个区县中，该行贷款市场占比为 38.1%，同比提高 2.9 个百分点，而同一时期在存款市场占比为 36.9%，同比提高 2.5 个百分点，可见存款的增速超过了贷款的增速。从图 4-1 可见，近三年农村商业银行的存贷差在逐年扩大，这也意味着重庆农村金融实际相对供给状况在不断恶化。

这些都说明了重庆农村信贷供给严重不足，并且近几年来情况没有明显好转，要缓解这种供需矛盾确实需要设计一套切实可操作的方案。当然，任何成功的方案都是在充分调查研究的基础上产生的，为此，我们通过实地调研发现重庆农村金融供需状况具有如下特点。

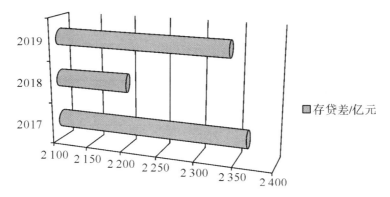

图 4-1　重庆农村商业银行存贷差

1.1　农户贷款主要用途为发展生产

从重庆农村农户信贷需求来看，贷款用以发展生产为主要用途的占 69.4%，成为资金最主要的用途，其次是用于生活开支，占 26%，另外有 4.6% 的农户没有明确的目标，如图 4-2 所示。

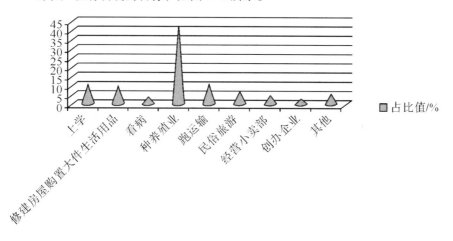

图 4-2　重庆农村农户资金需求的各项用途

1.2　贷款需求表现为小额特点

通过实地调研我们发现：希望获得万元以下贷款的农户占 16.2%，1 万~2 万元的占 31.4%，2 万~5 万元的占 33.0%，5 万~10 万元的占 12.0%，10 万元以上的占 7.4%。总计 64.4% 的农户贷款需求规模在 1 万~5 万元，如图 4-3 所示。

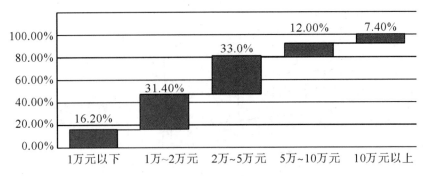

图 4-3　农户贷款需求的规模结构

1.3　贷款需求以短期为主，信贷供需期限匹配不理想

现阶段重庆农村商业银行为农户提供的农业信贷主要以 1 年期为主，而从实地调研来看，贷款需求期限为 1 年期以内的占 57.2%，2～3 年期的占 32.5%，可见农户信贷需求以短期为主。表面看，重庆农村信贷供需期限比较吻合，但事实上供需期限匹配并不理想，主要表现在贷款供给与种植、养殖业的生产周期不协调，这种情况使得农户的实际需求很难被满足。调查发现，一些经营大棚蔬菜的农户 4 月份得到贷款批准，到七八月份才能拿到资金进行生产，来年还款前只能获得一茬收入，而实际上往往需要两茬的经营收入才能还清贷款，信贷供应与需求期限不匹配弱化了信贷支农效益。因此，现阶段农村信贷一方面存在供给不足的问题，另一方面是期限不匹配的问题。今后在农村信贷中应该注意上述两方面问题的解决，使支农资金使用效率最大化。

1.4　银行信贷仍是农村资金需求的主要选择

我们在实地调查中特意设置了农户资金需求渠道选择的相关问题，以了解现阶段农户信贷习惯，结果发现，农户在贷款渠道选择上倾向于选择银行信贷。具体如图 4-4 所示，当农户需要资金时，选择通过银行获得贷款的占 60%，准备找亲戚朋友借款的占 27%，寻求乡镇政府有关部门支持的占 6%，找村集体解决的占 4%，寻求其他方式筹资的占 3%。

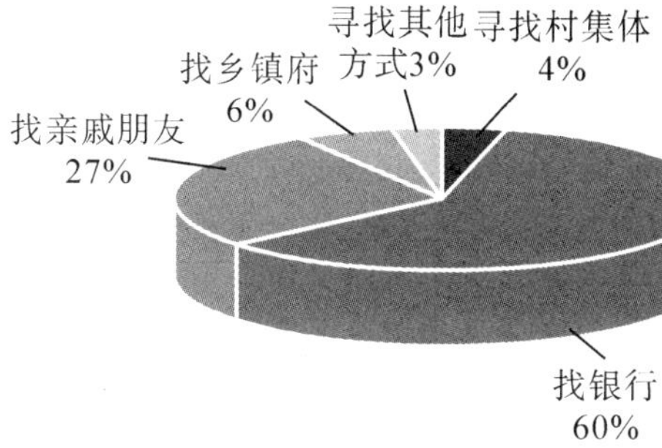
寻找其他方式3%
寻找村集体4%
找乡镇府6%
找亲戚朋友27%
找银行60%

图 4-4　农户意向中的筹资方式

1.5　贷款担保以农户联保为主

农村金融供给不足主要表现为农户贷款难。农户缺少相应的财产抵押担保，使得风险无法控制，是商业银行不愿意为农户提供贷款的主要原因之一，也是造成农户贷款难的主要原因之一。调研发现，重庆农村目前大多数农户以信用和自有财产保证来获得贷款，其中以农户联保方式取得贷款的占 56.3%，采取小额信用贷款方式的占 17.8%，通过质押方式取得贷款的占 14.2%，第三方担保贷款占 11.7%。上述数据说明农户联保是农户取得贷款的主要方式，这一形式值得在农村信贷中加以推广。

2. 农户贷款难的原因剖析

贷款难是现阶段中国农村金融的一个普遍问题，因此分析重庆农户贷款难的原因，对解决农户贷款难具有普遍意义。

2.1　农业经营的高风险性及相应保险体系的缺失，制约了商业信贷的投放

农业的高风险性决定了农业信贷的高风险性。农业金融体系比较健全的国家一般通过建立农业保险体系弱化或对冲农业经营性风险和信贷风险，但是重庆市农业保险体系基本处于缺位状态，使信贷供需双方都面临较大的风险，这种情况制约了农民贷款的积极性和银行放贷的积极性。调研发现重庆农村的农业保险处于刚刚起步阶段，险种和覆盖面非常有限，从而使农业贷款机构面临高风险。调研数据显示，2017—2018 年，重庆某银行为养殖农户提供了2 000

万元的贷款，但由于受到禽类疾病的影响，大批贷款农户经营亏损，不能及时偿还贷款，有的甚至无力偿还贷款，目前这批贷款还有相当一部分本金没有收回。

2.2 农户信贷资质与商业银行的信贷资质要求有差距，使得相当一部分农户难以获得贷款

现阶段商业银行信贷一般采取抵押担保形式，或采取严格的信用等级要求。从农村情况来看，一方面，绝大多数农户信用等级达不到商业银行规定的无担保授信要求；另一方面绝大多数农民收入比较低，其自有财产价值有限，制约了通过抵押担保形式获取贷款额度。调研资料显示，农村农户存款余额在2万元以上的仅占38.5%，有存款但余额不足2万元的占43.2%，没有存款的占18.3%；同时，作为农户最重要的财产——农村住宅，由于没有产权证，不能用于贷款抵押。上述种种原因使得农户很难通过抵押获取贷款。

2.3 第三方担保缺乏有效的政策支持，涉农担保比重低

商业担保机构出于自身盈利的考虑，不愿意为农户提供担保服务，而政策性担保机构由于政策支持力度不够，运行机制不健全，发展面临诸多困难。

第一，区域性的担保机构缺乏政策支持，为农户提供服务的积极性不高。担保公司的商业性取向明显，更愿意涉及营利性较好的担保项目，因而涉农担保比重低。另外在财政投入上，对政策性担保机构的资金支持多为一次性投入，没有风险补偿机制，一旦涉农贷款发生大面积风险，这些机构很难支撑。这一方面迫使担保机构提高农户贷款担保的条件，另一方面，出于公司可持续发展的考量，担保机构不得不更偏重盈利性。上述几方面的原因使得一般农户很难获得担保。

第二，"银农合作"政策的法律环境尚待完善。前几年，部分区县政府与重庆农村商业银行合作，将一定数量的财政资金存入商业银行，以银行存款的形式为农户和涉农企业贷款提供担保，支持"三农"成效明显。但是，《中华人民共和国担保法》规定，国家机关不得作为保证人，银保监会也不允许以政府信用为企业和个人担保。因此，这种政府直接担保的形式由于受到法律和行业规定的限制而逐渐减少。

2.4 农村信用环境较差，道德风险高

部分农民缺乏信用意识，还款不积极。有些农户甚至把农村金融机构的贷

款等同于国家的扶贫款，到期不还款的现象很严重，于是产生了一些不良贷款。农户信用意识薄弱，投机心理严重，一旦有人拒还贷款，就竞相效仿，出现集体逃废贷款现象。

3. 解决农户贷款难的总体思路和建议

从以上的原因分析中我们不难看出，农户贷款难源于农户和农村金融机构两方面。从农户角度看，他们中的大部分还没有完成原始积累，拥有资产较少，没有合适的抵押担保物；从农村商业银行角度看，由于农村经营环境较差、经营风险高，从自身发展角度考虑，农村商业银行在农户信贷中产生了惜贷现象。应该说农户贷款难实际上是一个问题的两个方面，即作为资金供给方的农村商业性金融机构和作为资金需求方的农户之间缺少一个桥梁来降低双方的交易成本。贷款担保公司在一般情况下是可以降低风险、缓解信息不对称的矛盾，从而发挥金融市场润滑剂的作用，但是"三农"特有的弱质性和高风险性，使得商业性贷款担保机构不愿意进入这一领域，致使农户贷款市场中存在"市场失灵"，农户与银行之间没有有效的衔接机制，导致农户贷款市场的供求失衡。

因此，解决这一问题的主要途径就是依靠政府建立以政策性担保为主的农户贷款担保服务体系，完善贷款担保机制，才能增强农户的融资能力，同时又合理分散银行的信贷风险。注重发挥政府在农户贷款方面的作用，通过财政支持、政策引导，在农户和银行之间搭建政策性担保桥梁，弥补市场机制的不足；注重建立有效的贷款担保运行机制，增强政策性担保的可持续发展能力；注重建立健全农村金融服务体系，为农户贷款担保机制发挥作用，提供保障；注重政策性担保机构对商业性担保机构的引导和协调，实现贷款担保机制的良性运行。农村贷款担保机制流程如图4-5所示。

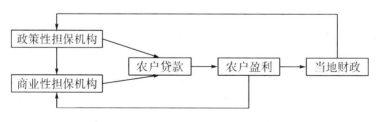

图4-5　农村贷款担保机制流程

农村信贷担保机制通过政策性担保机构引导商业性担保机构对农户贷款进行服务，农户获得贷款生产后得到的利润既有助于商业性担保机构的发展，又可以增加当地财政收入，加大对政策性担保机构的资金支持，从而实现整个农户贷款市场的良性循环。根据以上思路导向，我们可以提出以下具体措施。

3.1 加强政策性担保机构建设

第一，加强区域性农户贷款担保机构建设。由市、区（县）两级财政前期注入资本金，由政府牵头组建政策性的农户贷款担保公司；积极吸引农村龙头企业、农民专业合作组织、经营大户等民间机构和个人入股，壮大担保公司的实力，按政策性和商业性相互协调的原则开展农户贷款担保业务。政府作为出资人对担保机构资金的运作、运作程序进行规范和监督。担保公司坚持"保本微利"的原则，为农民创业投资、发展生产服务。担保收费标准由政府主管部门制定。

第二，建立健全内部风险控制和外部监管机制。首先，担保公司要有完善的内部风险控制机制，减少代偿损失。其次，相应的监管部门要加强对担保公司的外部监管，防止和降低担保公司的运行风险。定期对担保公司的代偿损失率、担保贷款规模、担保覆盖面、担保贷款经营项目等进行综合评价考核。最后，担保公司还要不断扩大农户贷款规模、提高服务质量、支持农村主导产业发展，通过增加盈利来增强抗风险能力。

第三，建立合理的风险补偿机制。市、区（县）财政预算要安排一定的不利资金，补偿担保公司因为政策性业务赔付造成的损失，保证担保公司有长期稳定的补充资金来源。具体补偿标准可参考综合评价考核结果、农户贷款规模等因素制定。

3.2 引导和鼓励商业性担保机构、涉农企业和农村专业合作组织为农户贷款提供担保

第一，政府出台相应的优惠政策，鼓励商业担保机构为农户贷款提供担保。市级财政安排专项资金，采取补偿率招标的方式，选择信誉好、操作规范、条件成熟的商业担保机构开展农户贷款担保业务。

第二，探索"龙头企业（专业合作组织）+银行+农户"等农户贷款担保模式。对于促进农民增收致富效果较好的贷款项目，政府可表彰和奖励提供担保的企业。

3.3　优化农村金融服务环境，建立多层次多元化的农村金融服务体系

第一，强化农村信用环境。按照分类管理原则，建立农户征信管理系统，健全农户资信等级评价机制，继续加强"三信"工程建设，完善信用管理工作。

第二，建立政策性农业保险体系。建立以政策性农业保险为主、商业性农业保险为辅，多层次、多渠道、多主体经营的农业保险体系，有效降低农户信贷及担保风险。

第三，开展多种形式的农村信贷服务。进一步完善农户小额信贷制度，积极推广农户联保贷款；广泛吸纳社会资金建立农村扶贫小额信贷基金，为低收入农户、贫困家庭提供低息或者免息的信贷服务；引导农户建立区域性或行业性的农村合作金融组织，以及互助性的存贷款机构，在农村建立多元化的现代服务体系。

第五章　从农村金融供需剖析重庆农村金融体系的缺陷

1. 重庆农村金融政策环境的扭曲

农业、农村、农民的发展离不开金融的支持。虽然重庆市已经初步建立起以农村政策性金融机构、合作性金融机构、商业性金融机构为主体的框架体系，但农村金融仍然是重庆市新农村建设的薄弱环节，还存在着许多问题，如信贷供求矛盾突出、金融产品结构单一、服务质量差、风险意识和防范能力较弱等。这些问题制约了重庆市农村经济、金融发展，而完善的农村金融政策环境是有效解决以上问题的重要保障。

1.1　农村金融政策作用

世界农村金融发展史表明，农业经济天然的弱质性，使得即使在农村金融最为发达的国家和地区，建立可持续发展的农村金融体系也离不开相应农村金融政策的大力支持。如美国，作为世界上农业最发达的国家，政府对农村经济的支持力度仍然很大，通过税收、补贴、担保、基金、信贷政策、利率等手段引导金融机构增加农业信贷的资金总量，支持农业项目开发和农业现代化。美国联邦银行为了吸引金融机构增加对农业的投入，规定凡农业贷款占贷款总额25%以上的商业银行，可以在税收方面享受优惠待遇。其他农业较为发达的国家也采取了类似的农业扶持政策：韩国政府为了提高互助金融的资金实力，允许互助金融业的储蓄利率比一般银行高1%~3%；法国对符合政府政策要求及国家发展规划的农业贷款项目，都实行低息优惠政策；德国农业生产总值只占国内生产总值的1%，农业贷款占国内贷款总额的比重却达到了2.5%，并规定所有的金融机构都要参与农村市场的活动。

与这些国家相比较，重庆市农业、农村经济发展与之存在较大差距。重庆市广大农村人多地少，资源匮乏，大部分人口仍从事着传统的农业生产，生产方式还处于典型的一家一户的小农生产阶段。这种典型的小农生产模式决定了农业生产的收益率远远低于社会平均收益率，必然会抑制农户和金融机构对农业生产的投入，加之由于技术落后，农业生产仍面临着较大的自然风险。农业的弱质性产业特点决定了单纯依赖农村金融市场是难以解决问题的，只有依据重庆市农村经济发展水平，不断创新农村金融政策，完善金融政策环境，才能为建设多层次、广覆盖、可持续的农村金融体系奠定政策基础。

　　具体来讲，农村金融政策的支农作用大致可以分为：一是提高需求方的融资能力，改善金融环境；二是降低金融服务供给方的风险和成本，稳定其收益；三是农村金融组织体系的建设。

　　（1）提高需求方的融资能力，改善金融环境。

　　当前，重庆市农村还存在明显的资金有效需求或需求能力不足的问题。一方面，资金有效需求不足表现为农村现有金融机构存在着巨大的借贷余额。银保监会的调查显示，截至 2017 年 12 月末，包括农业银行、农业发展银行、中国邮政储蓄银行及农村新型金融机构在内的农村金融机构，存款达到 110.5 亿元左右，而贷款余额在 78 000 亿元左右。在商业化改革的背景下，假若农村存在"有利可图"的需求方，"逐利"的资金是不会大量闲置的，更不会"千里迢迢"地从农村流向城市。另一方面，从农户所需资金的用途来看，农户贷款除 45% 用于补充生产与经营成本外，其余部分都用于看病、子女教育等非生产性用途，用于非生产性的资金不可能产生收益，这部分需求显然与金融企业的资金供给目的无法匹配。再从农村资金需求的特点来看，无论是农户还是农村企业，所需贷款往往是小额性的及时需求，这种需求既难以满足正规金融的"高门槛"，往往又很难有足够的预期收益来支付非正规金融的高成本。所以在当前的农村金融体系中，有效需求不足也是导致金融抑制产生的主要原因之一。

　　只有通过制定相应的财政、金融政策才能打破重庆市农村金融有效需求不足的僵局。具体来讲，首先，通过完善的财政政策，加大财政支农投入的力度，建立长效支农机制，重点加强农业基础设施建设，实现农业的可持续发展。其次，通过进一步深化农地流转机制改革措施，在稳定和完善土地承包关系的基础上，按照依法、自愿、有偿的原则，健全土地使用权交易市场，条件成熟的地区可以发展多种形式的适度规模化经营，提高农业综合生产能力。这既是提高农业有效需求能力的手段，也是使农户增强承贷能力、形成合理预期、提高生产性投资意愿的方式。最后，通过构建和完善农村社会保障政策，减少农户的非生产性资金需求，提高借入资金的预期收益率。

（2）降低金融服务供给方的风险和成本，稳定其收益。

当前重庆市农村资金的"非农化"特征日益明显，正规金融机构为社会主义新农村建设提供金融支持的力度和能力不断下降，仅以邮政储蓄为例，2014年，邮政储蓄吸收农村存款37 680.36亿元，并将其转存于中央银行，分流了大量的农村资金，农村资金供给紧张。而造成这一局面的原因除了农业弱质性特征外，还在于重庆市农村金融缺乏高质量的政策服务。强硬的利率管制、严格的市场准入限制、公共产品和服务的匮乏及其他政府服务的缺位和越位现象所形成的"低质量"政府和约束，抑制了农村金融的发展。政府只有本着"有所为有所不为"的原则，通过金融政策创新，营造有利于农村金融发展的政策环境，一方面，通过制定合理的准入规则和公平竞争政策，实施支持金融创新的监管措施，培育多元化的农村金融机构，吸引各类资本到农村投资；另一方面，通过财政贴息、保费补贴、减免营业税和所得税等方式提高农村金融机构投资"三农"的积极性，才能进一步降低金融服务供给方的风险和成本，提高其资本收益率，增加农村金融供给。

（3）有利于完善农村金融组织体系的建设。

改革重庆市农村金融政策，通过取消严格的市场准入，降低农村金融市场进入门槛，允许外资、民营资本进入农村金融市场，鼓励非正规金融的发展，不仅有利于实现多元化的金融结构，提高农村金融市场的竞争效率，拓宽农村资金来源渠道，而且还有利于规避信息不对称的风险，增加信息反馈和金融交易机会，实现整个农村金融体系的良性循环。

1.2 重庆农村金融的演变

重庆市农村金融体系发展与全国经济金融发展步调大体上具有一致性，当然也存在自身的特点。改革开放以来，随着我国宏观经济整体环境的转变，经济金融发展加快脚步，重庆市农村金融体系也在逐步完善。重庆市农村金融体系大致分为两个发展阶段，即重庆直辖以前和直辖以后。在此基础上，结合国内国际环境及重庆经济金融发展的自身特点又可具体细分为四个发展阶段。

（1）恢复和发展阶段（1978—1994年）。

新型金融服务组织——农信社建立，农业银行恢复业务。重庆农村金融体系在10年的"文化大革命"中遭受创伤，在十一届三中全会后，开始逐渐得到恢复和发展。新中国成立初期蓬勃兴起的合作化运动使农村信用社成为农村金融机构的领头羊，为重庆市农村合作金融的发展打下了坚实的基础。1951年9月，璧山县狮子乡信用社成立，它是西南地区第一家农村信用社，从此揭开了重庆农村合作金融的序幕。此后，重庆市农村金融在经历了短暂的发展之后，在1966—1979年基本处于停滞不前的状态。直至十一届三中全会后，在我国经济体制改革的大背景下，金融改革也随之兴起。1979年农业银行得到恢复，并将农村信用社划归其管理，农村金融机构渐渐形成"星星之火，可以燎原"之势。

（2）分工明确、职责清晰阶段（1995—1996年）。

该阶段逐渐形成了以合作金融为基础，商业性金融、政策性金融分工协作的农村金融体系。1996年8月，重庆农村信用社与农业银行脱离行政关系，由农村金融体制改革领导小组下设办公室（简称"农改办"）负责全市农村信用社的改革与管理工作。中国农业发展银行重庆分行于1996年12月成立，其政策目的与业务范围在总体上遵循农发行总行相关规定，但同时也考虑了重庆市自身的发展特征，如重庆市总体发展战略的改变。

（3）规范调整阶段（1997—1999年）。

在这期间，非正规金融对正规金融造成冲击，处于规范调整阶段。循着重庆市农村金融体系调整和完善的踪迹，可以发现其变迁过程带着十分浓烈的非市场性色彩，这为农村金融抑制问题严重埋下了伏笔。这样的"先天发育不足"加上"后天营养不良"（这里主要是指1997年亚洲金融危机的影响），使农村金融发展的弊端日益显露。受此次金融危机通货紧缩的影响，金融风险的控制受到相当程度的重视。1997年中央金融工作会议确定了国有金融机构缩小规模的方略，1998年成立中国保险监督管理委员会，统一监管保险市场。

（4）深化改革阶段（2000至今）。

2000年是西部大开发战略实施的开山之年，也是中国加入世界贸易组织（WTO）的"预热"之年，农村金融改革也逐渐深入。重庆市农村信用社在2008年改为重庆农村商业银行股份有限公司，法人治理结构逐渐完善；金融风险控制变得更加张弛有度；利率改革试点逐渐放开，利率市场化渐进推进；邮政机构也在2007年后一改往日"只存不贷"之风，变更为邮政储蓄银行。

1.3　重庆市农村金融组织体系

我国银行业金融机构、非银行金融机构和其他微型金融组织共同组成的多层次、广覆盖、适度竞争的农村金融服务体系正在形成，政策性金融、商业性金融和合作性金融功能互补、相互协作，农村金融发展的可持续性显著增强。

此外，随着互联网的发展与广泛应用，农村互联网金融业态也逐渐涌现。

经过几十年的发展，重庆市农村金融体系，由直辖前以农业银行、农村信用社和邮政储蓄等作为主要支农机构的金融体系，逐渐转为以农村合作金融、政策性金融和商业性金融为主，新型金融和民间金融为补充的金融体系，已步入日渐完善的正轨，见图5-1。近年来，重庆市农村金融体系逐步完善，逐渐成为金融改革中的焦点问题。根据《重庆市金融运行报告》的相关数据，2018年重庆市小型农村金融机构的网点个数为1 770，新型农村金融机构网点共73个，与去年相比增加了20个，增长幅度较大。农业保险也有所发展，截至2018年上半年，重庆市已开办农业保险险种24个，参保农户130余万户（次），参保额89.6亿元。

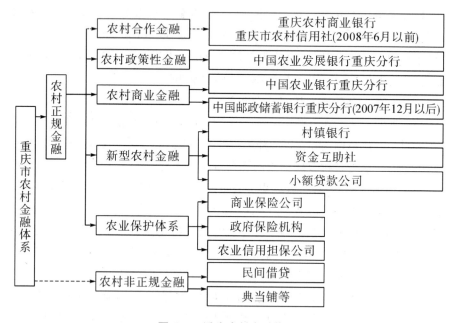

图 5-1　重庆农村金融体系

1.4　重庆市农村金融发展规模

农村金融资产的构成要素诸多，涉及现金流通量、金融机构存贷款余额、农业保险费、证券及债券的流通市值等。由于缺乏现金流通量、农业保险费、证券及债券流通市值等相关指标的连续数据，故本书结合重庆农村金融发展的实际情况及相关学者的研究，以农村金融存贷余额来衡量农村金融发展的绝对规模，其中农村存款包括农业存款及农户储蓄存款，农村贷款包括农业贷款与乡镇企业贷款。为了与此相对应，本书以农村存贷余额占金融机构存贷年末余额的比重来衡量重庆市金融发展的相对规模，见图5-2。

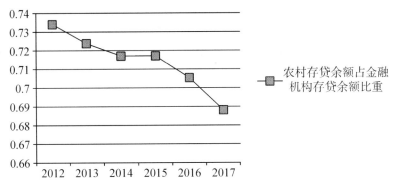

图5-2 重庆市农村金融发展规模

农村金融作为农村经济发展的纽带，对农村经济整体发展发挥着无可替代的作用。截至2018年年末，重庆市本外币各项贷款余额32 247.75亿元，各项存款余额36 887.34亿元，分别同比增长13.5%、5.8%。这表明自直辖以来，重庆市农村金融发展速度较快，给农村经济发展提供了有力支持。然而，与金融机构存贷年末余额相比，农村存贷余额增长显得较为缓慢，即农村金融发展速度不及全市金融发展速度。金融机构存贷年末余额从2012年的34 066.05亿元增加至2017年的61 590.87亿元。

重庆市直辖以来，农村存贷余额占金融机构存贷年末余额的比重整体呈下降趋势，并且阶段性特征明显。该比重由1997年的11.29%下降至2017年的9.15%，客观上反映出重庆市农村金融发展规模与全市差距扩大的现象。需要强调的是，由于本书相关数据来源于各类统计年鉴，并不包括农村非正规金融的数据，因此农村金融规模与全市差距扩大的现象有待进一步探究，但其发展远滞后于全市水平是不容置疑的事实。

1.5 重庆市农村金融发展效率

农村存贷比是农村贷款余额与农村存款余额的比值，能够反映储蓄—投资的转化率，该值越大，说明农村贷款越多，储蓄—投资的转化率越高。重庆市农村存贷比总体呈下降趋势，但在2011年以后，局部上升趋势明显。这表明重庆市储蓄—投资转化率较低，农村金融资产的流出现象较为严重，但这种情况会逐渐好转。由于城镇化与工业化的推进加快，农村金融资产自身存在的"逐利性"使得其外流现象明显；但随着其深入发展，这种资金外流现象会减少。

农村金融存贷差可以直接反映农村金融资金的配置状况，该值越大，说明农村金融资金的配置情况越不容乐观。重庆市农村金融存贷差总体呈上升趋势，在 2012 年以后，下降趋势明显，这表明重庆市农村金融资金配置效率不高，但长期来看，这一情况将会得到改善，如图 5-3、5-4 所示。重庆市农村存贷比与农村存贷差都反映了其农村金融资金的运用情况，二者的变化趋势具有一致性。

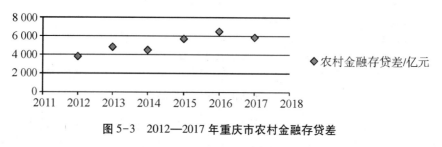

图 5-3　2012—2017 年重庆市农村金融存贷差

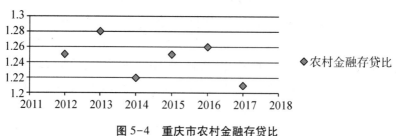

图 5-4　重庆市农村金融存贷比

1.6　重庆市农村金融发展结构

农村金融结构的好坏集中反映在金融机构存贷余额的构成，尤其是农村贷款的结构上，在本文中则主要是农业贷款与乡镇企业贷款所占的比重。乡镇企业贷款的总量、增速及占整个农村贷款的比重在一定程度上反映了农村工业化及城镇化进程，上述指标值越大，表明农业产业化推进越快，有利于农民收入增长。

重庆市金融机构贷款总额与农村贷款的增长幅度基本一致，重庆市金融机构贷款总额由 1997 年的 1 156.13 亿元增加至 2017 年的 27 871.89 亿元，农村贷款由 1997 年的 99.66 亿元增加至 2017 年的 1 203.84 亿元。从总量上看，农村贷款余额与重庆市金融机构贷款余额差距甚大，且农村贷款余额年均增速低于金融机构贷款总额，这反映出重庆市农村金融发展程度不高的事实。

从农村金融发展的内部结构看，农村贷款和乡镇企业贷款增长速度较快，农业贷款增速相对缓慢，甚至出现下降趋势。在 2010 年以前，农业贷款总额大于乡镇企业贷款，并且乡镇企业贷款增速明显大于农业贷款。从 2010 年起，乡镇企业贷款总额超过农业贷款总额，逐渐成为农村贷款的主要部分，这反映出重庆市村镇中小企业发展较快，农业产业化水平逐渐提高。乡镇企业贷款所占比重的逐年增加也印证了这一点。

造成重庆市农民收入总体偏低、增速较慢的原因是多方面的，但从农村金融的角度分析，主要是二元经济结构的广泛存在使二元金融结构的问题也较为突出。重庆作为"大城市，大农村"特征较为突出的城市，金融体系的"二元"状态明显，正式金融组织与民间金融组织并存；农村金融体系有待完善，从重庆市现有的农村金融体系可以看出，农村非正规金融的发展有待完善，农业保险体系相对弱化；与重庆市金融规模的发展相较，农村金融规模基数较小，发展速度偏慢，对农民增收的带动效应不大；农村金融效率偏低，根据重庆市农村储蓄与投资的转化率及存贷差，重庆农村金融资金外流现象较为严重，对农民增收并没有起到应有的作用。

1.7　农村金融政策的不足

在制度变迁过程中，政府的垄断和主导地位模糊了市场需求，难以实现制度创新。制度变迁模式分为自上而下的强制性制度变迁和自下而上的需求诱导性制度变迁。一般来讲，诱导性制度变迁往往是一种自发性的变革，政府在其中所起到的作用是对新制度的承认、支持、补充、修改和完善。强制性制度变迁由政府主导，有利于减少制度变迁带来的时滞成本，但由于信息等条件的限制，难以反映金融市场上农户和金融机构的实际需求，政策和制度容易脱离市场需求。农村金融制度演变的政府强制性特征表现明显，无论是农业银行的"三起三落"，还是农村信用社合作性质的变化，无不表现出政府主导的特征，农户和金融机构只是被动的接受者，使得金融政策反而成为农村金融发展的瓶颈之一。

此外，金融机构的逐利性和政府在政策资金等方面的支持不够，导致农村金融抑制的产生。支农和扶持贷款成本高、赢利少、风险大、工作量繁重，必然造成金融机构的"惜贷"和"不贷"，这在客观上需要政府从政策制度上进行扶持，这也是发达国家支持农业生产很重要的经验。但当前，由于相应的财政贴息、低息贷款、税收等财政、金融政策的短缺，加之长期以来金融政策强烈的城市偏好使资金大量流向城市，农村金融市场难以得到政府资金的有效支持，其业务规模必然不断萎缩。

政府在市场准入、利率等方面的管制进一步压制了农村金融支农的职能。长期以来各种非正规金融被排斥在农村金融体系之外，加上商业性金融机构的退出，导致农村金融市场上农村信用社占据垄断地位，难以满足农村多元化的资金需求。近几年，非正规金融发展迅猛，即便在当前农村接近50%的民间贷款利率高于正规金融中同类贷款利率的条件下，非正规金融规模仍在不断扩大。这正说明了若能对灵活多样的非正规金融进行合理规范，其会对农村经济发展起到积极的推动作用。对非正规金融的压制，虽然是出于防范金融风险的目的，但也反映了相应金融政策（金融监管、风险预警及危险处理政策等）的短缺。当前我国对农村金融机构借贷利率仍有较为严格的限制，在法定利率的基础上，农村信用社贷款利率最高可上浮40%，最低可下浮10%。这种长期的利率管制政策，在农村担保不完善的条件下，无疑增加了农村信贷资金的隐性风险，进一步压制了农村金融机构投放涉农资金的积极性，抑制了农村金融的发展。

2. 重庆农村金融机构的制度缺陷

2.1 农村政策性金融机构的制度缺陷

农业发展银行是当前我国唯一的农村政策性金融机构，在市场经济条件下本应成为政府调控农村经济、支持农业发展的政策性工具，但在实际运行中，却未能履行政策性金融对农户和农业企业的扶持和保护职能。究其原因，既有内部管理体制的原因，也有外部运行环境的影响，具体包括以下几个方面。

（1）资金来源渠道单一，市场化筹资力度加大，难以满足政策性银行农业贷款的长期需求，造成利差缺口。

农业发展银行自成立以来，其主要任务是确保国家粮食安全、保护广大农民利益、促进农业和农村经济发展，为国家粮棉油购销、农副产品收购及农业基本建设提供信贷支持。仅2017年，农业发展银行累计发放粮棉油收购贷款就达到2 752亿元，但与此相对应的是，当前农业发展银行的资金来源主要为央行再贷款、金融债券及各类存款见图5-5，其中央行再贷款是农业发展银行的一个主要资金来源。2013年，再贷款金融占农业发展银行总负债的80%以上，资金来源结构较为单一，随着2014—2017年农业发展银行向央行的再贷款量逐年减少，也增加了其他渠道的资金来源。从2007年开始，向金融机构发行金融债券逐渐成为农业发展银行筹措资金的主要方式，但发行金融债权一方面增加了筹资成本，另一方面筹得的资金期限往往较短，与农业发展银行的政策性贷款业务相矛盾。

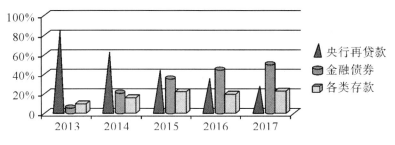

图 5-5　2013—2017 年农业发展银行各项资金来源占比

（2）业务范围过于狭窄，功能单一。

当前，农业发展银行的业务范围仍主要局限于满足粮棉油收购贷款业务。其中 2018 年农业发展银行全年累计投放粮棉油贷款 2 457 亿元，支持企业收购粮油 2 623 亿元、棉花 323 万吨。其中，支持夏粮收购和秋粮收购分别占全社会收购量的 49% 和 50%，支持棉花收购占全社会生产量的 58%。全年投放市场化收购贷款 1 642 亿元，同比增加 122 亿元；全年累计投放基础设施扶贫贷款 1 511.1 亿元，年末贷款余额 6 279.1 亿元；全年累计投放产业扶贫贷款 1 467.5 亿元，年末贷款余额 4 129.8 亿元；全年累计发放专项扶贫贷款 752.1 亿元，年末贷款余额 1 013.3 亿元，再加之储备和农业科技贷款，占所有信贷资金的 90% 以上。"一体两翼"业务发展格局尚未真正形成，"两翼"作用未能发挥，限制了农业发展银行对农业金融体系的调节作用，其支农贷款的规模、品种和覆盖地区都难以有效弥补农行等金融机构退出农村金融市场造成的空缺，农村政策性金融职能缺位。

（3）难以协调政策性和银行性之间的矛盾。

农村政策性银行除了具有政策性特征以外，亦不能抹杀其银行性的特征。银行性就是指盈利性，政策银行与商业银行一样，也存在股东对银行利润最大化的预期，而政府作为政策性银行的出资人，对政策性银行也要求得到回报，不希望出现亏损。《德国复兴信贷银行法》《日本政策投资银行法》和《韩国产业银行法》中对政策性银行的法律地位均表述为独立法人，盈利也一直是这些政策性银行所追寻的目标之一。据统计，1999 年韩国产业银行（KDB）的净利润为 1.84 亿美元；日本政策投资银行（JDB）在 1998 年的总资产赢利率为 9.24%，自有资本的赢利率为 2.91%；德国复兴信贷银行（KFW）1998年净收入达到 4.52 亿马克。而我国对农业发展银行的定位仍单纯是发放粮棉油收购贷款的政策性银行，主要投资具有较高社会效益的长期投资项目，而忽视了银行盈利能力的提高，加之其资金来源成本的增加，不良贷款数额居高不下，农发行的可持续发展能力受到限制。

（4）外部环境的制约。

外部环境的制约主要表现为法律制度环境的不完善。在我国目前相应的金融法中，除了中央银行法、商业银行法、保险法、证券法之外，几乎没有其他金融形式的法律，尤其是在政策性金融领域，立法更是一片空白，仅有银行章程。农业发展银行经营管理中缺少法律规范会引发一系列问题，如农发行的法律地位、政府与农发行及其他政策性金融机构与农发行的关系的界定、收购资金的妥善管理与防止被挪用等。

不可否认，农业发展银行自建立起来，在支持农业发展方面发挥了重要的作用，但在其经营管理体制及外部环境建设方面仍存在一些亟待解决的问题。

2.2 农村合作性金融机构的制度缺陷

1996 年，《国务院关于农村金融体制改革的决定》的目标是使农村信用社在股份设置和民主管理等方面逐步向"合作金融"方向回归。然而，在实际的运作和改革中，我国农村信用合作社与合作金融的发展框架渐行渐远，逐渐倾向于以利润最大化为主要目标的商业性金融机构，合作金融的性质逐渐发生异化。

（1）非自愿性倾向。

自愿性倾向体现在社员既有交易的自由也有不交易的自由，既有入社的自由更有退社的自由。而我国的合作经济组织恰恰不具备不交易的自由和退出的自由。不仅是当前的农村信用合作社，回顾历史，从当年的人民公社（生产合作制）到目前名存实亡的供销合作社，基本上都是以行政指令强制组合而成的名义的合作组织，从未真正体现过自愿性原则。

（2）非互助性倾向。

首先，根据国际农业发展基金的研究报告，农村信用社的贷款实际上仅仅覆盖了 20% 左右的农户，非农化倾向不断加强，农户间互助合作的性质不断减弱。其次，当前我国农村信用社按照行政区域划分来设置，并长期由国家银行管理和控制，形同行政机构，"官办"色彩浓厚。最后，农村信用社贷款的种类和业务程序与商业性金融机构也逐渐相同，其商业化倾向逐渐加强。

（3）非合作性倾向。

合作金融以人的合作为基础，实行一人一票，以确保社员的产权主体地位和民主管理。但在我国的实际运行中，农村信用社的社员并不参与管理与监督，入社实际上演变成"存款"制度，产权主体转变成国家或集体，产权关系模糊，民主管理亦没有落到实处。

在商业银行逐步撤离农村金融市场之后，农信社作为农村获得资金的主渠道就显得弥足珍贵。但其合作性质的差异化，使得农村信用社更加强调贷款的安全性和收益性，"趋利避害"的选择性贷款趋势加强，贷款结构亦表现出明显的"城市化"倾向。根据国际农业发展基金的研究报告，我国农村信用社的贷款实际上仅仅覆盖了20%左右的农户，与其在农村金融上的垄断地位相差甚远。究其原因，主要有以下四个方面。

第一，产权不清晰。产权不明晰、所有者缺位是造成当前我国农村信用社改革进程缓慢的主要原因。首先，"合作制"原则规定合作金融应该归全体社员共同所用，遵循"进退自由"和"谁出资、谁管理、谁负责"的经营原则。但我国农村信用社作为政府强制性制度变迁的结果，从建立之初就并未遵循该原则，一方面强制社员入社，难以反映农村居民的合作意愿；另一方面，社员并未享受到民主管理和监督的权利。其次，农信社现有的股权过于分散和缺乏法人股、投资股股东，资格股股本比重较大而投资股股本比重较小，自然股股本比重较大而法人股股本比重较小现象严重。资格股股金名义上是股金而实质上是"存款化股金"，它难以提高社员股东对信用社资产的关切度，难以形成股东对信用社有效的监督约束力。最后，当前我国多数农村信用社运营所需要的资本金绝大多数来自历年的积累。根据现行的相关规定，这部分资金的产权主体为农村信用社集体，但"集体"是指入股社员、农村信用社职工、各级政府还是其他没有明确界定。产权虚设不仅降低了社员的积极性，而且容易造成信用社"内部人控制"问题，降低农村信用社的经营效率。

第二，法人治理结构不健全。合作金融机构应本着"一人一票"原则实行民主管理，但我国农村信用社产权模糊，法人治理结构不健全，民主管理制度流于形式。一是社员参与管理的机制不健全。社员通过选举管理层来实现自己的利益取向，但当前我国农村信用合作社的管理人员往往由政府选派，导致社员对经营管理层的约束作用没有充分发挥，内部人控制问题没有得到根本解决。二是董事会职能发挥不充分，职责不明确，董事素质不高，缺乏必要的专业知识。三是监事会缺乏独立性，制衡和监督作用没有真正体现。

第三，历史包袱重。农村信用合作社历史包袱沉重，一方面表现为资产质量差，不良贷款所占比重高；另一方面表现在资本充足率严重不足。虽然中国人民银行通过向信用合作社定向发行专项中央银行票据来置换其不良贷款和以历年挂账亏损的方式对其进行扶持，但是在法人治理结构不健全、经营能力较弱的情况下，农村信用合作社难以在短期内化解历史包袱，这给农村信用合作社下一步改革发展带来了较大的压力。

第四，人力资源结构矛盾突出且员工素质不高，技术匮乏。相比其他金融机构，农村信用社人力资源结构性矛盾和队伍素质低下的问题突出，主要表现在数量庞大、素质较差、年龄老化、效率低下。根本原因在于尚未建立符合现代金融企业要求的人事制度与激励约束机制，导致员工能进不能出，职务能上不能下，收入能增不能减，难以适应市场竞争的需要。

对照合作金融应具备的合作、互助和一人一票的三大原则，我们必须承认农村信用合作社早已不是真正意义上的合作制组织，现存的农村信用社要么仍旧保留合作之名而行商业银行之实；要么重新定位，将其塑造成真正的农村合作金融机构；要么彻底丢弃合作金融的外衣。事实上，农村信用合作社的改革已改变了原先强调的"恢复合作性质"和"支农"双重目标，只强调在商业可持续前提下"支农"的务实态度，对"合作制"早已不再关注。而且在实际运行中，农村信用社制度的既得利益集团已经形成，其改革的路径依赖色彩日益明显，要想扭转发展方向十分困难，农村信用社已经不具备向合作制转化的条件，只能坚持朝股份制方向继续深化改革。

2.3 农村商业性金融机构的制度缺陷

20 世纪 80 年代中期之前，农业银行 98% 的贷款是投向农村的，90 年代中期以后，其贷款投放逐步从农村转向城市，农业贷款仅占贷款余额的 10%。农业银行农业贷款萎缩的原因除了商业改革还未完成外，还与其自身的产权制度等制度缺陷和资产经营状况有必然联系。

（1）农业银行产权制度主体虚置、结构单一、约束软化。

农业银行是国有独资银行，其产权制度的特征为：国家是银行资产的唯一产权归属主体，享有全部产权，国有产权具有不可分性、不可转让性及非排他性；国有产权化代理经营，政府代理国家占有和行使国有资产权。这种高度集中的产权安排往往存在以下三个问题。一是产权主体虚置，产权关系模糊。农业银行产权主体名义上属于国家，但国家是一个集合性概念，是一个虚拟的非人格化主体，难以具体化。产权主体的缺位导致了权、责、利相互脱节，制约农业银行转化经营机制、提高运行效率。二是"委托—代理"制度失灵。农业银行产权属于国家，并由政府代理国家作为银行资产的主体，享有银行资产的所有权、使用权和处置权，使得政企难分。在实际运行过程中，政府委托银行经理人代为行使法人权力，由于政府由多个部门组成，财政、金融、国有资产管理部门等对银行实施多头干预和控制，制约了农业银行的自我经营发展，也压制了银行经理人经营的积极性和主动性。此外，在整个农业银行体系中，具体经营管理者是经过一级又一级的授权与转授权所形成的代理人，产权主体就显得更为抽象。三是风险约束机制软化。产权边界界定模糊导致农业银行贷款所体现的法律关系似乎是国家产权与其他法人、自然人的关系。银行的经营风险由其资产的唯一产权主体——国家承担，造成了责、权、利的相互脱节，银行经营者缺乏有效的监督和制约，其结果必然导致资产管理体制低效及国有资产大量流失。

（2）农业银行内部治理单一，内控制度不健全。

由于产权归国家所有，农业银行负责人由政府任命，董事会、监事会形同虚设，难以对银行经理人形成有效的约束，农业银行尚未建立起现代企业法人治理结构，其内部控制制度仍存在明显缺陷，集中表现在八个方面。一是银行内控体系缺乏独立性和权威性，内部监管部门工作手段乏力，难以对全行业务部门活动进行全面的监管，稽核力量配备不足，频率低、范围窄；二是银行缺乏系统化、规范化的内部控制法规制度及操作规则，不少制度规定有粗略化、大致化、模糊化现象，造成了众多的分支机构或多或少地存在着对内部控制认识上的偏差；三是银行内部各业务部门在具体行使监控职能时，职责不明确，政出多门，或者"齐抓共管"，或者"互相推诿"，不能形成协调制约机制；四是会计制度中缺乏对银行资金流量必要的控制手段，会计指标体系、账务处理及临柜操作管理制度不健全、不规范；五是人事管理制度严重滞后于市场经济的发展，员工聘用制度流于形式，岗位调换、职工轮训未形成统一制度；六是内部控制制度执行落实的刚性较差，有令不行、行而不严的现象在银行管理的各个方面均较普遍；七是新兴业务的开拓与相应控制制度存在"时差性"脱节；八是各行在内部控制制度中未能建立起一套自动、高效、规范的风险计算控制系统。

（3）农业银行外部组织结构分散、效率低下。

农业银行分支机构过多。虽然国有商业银行经过了一轮大力度的基层网点撤并，农业银行是网点最多的一家，截至2018年年末农业银行基层网点占银行网点总数的35.94%。同时，农业银行还是唯一在全国每个县都有分支机构的银行，其管理链条长达5级：总行—省级分行—地（市）级分行—县支行—储蓄所。过多的管理层级和多级核算不利于信息的及时准确传递，导致决策效率的低下和经营管理成本的增加，也难以在全行形成一个统一的利益风险分担体系。

3. 重庆农村金融市场结构的失衡

简单来讲，金融市场就是金融产品买卖的场所。高效、安全、结构合理的农村金融市场是提供充盈的资金和支持新农村建设的坚强后盾。但长期以来所实行的城乡分割、以农支农的二元经济政策，严重制约了我国农村金融市场的发展，直接降低了农村金融机构对农村资金需求的满足程度。

3.1 农业生产性资金严重短缺

据中国人民银行统计资料显示，2018 年年末，金融机构人民币各项贷款余额 136.3 万亿元，同比增长 13.5%，增速比上年年末高 0.8 个百分点；全年新增人民币各项贷款 16.17 万亿元，同比多增 2.64 万亿元。本外币涉农贷款余额 32.68 万亿元，同比增长 5.6%，增速比上年年末低 4.1 个百分点，全年新增本外币涉农贷款 2.23 万亿元，同比少增 8 543 亿元。农村（县及县以下）贷款余额 26.64 万亿元，同比增长 6%，增速比上年年末低 3.3 个百分点，全年新增农村（县及县以下）贷款 1.94 万亿元，同比少增 6 027 亿元；农户贷款余额 9.23 万亿元，同比增长 13.9%，增速比上年年末低 0.5 个百分点，全年新增农户贷款 1.13 万亿元，同比多增 935 亿元；农业贷款余额 3.94 万亿元，同比增长 1.8%，增速比上年年末低 3.9 个百分点，全年新增农业贷款 880 亿元，同比少增 1 307 亿元。各金融机构的贷款资金难以满足农业经济发展的需求。此外，近几年民间借贷的迅猛发展，从反面证明了农村金融市场资金的稀缺性，特别是在当前我国农村有接近 50% 的民间贷款利率高于正规金融中同类贷款利率的条件下，民间借贷的规模仍在不断扩大，农村金融市场供不应求的特点更加凸显。

在农村金融市场信贷资金投放严重不足的情况下，农村地区却出现了严重的资金外流。1997 年全国金融工作会议以后，国有商业银行逐步收缩县级（及以下）金融机构，1998—2007 年，四大国有商业银行撤并 3.1 万个县级（及以下）机构。但商业银行并未彻底地退出农村金融市场，只是大量收缩农村贷款业务，仍吸收存款，并将所吸收存款的大部分转移到城市。据统计，当前商业银行吸收了 18.4% 的富裕农户的存款，但只给 4.5% 的农户发放贷款。以农业银行为例，20 世纪 80 年代中期之前，该行 98% 的贷款是投向农村，90年代中期以后，其贷款投资逐步从农村转向城市，农业贷款仅占各项贷款余额的 10% 左右。改革虽然使得商业银行在县级（及以下）地区剩余机构的平均收益提高，却严重地降低了农村金融服务的供给水平。而邮政储蓄银行挂牌之前的各农村邮政储蓄机构更是以其"只存不贷"的政策，被称为农村资金的"抽水机"。

信贷资金投放严重不足和农村地区资金严重外流的主要原因在于，农村金融产品供给与农村经济体制改革脱节导致的农村金融市场产生的供求摩擦。农村在实行家庭联产承包责任制改革之后，基本上形成了以家庭为单位的个体生产模式。这种生产模式往往需要小额度、及时性的信贷资金，加之农业生产的季节性特征，因此需要相应的金融机构提供灵活贷款小额信贷。而与此同时，农村金融机构自 20 世纪 80 年代以来开始了商业化的改革历程，商业性的金融企业以"逐利性"和"业务批发性"为典型特征。对利润的追求促使它们将贷款业务逐渐从小额交易的农村转向收益更高的城市，造成农村金融资金短缺与资金外流并存，必然加大了农户的借贷困难，农业、农村、农民都难以获得足够的发展资金。

3.2　金融供给主体萎缩

当前，农村金融市场主体主要是中国农业银行、中国农业发展银行和农村信用社，这三大市场主体定位模糊，支农职能不断减弱，制约了农村金融市场经营效率的提高。农业发展银行作为政策性银行，本应对农村金融市场的发展起到政策性指导作用，但其当前的业务主要限于在流通领域对粮棉油农产品的收购，农业政策性金融有名无实。农业银行也随着商业化改革，逐步撤离农村金融市场，其主导地位已不复存在。而农村信用合作社早已不是真正意义上的合作制，加之技术、人才、资金等方面的限制，使其不能履行合作金融功能的同时，也无法发挥商业金融的作用。市场主体职能分工的混乱造成了农村金融市场发展中的困难。

此外，农村金融机构内部管理体系的失衡也是造成其农业信贷规模萎缩、经营效率低下的原因。农信社是当前我国信贷支农的"主力军"，但其产权虚置、内部治理结构不完善严重削弱了其职能的发挥。农信社的产权主体名义上是全体入社社员，但在实际运行中，其产权主体为国家或者政府，造成了产权虚置，严重削弱了社员所拥有的权利，加之历史积累的呆账、坏账无法在短期内完全消化，使得当前农信社的经营举步维艰。而作为农村金融市场政策性银行的农业发展银行，其资金来源单一，筹资成本加大，与其支农长期优惠贷款形成反差；业务范围狭窄，功能单一，仅在农产品收购方面发挥着政策性金融组织的作用；在经营过程中，难以协调政策性和银行性之间的矛盾，从某种程度上来说，只是扮演着"粮食银行"的角色。

3.3　金融服务品种单一

一方面，农村金融市场信贷服务仍然以传统的存贷业务为主，产品主要为小额贷款，而中间金融业务和其他金融服务严重匮乏，产品品种单一，制约了农村金融发挥支农职能。另一方面，在整个农村金融体系中，保险、担保等业务的发展滞后，这也是导致金融市场不完善的重要原因。当前，农村贷款担保难和担保机制缺失是农村贷款面临的瓶颈，以农业保险为例，农业保险是提高农户抗御风险能力、拓宽融资渠道、间接保障增收的手段，但总体来看，重庆市农业保险品种严重缺乏。

3.4　金融配套设施落后

由于受农村地理条件和较落后的经济现状的局限，金融机构投入金融设施的成本相对较高且收益相对较低，因此农村金融设施的落后就成为必然。现代金融是信息金融，信息的传输肯定离不开现代信息化设备，农村金融设施的落后也就直接导致农村金融信息传输滞后。因此，以利益最大化为目标的金融机构严重缺乏开发农村金融市场和创新农村金融产品的动力。

3.5　金融监管环境缺失

农村金融市场存在的法律环境缺失、金融监管虚置等问题制约了农村金融市场的发展，加大了农村金融风险隐患。目前，在相应的金融法中，除了中央银行法、商业银行法之外，几乎没有其他金融形式的法律，尤其是在政策性金融领域中，立法更是一片空白，仅有银行章程。农村金融机构在经营管理中缺少法律规范会引起一系列问题，如法人地位、资金来源的渠道及管理、收购资金的妥善管理以防范被挪用、政银关系的界定关系等。当前，重庆市农村地区金融发展出现的诸多问题，往往是因为金融监管没能发挥其应有的作用。一方面，各级职能部门无法有效地组织各个市场主体，金融机构进入和退出农村市场缺乏有效约束，农村金融市场基本处于无序状态。同时，各级各类经营主体的经营活动不是处于良好的竞争和协作状态，其业务活动没有联系起来，不能形成对农村地区提供有效的金融支持的合力。另一方面，现在农村金融市场的监管主要集中于地方人民银行，这种外部监管很难满足对农村金融进行监管的需要，经营主体的内控、行业自律和社会监督并不能发挥作用。

4. 从农村金融供需角度总结重庆市农村金融体系存在的问题及原因

4.1 重庆市农村市场主体资金需求现状

相比其他直辖市，重庆市是一个特别的直辖市，兼具大城市、大农村、大工业、大农业的特点。截至 2017 年年底，重庆市从事农产业的人口数为 2 196.45 万人，占据全市人口总数的 66.45%，高于 50.05% 的全国平均水平；同时，城镇化率越来越高，2010 年年底的城镇化率达到 53% 左右；截至 2017 年年底，重庆市农民人均可支配收入达 12 638 元。

从以上数据指标分析来看，重庆市农村农户基本上需要通过金融机构或民间借贷来获取满足其生活消费需求的资金，而且小规模的生产发展信贷需求也日益旺盛。随着城镇化率的逐步提高，乡镇中小企业的生产发展信贷需求越来越强烈。

重庆市农村金融的各类农村市场主体有如下几个资金需求特点。

第一，融资需求层次的多样化。从融资主体角度来探讨，重庆市农村资金需求者为农户、乡镇企业、乡镇政府和村级企业。乡镇企业和村级企业由于组织化、专业化的保障，所需资金规模更大，用途也更为系统广泛，而农户虽然可以以合作社、村政府等组织为依托或保证，但是其获得资金相对来说更困难一些，用途也常常用于基本生活消费或者简单再生产。从各个区县的经济发展程度来分析，重庆市目前仍有 18 个重点贫困县，有扶贫任务的区县也还有 33 个（截至 2017 年年底），这些地区的农户对用于基本生活消费的微额信贷需求更多，希望依靠政策性信贷获得。而在经济较为发达地区，如合川、涪陵、秀山等区县，农户需求层次更为多样，资金用途更为广泛，除了有生存性需求，更多的还是生产性需求，乡镇企业和村级企业对于生产发展资金的需求也更加明显。从产业分类来说，农村第一产业仍然占据最大的资金需求量，但是农村里服务型等第二、第三产业资金需求量所占的比重在逐年增加。

第二，融资需求主体的区域化。重庆市作为西部省市之一，农村经济发展较为滞后，农村自主融资需求意识也相当淡薄。从重庆市内部各个区县来看，每个区县的融资需求也体现出区域化特征。经济较为发达的地区，如涪陵、合川、云阳、秀山等区县，依靠农产品的品牌优势打入市场，如涪陵的榨菜、云阳的大米、合川的家禽、秀山的果蔬等，农户以土地使用权、资金、技术等多样化的形式入股，逐渐形成了"公司农户"、产业带股民的以公司为龙头、以产业为依托、以科技为支撑、以利益为连接的利益共享、风险共担的产业化发展思路，侧重于正规金融融资，资金需求规模较大且更易获得；而在经济相对落后的区县，如巫溪、酉阳等地，贫困村较多，农民专业合作社的组织化、产业化还处于低级阶段，融资需求偏向于满足生存型或简单再生产，他们多希望借助非正规融资渠道及政策性信贷获得资金，商业性金融信贷获得能力偏低及主动获取意识淡薄。

第三，融资需求的及时性、季节性和应急性。虽然现代的高科技手段在农村得到了运用，如大棚种植、温室栽培等技术使得许多农产品突破了季节的限制，在各个时期都可以出售，但是由于农产业自身的特点，从总体来看，农产品的生产、收获还是得遵循大自然的周期性和季节性规律，因此融资需求也随之呈现出及时性、季节性的特征。在生产资料的购买、农产品的种植及畜牧的养殖时期对资金的需求最为旺盛，再加上农业对自然条件（如气候、水土）的依赖性特别大，使得农户对应急性的信贷资金的需求也十分强烈。由于重庆市农业基础设施相对薄弱、灾害天气频繁发生，重庆市农村资金需求的及时性、季节性和应急性特点更加明显。

第四，融资需求期限的多样性。由于重庆市农业相对落后，融资需求还有很大一部分是用于满足传统农业中所需要的化肥、农机等生产资料的购买，以未来销售农作物的资金流入作为保障，因此这种资金借贷的周期是以农作物的生产周期为循环期限的，相对较短，常常短于一年。但是随着重庆市农业组织化、专业化及规模化程度的加深，大批以"龙头企业专业合作经济组织农户"的公司为代表，以产业为依托、以科技为支撑、以利益为连接的产销一体化模式相继出现，融资需求的期限也逐渐延长，不再局限于农作物固有的生产周期。而重庆作为"全国统筹城乡发展综合配套改革试验区"，农村基础设施建设的融资需求也越来越强烈，这种信贷期限多为一年以上的长期借贷，融资模式也基本上偏好于以财政拨款或者政策性资金供给为主。因此，重庆市农村融资需求的期限由于各类市场主体多样的融资用途而表现出灵活多样的特征。

第五，融资需求的小额性、分散性和隐形性。作为西部欠发达地区的重庆市，农户单独进行借贷的情况还是占据了很大一部分，造成了其融资需求的小额性和分散性。加之许多农户虽然有融资需求，但是村上或者农村经济组织的信息服务功能还不够完善、农村金融机构信贷服务还不够主动等原因，造成了农户金融意识的淡薄及信息传导机制的不畅，使得他们并不知道这种需求可以通过一定的程序借助金融机构得到满足，或者根本不知道该种需求已构成金融需求，导致很多融资需求是隐形的，常常通过自主的小规模的民间借贷来满足。

4.2　重庆市农村金融供给现状

重庆市农村金融体系的资金供给可以归纳为农村正规金融机构的供给和农村非正规金融机构（如民间借贷）的供给。农村正规金融机构是指依法受到政府监管、被法律所认可的金融机构。其资金供给大致可以分为四大类：以中国农业发展银行为代表的政策性资金供给，以中国农业银行及中国邮政储蓄银行为代表的商业银行资金供给，以重庆市农村商业银行为代表的合作金融机构资金供给，以村镇银行、资金互助组和贷款公司为代表的新型金融机构资金供给。它们由于网点优势、金融产品优势、法律地位优势等已经成为满足农村融资需求的主要机构。重庆市正规金融机构为农村经济的发展提供了巨大支持，总体来说，其涉农贷款量呈现波动上升趋势，如图5-6所示。

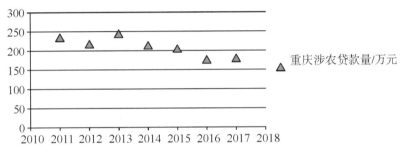

图 5-6　2011—2017 年重庆涉农贷款量

农村民间借贷则是不被法律认可、游离于正规金融机构之外的借贷活动，如私人钱庄、民间集资、高利贷及典当等。农业因其自身对自然条件依赖性强、农作物保存期限短、固定资产价值不高等特点，使得许多项目由于贷款风险高而无法从正规金融机构获得资金支持，农民不得不转向求助于成本更高的民间借贷活动，因此民间借贷仍然是解决农村资金问题的重要途径，作为"大农村"的重庆市更是如此。下面就从重庆市融资供给现状来分析重庆市农村资金供给的特点：

第一，在正规金融融资供给渠道上，重庆市形成了以重庆农村商业银行为主导力量、中国邮政储蓄银行为有力候补军的供给模式。随着金融体制改革的不断深入，我国四大国有银行先后进行了股份制改革，除中国农业银行以外的其他三大国有商业银行基本撤销了农村金融服务网点，终止了对农村经济的信贷支持。而中国农业银行作为最晚进行股份制改造的银行，现今基本上也在遵循市场化原则进行资金的借贷。自 2005 年股改以来，中国农业银行大量压缩基层的营业网点，收缩贷款权限，其服务"三农"的积极性也日渐削弱，开发适合农村的金融产品的自主性也大大降低，支农业务也常常仅限于面向信用级别较高的龙头企业。《中国农业银行 2019 年上半年度报告》数据显示，2019 年 6 月 30 日，县域金融业务总资产 86 842.22 亿元，较上年年末增长 7.6%，发放贷款和垫款总额 43 889.70 亿元，较上年年末增长 9.6%，吸收存款 78 698.83 亿元，较上年年末增长 6.6%。2019 年上半年，县域金融业务实现税前利润 456.84 亿元，较上年同期增长 7.6%。作为政策性银行的中国农业发展银行，长期以来支农的职能和作用都没有得到有效发挥，其服务范围经历了从综合性业务阶段到单一性业务阶段再到更优质的综合性业务阶段的变化，确定了包括粮棉油专项贷款业务等共六大类九个品种的业务经营范围，形成了以粮棉油收购信贷业务为主体，以农业产业化信贷和农业中长期信贷为两翼的"一体两翼"的业务发展格局。重庆分行也遵循总行的业务范围和服务职能，其资金支持对象单一，多以大项目贷款方式对重点产业进行信贷支持，一般的农业项目不易得到其金融支持。以村镇银行、资金互助组和贷款公司为代表的新型金融机构在重庆起步较晚，截至 2018 年年底，重庆市新型农村金融机构有 73 家，其中有 20 余家村镇银行、2 家资金互助社，因此虽然其成长空间巨大，但是在现阶段对于农民专业合作社的融资支持还是非常弱的。因此，重庆市满足农村资金需求的金融支持机构还是以重庆农村商业银行为主体，中国邮政储蓄银行为有力候补军。截至 2017 年年末，重庆农商行的贷款余额为 3 241 亿元，排名港股市场内地中小银行第二位，同时也是 A 股及港股市场中贷款余额领先的上市农商行。而这些贷款，有相当一部分投入到了农村地区，截至 2017 年年末，重庆全市涉农贷款余额共计 5 071 亿元，其中仅重庆农商行就达到了 1 480 亿元，占比 30%，在全市银行业金融机构中排名领先。截至 2018 年 3 月末，重庆农商行涉农贷款余额再创新高，达到 1 497 亿元，较 10 年前成立之初翻了两番之多，占到了该行各项贷款余额的 46%。虽然它作为首家在香港联交所上市的内地农商行，但其服务"三农"的宗旨从来没有改变过，以"政策+金融"激活农村地区的内在效能，银政合作无疑是落实乡村振兴战略的一种极好模式。

奉节 100 亿元、璧山 200 亿元、南岸 200 亿元……近年来，重庆农村商业银行与多个重庆市区县签署"乡村振兴战略合作协议"，大手笔为地方提供意向性授信额度，全力支持农村经济发展。2018 年 8 月 6 日，该行又与重庆市巫山县人民政府约定，2018—2022 年向该县新发放 300 亿元意向性授信额度，重点在脱贫攻坚、交通等基础设施建设、全域旅游发展、农村一二三产业融合发展、乡村特色农业增效、构建普惠金融服务体系、"云联烟商贷"业务推广等多个领域展开深入合作。"城市业务反哺农村业务""年轻人才凭乡村振兴实绩正向调动""开启涉农专项服务机制"……重庆农商行一方面利用身处直辖市的区位优势做大做强，另一方面以各项机制确保支农成效。如该行在董事会下设"三农"金融服务委员会，将主城区以外的 31 家分支行定位为"三农"业务分支行，而且倾斜考核资源，将支持农户创业、农业产业化等贷款利息收入的 20%，调增为支行考核利润，充分调动了分支行服务"三农"的积极性。此外，重庆农商行还加大普惠金融推广力度，在当地农村织就了一张金融服务覆盖大网：该行共有 1 777 个网点、1.6 万名员工、2 万台自助机具，其中 80% 都在农村地区；金融产品和现代信息技术的运用，80% 都服务于县域；共服务客户 2 700 万，占全市人口总数的 80%。

中国邮政储蓄银行重庆分行采取"4+3 中心"运营模式，即下设小额贷款中心（扶贫业务中心）、农业产业化中心、政策与创新中心、信贷管理中心 4 个专业管理中心；在分行中后台设立"三农"风险管理中心、"三农"财务管理中心、"三农"人力资源管理中心 3 个支撑服务中心；在二级分行设立事业部二级分部；在"15+5"个一级支行设立事业部营业部，即为提升服务专业性，在 15 个县域一级支行和 5 个国家级现代农业示范区一级支行成立小额贷款中心，全力构建覆盖全市、专业化的"三农"金融服务体系。中国邮政储蓄银行重庆分行以服务"三农"、中小企业和城市社区为发展定位，大力开拓农村网点，2017 年年末，全市 1 700 多个网点中 66% 分布在农村地区，有效缓解了农村地区金融服务不足的矛盾；涉农贷款余额规模达 205 亿元，打造了服务"三农"的"邮储模式"，已成为支持重庆"三农"发展的重要力量。

第二，农村金融信贷资金投放不足，大量存款外流，农民储蓄率对农村经济增长的作用不大。工、农、中、建四大国有银行股份制改革的完成，使其不管是内控模式还是业务对象都发生了巨大变化，纷纷压制在县域和农村地区的贷款业务，但在县域和农村地区的存款业务却高速增长，而这些从农村地区吸收的存款往往不能回流到农村用以支持"三农"建设，而是根据市场化原则投入到收益更高的领域，这就导致了农村资金大量外流，无法满足农村的金融需求。中国邮政储蓄银行虽然大力建设县级以下地区网点，加大对农村地区金融服务的便捷性投入，但是由于其改革期限尚短，长久以来作为邮政机构的内设部门，长期只存不贷，也成为造成农村大量存款外流的原因之一。除此之外，重庆市农村信贷资金投放不足的另外一个重要原因还在于涉农金融机构缺乏国家政策支持。近几年以来，重庆市政府的财政扶农投入虽然出现了高增长，但是相较全国的财政扶农支出占比，重庆的数据是相对较低的，据《中国统计年鉴》，2017 年重庆市财政支农的比例并没有达到 9% 这个本来就不高的全国平均水平。

第三，农村金融体系不完善，金融产品单一，交易成本较高。虽然重庆市的农产品市场已经形成了包括批发和零售市场、现货和期货市场等比较完善、成熟的多层次市场体系，但是重庆市的农村金融市场由于种种原因只有最基本的资金借贷市场，保险、证券等市场还在起步摸索阶段。而在资金融通市场上，由于金融体制改革的不断深入，特别是中国农业银行的股改完成，整个农村金融体系的重心更是偏向重庆农村商业银行，金融体系架构十分不完善。而重庆农商行由于监管指标的约束，发展现状存在着许多不均衡约束，成长机制僵化，创新能力滞后，金融服务明显不能满足农村的金融需求。虽然重庆农商行、中国农业银行及中国邮政储蓄银行大力开发更为丰富的多样化的金融产品，如惠农通、流动服务自助银行等新型金融产品，但是重庆市的农村金融服务仍旧是以"存、贷、汇"为主的单一的传统的金融服务，中间业务稀少，风险内控机制不完善，还没能形成规模效应，交易成本也居高不下。因此，农村金融需求主体难以得到适合自身具体情况的差异化的金融服务，重庆市农村金融体系也没能以主动供给金融产品来加强农户金融意识和促进其思想观念的转变，难以满足现阶段农村多层次的金融需求。

第四，农村金融发展不平衡，区域性特征明显。作为西部省市之一，重庆市农村金融机构的发展相对东部、中部地区而言较为落后。2016 年重庆市提出"一圈两翼"发展战略，作为重庆市统筹城乡发展的基本思路，但是根据《重庆金融年鉴》，虽然重庆市提出了均衡发展"一圈两翼"的总体战略，但是"一圈"仍旧集中了大量的金融资本，"两翼"地区则毫无金融优势可言。目前重庆市的正规金融机构主要集中在主城区内。重庆主城 9 区以外的 31 个区县中，网点数 2 858 个，占全市金融机构网点数量的 66.1%；农村便民金融服务点 618 处，远远低于重庆市整体平均水平。而在较为偏远的渝东北和渝东南地区，其中 15 个县的银行业金融网点数为 1 407 个，仅为重庆市所有银行业金融网点的 35% 左右。由此可见，重庆市农村基层金融机构网点不仅数量少，而且基层金融机构在各个区域之间分布也极其不均衡，导致农村信贷市场金融配置效率低下。

第五，民间借贷活动处于灰色地带，长期处于金融抑制状态。民间借贷泛指那些在国家依法批准设立的金融机构以外的自然人、法人及其他经济组织等主体之间的资金借贷活动，它不受用途、利息的限制，贷款方式相比正规金融机构更加灵活便捷。重庆市民间借贷活动是在正规金融机构无法满足农村集体及单个农户金融需求的情况下产生的，借贷的用途从早期的维持基本生活到现在的进行规模化生产，它虽然不如东南沿海等地区活跃，但是作为农户融资的主要渠道，仍然有着不可替代的地位。早在 2008 年，中国人民银行就起草了《放贷人条例》，但是迄今为止，该条例的正式出台仍然遥遥无期。目前关于借贷政策的规定较明晰的就是《关于小额贷款公司试点的指导意见》，而小额贷款公司已经被定义为新型农村金融机构，从一般的民间借贷中分离出来，正在朝着村镇银行的招牌努力。因此，传统的民间借贷活动仍然长期处于金融抑制的状态。目前，民间借贷活动中属于合法经营的只有担保公司和典当行，虽然重庆市法院允许 4 倍利率以内的民间借贷，但是据中国人民银行重庆营管部调查资料，重庆市许多农村民间金融活动都是通过目前不被政策允许的地下钱庄来进行的。民间金融不被法律认可、不规范的治理结构及长久以来农户对其的历史偏见等特点，特别是个人放贷及社会集资行为的恶劣社会影响，使得民间借贷急需通过法律文件合法化、规范化，否则不可能成为缓解重庆市农村融资问题的重要力量。

4.3 结合重庆市农村市场融资需求与供给探讨融资瓶颈

通过以上对重庆市农村金融的供给与需求的分析，我们可以发现资金供需缺口问题严重，这种缺口不仅仅表现为供需绝对量的差异，而且还有供需数量在结构上的不匹配，呈现出融资需求难以满足和信贷供给难以实现的双重现象，即供需错位的现象。具体来说，供需错位现象表现在以下几个方面：

第一，资金供给与需求的金融机构错位。在目前重庆市农村市场的融资需求上，重庆农村商业银行发挥了绝对主力作用，涉农贷款近几年来一直位居全市首位，但是重庆农商行作为一家上市公司，仍然是以利润为导向的，在贷款程序及贷款审查方面仍然有较高的要求。目前重庆市农户单独进行贷款或者以合作社为信用保证进行贷款的情况还占绝大多数，所需要的贷款规模在 3 万元以下的，偏好于手续简便和信用要求较低的金融机构，希望借助于资金互助组、贷款公司等新型金融机构或者民间借贷进行融资的农户占绝大多数；而一些规模较大的、信用较好、资金需求较大的专业合作社或者龙头企业，则更加偏向于向商业性金融机构进行借贷，以便能得到最优惠的利率。而重庆市新型金融机构发展缓慢，民间借贷活动缺乏法律规范，国有商业银行的县域以下分支机构又被大量压缩，这就增加了农户的借贷成本，使得农村市场上各类主体所偏好的金融机构与愿意提供信贷供给的金融机构在一定程度上不够契合。

第二，资金供给与需求的金融产品错位。重庆市面向农村的金融体系尚不完善，金融机构比较单一，金融产品不丰富。而农户和绝大多数的小规模农民专业合作社偏好于更加便捷的金融服务与更加低廉的金融产品，而以重庆农商行为代表的农村金融机构对金融产品的创新还不能切实贴合农户的要求，使得研发出的金融产品难以实现其功效，而农户的金融需求也得不到满足。除了资金借贷的金融服务需求以外，农户对于金融知识的需求、对于足不出户就能获得基本金融服务的需求都日益强烈，而许多农村金融机构则是近年来才开发这些基本的金融产品，如中国农业银行重庆市分行在 2011 年 4 月才开始安装"惠农通"，以便农户在村里就可以办理转账、查询、存取款及刷卡消费等现代金融业务。

第三，资金供给与需求的区域性错位。我国各个地区农村经济发展差距较大，农村金融机构的分布也随之呈现出非均衡的特点。我国整体农村信贷投放量体现出东部大于中部大于西部这样一种态势，这是因为在农村信贷中占主导地位的金融机构根据市场化原则进行借贷，以利润为导向，乐于向经济形势好、有还款保证地区的农户及农民产业化组织提供资金支持，再加上政府对经济落后的中西部地区的贷款条件限制也更加繁多，造成了信贷投放不均衡的局面。然而，包括重庆市在内的中西部地区多为农业大省，农民对于信贷的需求相对更加旺盛，使得资金的供给与需求形成了区域性错位。在重庆市内部，区域性错位的情况也十分严重，"一圈"地区金融资源丰厚，而急需资金支持的"两翼"地区则毫无金融优势可言。

4.4 重庆市农民专业合作社融资瓶颈原因探析

由以上分析可见，当前重庆市农村资金短缺问题，既包括了供给绝对量的不足，也包括了供需结构上的错位。要提出适合具体情况的政策建议，就得先摸透造成这种情况的原因。而制约重庆市农村融资的因素是多种多样的，既有农村市场资金需求主体自身的原因，也有农村金融体系的结构性制约。

首先，我们从重庆市农村市场资金需求主体来分析。单个农户对向外部金融机构举债具有恐慌心理，与求助于亲朋好友等民间融资渠道相比，他们更偏好愿意提供信贷资金的一些金融机构，尤其是数额较大的生产性资金需求，虽然他们积极诉诸金融机构，但是农产业无合格抵押品，收入作为还款第一来源风险大等属性，使得占据农村绝大多数网点的合作性、商业性金融机构不愿意提供贷款，导致资金供需错位。现今，重庆市积极发展农民专业合作社及乡镇企业，使得社员或者整个企业能够借助合作社的实力获取信贷资金。但是合作社目前尚处于初级阶段，产权制度不清晰，成立的目的在于扶助单个贫困农民脱贫增收，加上社员自由进出、民主管理、一人一票等原则未落实到位，造成很多社员由于经济条件的限制无力提供足够的入社资金来作为成员或者整个组织向金融机构贷款的还款实力保证。同时，单个农户借贷时缺乏合格抵押品的问题及农业收入较低的情况，使得其日益强烈的多层次融资需求得不到满足。

其次，从重庆市农村金融体系构成角度来看，其治理结构不完善。其实农村资金本身并不缺乏，但是四大国有银行的股份制改革及中邮储的特殊转型阶段造成了大量农村存款外流至城市，近年来这种现象更是愈演愈烈，由《重庆统计年鉴》可知，2017 年的农业存款为 180 亿元，而农林牧渔业增加值为 1 363.87 亿元，2016 年的农业存款为 176 亿元，农林牧渔业增加值为 1 324.66 亿元，缺口大。作为政策性银行的中国农业发展银行功能过于单一，只提供粮棉油收购贷款，根本没有对重庆市农村一般项目进行贷款补贴的政策导向，更谈不上对农户或者一般合作社进行直接经济支持了。重庆市的新型农村金融机构目前尚处于萌芽阶段，2011 年才成立第一家贷款公司，业务操作及内控流程还处于摸索阶段，对合作社的资金支持目前也只能是心有余而力不足。民间借贷的高利率成本及灰色地位又使得许多小规模的合作社无法承担，这就造就了重庆农商行在农村金融中的垄断地位，其虽然在思想上竭力坚持"改制不改向，改名不改姓"的十字承诺，然而在股改之后，涉农贷款日渐减少，大量农村存款也由此流出农村，并且大部分信贷支持仍受政府主导，金融服务明显不能满足金融需求。另外，各大金融机构在金融产品开发方面，大多照搬其在城市的运作经验，没有按照农户及乡镇企业的需求来开发契合它们的差异化金融产品，忽视了农村市场主体金融需求的多样性和差异性。而作为农业保护体系的保险机构和担保体系尚在摸索阶段，目前重庆市基本上只有两家保险公司和一家担保公司承担全面性的保护工作。总之，由于我国政府严格把握着农村金融机构的准入和退出制度，我国农村金融制度的变迁带有很大的政府强制性，金融体系在金融体制变迁过程中仍旧体现出不完善的现状。

再次，从农村金融生态环境角度来看，其并没能为缓解农村融资问题提供最优环境。一方面，重庆市农村资金的供给不仅需要完善的农村金融体系，而且需要政府为其提供一个良好的外部生态环境，金融方面尤其如此。而目前，国家在农村金融机构融资及第三方保护方面并无配套的法律支持，没能以明确的法律制度来规范农村金融机构准入和退出原则，而被视为放低准入门槛、试图促成多样化农村资金供给渠道的《放贷人条例》也未能正式出台。另一方面，通过提高农户自身金融知识水平来改善农村金融生态环境方面的教育培训服务太少。重庆农商行在 2010 年才开始在乡镇安装销售点终端机（POS 机），中国农业银行着手在乡村安装"惠农通"也较晚，更不用说组织农户学习更加全面的基本金融知识了，这就使得许多农户甚至是一些小型合作社的带头人不知道自己的需求可以通过一定的程序从金融机构得到满足，或者根本不知道该项需求构成现实的金融需求。政府的诸如税收、科技等政策扶持及立法配套不及时，加上多头管理的体制制度造成了资源配置效率低下，并没能为农村经济的发展创造一个平等竞争的外部市场环境。

最后，从科斯的交易成本角度来分析，农村金融机构和农村市场主体之间的信息不对称不仅造成了经济资源的浪费，也制约了资金供给与需求的匹配。相较于向城市企业或大型企业贷款，商业银行更加难以了解农户或者乡镇企业的真实情况，这也是由农业的自然属性所决定的。基于此种情况，为了避免花费更多的搜寻成本、鉴别成本或者防范逆向选择和道德风险，商业银行要么就是要求农户提供相对更加繁琐的资料，要么就是为其提供小额贷款或者干脆不提供贷款。另外，各大金融机构也没能很好地宣传适合具体情况的金融产品，而农户由于自身金融意识的淡薄，也没能将自己的金融需求有效表达出来。因此，双方的信息不对称不仅使得农村信贷需求得不到满足，也压缩了金融机构在农村的利润空间，造成整个社会经济资源的浪费。

我们可以运用一个不完全动态博弈来阐释这种信息不对称所导致的融资困境。首先假设农村市场资金需求主体可以分为还款风险大和还款风险小两种类型，在目前阶段上，外部金融机构显然不知道向其提出贷款申请的农户或者乡镇企业属于哪种类型，再加上现今对于农户违约的惩罚机制及农村保险、担保及政策补贴机制等第三方保护体系的缺乏，使得农户一旦不还款，其自身承担的后果很小，而金融机构会形成大笔坏账。因此两种类型的资金需求主体一旦有融资需求都会倾向于向金融机构申请贷款。假设资金需求方申请借入本金 P，到期还款额为 I，营业利润为 E，那么当还款风险小的需求者借贷并还款后自身收益为 $E-I$，金融机构的收益为 I，而还款风险大的农户或企业违约后自身的收益为 $C+E$，金融机构的损失为 $-C-I$，那么只要需求者的预期盈利大于利息成本就一定会申请借款，而金融机构的预期收益可以表示为 $P(I) \times I + P(h) \times (-C-I)$，其中 $P(I)$ 为还款风险小的需求者获得资金的概率，$P(h)$ 为还款风险大的需求者获得资金的概率，如表 5-7 所示。

表 5-7　收益矩阵

		批准贷款	不批准贷款
农村资金需求主体	还款风险小	$E - I,\ I$	0, 0
	还款风险大	$C + E,\ -C - 1$	0, 0

在理想的状态下，$P(h)$ 值会非常小，那么 $P(I) \times I + P(h) \times (-C-I)$ 就会远远大于零，金融机构就会批准农户或者企业的贷款。但是，重庆市农村市场需求主体规模较小，资金利用效率不高，多为小额短期贷款，使得 $P(h)$ 非常大，I 相对于本金 C 也很小，而在信息不对称的市场中更加增加了金融机构对 $P(h)$ 值的高估，使得 $P(I) \times I + P(h) \times (-C-I)$ 不会大于零，金融机构就会放弃向农户或者企业发放贷款。

总之，重庆市农村市场资金需求主体的融资偏好及农产业的特点是造成农村信贷资金供不应求的自然原因；农村金融体系的不完善、农村金融生态环境的弱质性、政府配套政策的缺乏，以及农户、乡镇企业与金融机构信息的不对称是造成当前融资瓶颈的外在原因。二者相互作用，成为造成重庆市农村信贷需求得不到满足的重要因素。

第六章　重庆农村金融体系的构建原则与环境

重庆农村金融体系的目标、原则与外部环境建设，是创新和完善农村金融体系的基础性问题，也是首要问题，它关系农村金融体系是否能够更好地、可持续地发挥支农作用。

1. 农村金融体系的内涵

农村金融体系是一个国家金融体系的重要组成部分，正如金融体系的内涵随着经济发展和金融深化不断得到丰富和发展一样，农村金融体系的内涵也会随着经济发展不断得到创新和完善。

1.1　金融体系的内涵

关于金融体系的内涵，学术界目前还没有统一的界定，比较有代表性的观点可以概括为以下几种类型：

第一，"二要素论"。孙涛认为，从机构视角来看，金融体系包括银行体系和非银行金融机构两大类，反映一国或者一个地区各类银行与各种非银行金融机构的职责分工与相互关系。银行体系由货币当局与存款货币银行组成，非银行金融机构则是股票市场、债券市场、保险公司、投资公司、信贷评级机构、养老金等的综合体。

第二，"三要素论"。陶玲琴等人认为，金融体系是一个国家所有从事金融活动的组织按照一定结构所形成的整体。金融体系是一个复杂的系统，既包括在体系内部使用和运作的金融工具、金融中介机构和金融市场，也包括在体系外部存在和发生的，与企业、公司、个人等相关的业务关系和联系，以及来自政府的监管。因此，金融体系一般是由三个相互关联的部分组成。首先，金融部分（financial sector），即为经济领域的非金融部分提供金融服务的各种金融机构、金融市场；其次，融资模式与公司治理（financing pattern and corporate governance），即居民、企业、政府的融资行为及基本融资工具和协调公司参与者各方利益的组织框架；最后是监管体制（regulation system），它是中央银行或金融监管当局对金融业实施金融监管的组织形式。一个国家的金融体系是由这三个部分的相互适应与协调形成的。

第三，"四要素论"。美国经济学家乔治·考夫曼（George Kaufman）将金融市场和金融机构合称为经济中的金融部门（financial sector）。他们认为金融工具、金融市场、金融机构和有关规则四个方面构成金融体系（financial system）。规则的存在是为了界定交易行为，以便加速资金从购买者向出售者、从储蓄者向借款者的流动。

第四，"五要素论"。五要素论最早见于《黄达书集》。他认为，金融体系包括五个基本构成要素：制度、机构、工具、市场和调控机制。金融制度实际是开展各种金融活动的法律法规、政策、习惯等的框架，一切金融交易活动都是在这个框架下，以此为依据而进行的。一国或地区的金融交易活动，一般都是由金融机构来承担，各种金融机构发挥直接或间接的中介作用。金融工具是金融交易标的物，是金融交易内容的载体。金融市场是以各种金融工具作为对象而进行金融交易活动的场所（组织系统或网络）。金融体系中的调控机制则反映了宏观调控当局如何通过金融体系干预国民经济运行。

第五，"六要素论"。王晓在前人论述的基础上，进一步扩展金融体系的内涵，指出金融体系是资金融通关系的总和，包括融资主体、金融机构体系、融资渠道、融资方式、资金价格形成机制及相关的法律规则、政策和宏观调控机制。显然，这是一种较为广义的金融体系论。

从上述关于金融体系内涵的论述可见，金融体系是一个动态的开放的体系，随着经济发展及金融深化，金融体系的内涵也在不断地发展和深化，从二要素论到六要素论，金融体系的内涵不断地得到丰富。我们相信随着经济发展和金融创新，金融体系的内涵会更加丰富。

1.2 农村金融体系的内涵

农村金融体系是一国宏观金融体系的重要组成部分，至今关于农村金融体系的内涵还没有统一的界定。我们认为，可以仿照金融体系的内涵来界定农村金融体系的内涵，尤其比照五要素论来界定农村金融体系的内涵更具有合理性。为此，农村金融体系的内涵可以界定为：是在一定的制度背景下，农村金融交易主体、金融工具、金融市场和农村金融调控与监管多方面相互联系而形成的有机整体。这里关于农村金融体系内涵的界定包含五要素,分别为制度、金融交易主体、金融工具、金融市场、金融调控与监管。

农村金融体系中的金融制度是指,金融活动的开展必须围绕指定的法律、政策、规章、条例等。金融制度实际上为金融活动的开展搭建了法律、法规、规则等框架,一切金融交易活动都要在这个框架下进行并受到规范约束,以保障金融体系稳健、高效运行。金融交易主体是指参与农村金融交易活动的各类经济主体,可以是法人,也可以是自然人,具体指储蓄者、贷款者和金融中介机构等。金融工具是能够证明金融交易的金额、期限、价格的书面文件,承载资金、风险、收益等交易具体内容的载体。金融市场是以各种金融工具为对象而进行金融交易活动的组织系统或网络。金融调控与监管反映的是政府及其所属机构和中央银行对金融交易活动的宏观调控与金融监管。以上各要素之间相互联系、互相影响,构成统一的农村金融体系。金融体系中的宏观调控主要指调控者的政策等手段影响金融体系及宏观经济运行。中央银行或者金融监管当局的金融监管主要是确保金融体系的稳定和效率。通常情况下,宏观调控和金融监管直接作用于金融机构、金融市场和金融工具,间接影响储蓄者和贷款者的行为,进而影响整体经济运行。金融交易主体、金融工具和金融市场是金融体系的核心要素,任何一项金融交易活动均包括这三项要素。

1.3 农村金融体系的主要特征

农村金融体系因为其服务的对象——农业具有弱质性和公共产品的属性,决定了该体系既有金融体系的共性,又有自身特征。相较于经济发达的城市,农村金融体系整体存在明显的低层次性,这种低层次性具体是指其市场化、多元化、社会化、规范化水平较低。

第一,政策性金融起主导作用。政策性金融在农村金融体系中发挥主导作用,是由现阶段中国农村经济的特点所决定的。农产品具有公共产品的属性,它关系国计民生,所以农业是各个国家必须保护和发展的产业。农业受到自然环境影响约束比较大,要面对许多自然方面的不可抗力,决定了农业经营风险比较高,因而农村金融风险程度也比较高,商业性金融要么会基于规避风险的考量放弃农村金融业务,要么会要求比较高的风险补偿。然而,农村是落后地区,农业是弱势产业,农民是弱势群体,这种弱质性决定了农业有强烈的金融服务需求,但无力支付比较高的风险回报,由此决定发展"三农"必须更多地依靠政府这只"看得见的手"来提供必要的政策扶持。但是这类支持不宜采取由政府部门直接向农业拨款或直接提供补偿的方式,而主要应该通过相应的政策设计和妥善的制度安排,并且依靠市场这只"看不见的手",依靠各类金融机构发挥作用,以提高资金的使用效率。因此,在农村金融体系中,政策性金融应该起主导作用。

第二,政策性金融机构应该成为农村金融服务的主要提供者之一。政府应当向政策性金融机构提供大部分资本及必要的起始运营资金,并为其发行债券融资提供支持。政策性金融机构通过合理运营既要保证金融支持农业和农村发展任务的完成,又要保证资金运用的高效率和支农作用发挥的可持续性。政府要通过扶持引导商业性金融机构和合作金融组织为"三农"发展提供相应的服务;政府还要对合作金融组织和部分支农的商业性金融机构提供政策优惠(如减提存款准备金、减免税收等)及必要的财政扶持(如债务担保、损失补贴)等。此外,政府有关部门还应当投资农村的社会公益事业,并通过各种补贴来促进农村社会事业的发展。当然,政策性金融在农村金融体系中发挥主导作用,绝不意味着政策性金融机构在农村金融市场中占垄断地位,或占据大部分市场份额,政策性金融主导作用的发挥在于其充分考虑到地区对农业农村发展的整体规划,通过政策导向作用提供农村经济发展所需要的金融支持。

第三,农村正规与非正规金融并存。农村金融体系中正规金融与非正规金融将长期并存,这是由农村金融的供需状况决定的。农村金融需求的多元化和多层次特点决定了靠正规金融难以满足其全部需求,这就为非正规金融在农村开展业务留下了一定的空间。同时,农村正规金融机构单一、服务供给能力弱、服务覆盖面窄,使得正规金融服务功能难以有效发挥。正规金融的缺位使得非正规金融十分活跃,非正规金融的存在也是对农村金融必要的、有效的补充。当然,农村非正规金融发育层次还很低,运作极不规范,还存在很多问题,需要对其进行适当的引导和监督,以促进其健康发展,更好地为农村金融服务。

农村正规金融主要由商业性金融、政策性金融和合作性金融三支力量组成,这三者分工明确,各司其职。商业性金融主要通过各类商业性金融机构,通过市场化的运作来为农户、农村企业提供各种金融服务;其主要业务包括在当地吸收存款,向农户提供生产性的短期及中短期贷款,向农村企业提供流动资金及技术改造贷款,以及票据贴现等。政策性金融的作用主要是通过政府设立的金融机构,依靠财政资金的支持,运用各种金融手段来促进农村经济社会发展;其主要任务包括以优惠条件向农户提供发展生产所需要的中长期贷款,向商业银行的支农贷款提供适当的补偿交易成本及风险的利息补贴,向保险公司提供应对较大自然风险的再保险补贴，向改善农业生产条件、扩大生产规模等低回报项目提供低息贷款或进行直接投资。合作性金融是通过农民自愿组成的合作金融组织，为其成员及当地的农户提供简单的金融服务，主要业务包括向农户提供小额、短期、低利息的生产及消费贷款，并帮助农户向政策性金融机构及商业性金融机构借款。非正规金融是以高利贷等为代表组成的民间金融，它主要为农户提供短期、临时性的贷款。

第四，农村金融具有差异性、动态性。农村金融体系会随着国家整体经济发展水平、经济体制、货币信用发达程度、政治和文化历史的不同而不同，不同的国家在不同的经济发展时期需要不同的农村金融体系。因此，农村金融体系的构建是一个动态的过程，需要随国民经济发展状况不断地创新和完善。同时，农村金融体系也要充分考虑农村金融需求的差异性，针对这种差异性，农村金融体系的设计也会有差异性的特点。

第五，农村金融体系具有多元性和多层次性。从结构视角来看，由于农村金融需求的多元化、多层次特点，农村金融体系的构成也必然是多元化的。从不同的视角看，农村金融体系分为正规金融和非正规金融，也可以分为商业性金融、合作金融、政策性金融、民间金融、其他类型金融等。

第六，农村金融体系具有脆弱性。农村金融体系的脆弱性源于金融体系固有的脆弱性特征。金融业的发展有着独特的发展轨迹，巨大的外部效应彰显其内在不稳定性，信息分布的非对称性加剧了集体行为的非理性且放大了外部效应，孕育着金融机构破产、倒闭、诱发巨大的金融动荡甚至崩溃等风险。金融业作为一种负债经营的行业，具有内在的脆弱性，这是金融业的一种本性。相对一个国家的金融体系而言，农村金融体系的脆弱性特征更加明显，农业的弱质性、农村经营的小农户特点及农业受自然环境约束大等特征，决定了农村金融风险性更高，更加不稳定。

2. 农村金融体系构建的目标和原则

农村金融体系的构建是一个复杂的、动态的、渐进的、长期的过程，因此，明确农村金融体系构建的目标和原则非常必要。

2.1 农村金融体系构建的理论基础及目标

农村金融体系的构建问题在新中国成立初期就已经提出，但是在 1978 年以前，由于我国实行的是计划经济，金融体系在整个国家经济体系中发挥的作用十分有限，农村经济发展对金融的需求不强，因而，农村金融体系的构建起步较晚且发展缓慢。改革开放以来，中国经济转型事实上是从农村开始的，使得农村金融服务需求迅速膨胀，农村金融体系的演进开始加速。特别是改革开放30年以来，农村金融体系从单一的国家银行体系逐渐演化为目前以农业银行、农业发展银行和农村信用社组成的主导型正规金融与民间非正规金融并存的格局。中国农村金融体系的构建和演进基本上走的是"机构路径"的演进模式，追溯其理论基础，农村金融体系的构建和改革基于的是金融机构观。

（1）金融体系构建的金融机构观。

金融机构观认为，金融体系的建立是为了满足实际经济部门融资的需要，金融体系的设立完全是为了配合实际部门的发展。换句话说，金融体系的构建是需求导向型的，先有需求而后构建，因而金融体系的构建是被动的。正是金融机构观的这种被动性的观点，决定了基于金融机构观的金融体系的设计和构建具有极大的局限性。金融机构观的主要缺陷是只注重金融机构内部的存量改革，忽视农村金融体系构建的目标及农村金融体系应该承担的基本经济功能等问题。其结果是，虽然改革的措施很多，但农村金融体系固有的问题总得不到有效的解决，农村金融体系的资金配置功能得不到很好的发挥。

（2）金融体系构建的金融功能观。

金融体系构建的金融功能观，主要着眼于金融体系应该承担的基本经济功能。金融功能观认为，在金融体系构建中，金融体系功能的实现比组织结构更重要，在构建金融体系时对金融功能的考虑优先于组织结构，只有金融机构不断创新和竞争，才能使金融体系具有更强大的功能和更高的效率。因此，金融功能观首先要解决的是金融体系应承担什么样的功能，根据其承担的功能再构建合适的组织结构。衡量一种金融体系或组织机构是否最优的标准是"时机"和"技术"。功能观与机构观的区别在于，功能观从分析系统的目标和外部环境出发，从中演绎出外部环境对金融功能的需求，然后探究需要何种载体来承担和实现其功能。我们认为，对于农村金融体系的构建，金融功能观比金融机构观更加合理。从金融功能观出发，农村金融体系的构建首先要考虑经济整体发展水平，以及农村经济发展对金融体系功能的要求，构建能够实现相应金融功能的规则、制度等具体的金融形态，并对现有的农村金融机构进行存量结构优化。

（3）构建农村金融体系的目标。

金融结构优化不仅要着眼于优化现有的金融机构存量，更要注重建设金融增量，引入新的力量，以形成更加合理、高效的金融结构。农村金融体系构建的目标，在本质上应该是实现农村金融结构的优化和金融深化，充分考虑"三农"对金融服务需求的特点，构建多层次、广覆盖、可持续的农村金融体系，包括构建农村金融组织体系、农村金融市场体系、农村金融产品体系和农村金融监管体系，增强农村金融为"三农"服务的功能，为建设社会主义新农村提供有力的金融支持。

2.2　构建农村金融体系应遵循的基本原则

农村金融体系构建，立足于中国经济发展大背景，以及中国"三农"问题的现状，基于金融功能观的思考，应遵循下列基本原则。

（1）市场导向原则。

市场导向原则是指农村金融服务以市场经济为基础，并以市场机制配置农村金融资源。农村金融体系应该把服务"三农"放在首位，但农村金融机构的服务功能必须遵循市场导向原则。市场导向原则不仅是农村金融服务支持体系应遵循的原则，也是在充分考虑和借鉴发达国家与发展中国家农村金融体系设计的经验基础上提出的。农村金融体系设计的市场导向，基于农村金融"内生"于经济市场化进程的客观规律。农村金融体系的市场导向原则包括以下几层含义：

①市场机制应作为农村金融体系的基础性运行机制。在市场经济中，市场机制主要包括供求机制、价格机制、竞争机制等，其以市场手段调节和配置资源，以价格、供求等作为经济信号，通过充分竞争，使金融资源组织实现最优，效率达到最大化。

②农村金融服务必须坚持市场导向原则。农村金融服务分为政策性金融和非政策性金融，实践证明，无论政策性金融机构还是非政策性金融机构，在具体运营中都应该坚持市场导向原则；否则，即使是政策性金融机构，也会使金融资源不能很好地发挥其应有的效力，使政策性金融不具有可持续性。坚持市场导向，一方面要以市场机制作为农村金融资源配置的基础性机制；另一方面要以市场经济的基本原则指导农村金融体系的构建和完善，将农村金融体系建立在市场机制运行的轨道上。

②通过市场手段提高农村金融服务支持体系的绩效。农村金融资源相对稀缺，政策性金融在其中起着重要的作用，以往这种政策性金融常常采取"行政主导的形式"，但实践证明，行政主导的形式使资源利用率极低，政策性金融可持续性差。因此，如何使之形成一种有效的配置机制，是提升农村金融服

务的关键。国外的经验和近几年农发行市场化改革的经验都证明，市场化手段是提高农村金融利用效率的最好选择。

④通过市场机制作用促进农村金融深化发展。农村金融深化发展涉及农村金融市场的培育、农村金融体系的建设、农村金融体制改革、农村金融机构治理和农村金融监管等。农村金融深化发展相比农村经济市场化往往存在一定的滞后性，这种滞后性会形成对农业和农村经济发展的金融约束，并成为农业和农村经济发展"金融脆弱性"的一个主要方面。市场化是促进农村金融深化的有效途径。因此，农村金融支持与农村金融深化发展实际是一个战略的两个方面，而市场机制正是其实现有序整合的联结机制。

（2）竞争性原则。

农村金融体系构建的竞争性原则指的是，农村金融服务应遵循市场化原则，在金融体系构建时应该防止垄断，引入合理的竞争机制，引导金融机构之间在适当的业务领域公平竞争。

对农村金融市场的竞争性问题，目前理论界有不同观点，其中一种观点认为，农业是"天然的弱质产业"，不赞成金融机构参与农村金融市场中的竞争，主张对农村金融机构和农村金融市场采取保护措施而非引入竞争机制。该观点认为，竞争可能会影响农村信用社"支农主力军"的作用，可能会影响农村金融稳定。但我们认为，竞争有利于农村金融市场健康、有序地发展，有利于降低农村金融服务的价格，有利于支农金融机构绩效水平的提高。竞争性原则包含如下几个方面的含义：

①竞争的多层次性。重庆农村经济发展的不平衡性，决定农村金融市场的需求是多层次的，风险水平也是多层次的，因此，不同层次的农村金融需求需要不同种类的金融主体提供，金融体系构建中应该注意，多层次的金融需求要以多层次的竞争性金融结构来满足。

②市场对竞争主体的约束性。农村金融体系在构建时，应该注意无论是政策性金融机构还是非政策性金融机构，所有参与市场的金融主体都应该受到市场约束，经营失败受到市场的"惩罚"，经营得好受到市场的"奖励"，通过市场约束使金融主体不断自我完善、自我约束、自我提高，优胜劣汰，最终提高整个金融体系的效率和水平。

③竞争主体的多元性。农村金融体系构建应该保证体系的开放性，以吸引不同种类的竞争主体参与到农村金融市场中来。根据不同地区农村经济实际情况，大力发展多种所有制的农村金融组织，鼓励有条件的地方，在严格监管、有效防范金融风险的前提下，通过吸引社会资本、私有资本及外资等，发展和

培育小额信贷组织、资金互助组织、民营银行等新型金融主体。

④竞争与保护的适度与协调。强调竞争性不是完全放弃保护，竞争与保护的最终目的都是为了使农村金融体系更好地发挥支农作用。农业既是国民经济的基础产业，又是弱质产业，这种产业的二重性决定了支持农业和农村经济发展的农村金融要受到国家财政、政策等方面的扶持。农村金融机构之间竞争的广度、深度相比于城市金融具有某些"适度性"。农村金融的竞争机制与相关的政府扶持政策目的一致，两者对应的是农村金融需求的不同层次，在金融体系构建中必须注意二者的协调性问题。

（3）多层次、差异性原则。

农村金融体系构建的多层次、差异性原则的含义是：农村金融体系构建要考虑到农村金融需求的多层性和不同地区需求的差异性特点，金融体系也应该具有多层性和地区差异性。农村金融体系构建的多层次、差异性是由农村金融需求的多样性，以及不同地区农村金融的差异性特点所决定的。农村金融需求的多样性不仅表现在不同经济发展水平的区域差异上，在同一区域的不同农户之间也具有较大的差别。因此农村金融体系的构建和完善必须注意到金融服务供给的多层次性及不同地区的差异性，综合考虑正规金融和非正规金融，商业性金融、政策性金融和合作金融的特点。针对需求的差异，实行有差异的金融制度安排，从而为整体农村经济的发展提供多样化、多层次的金融服务。

有学者做过统计，威廉姆森的倒"U"形模型展示了不同经济发展阶段区域间经济差异变化的大致状况。我国东部、中部、西部农村经济发展的差异也是沿着这一路径变化的：前期是区域间差异的扩大，后期这样差异趋于缩小。在这一过程中，按照倒"U"形模型中包含的政府介入思想，国家应根据这种差异变化，选取差异化的农村金融制度供给，以使该曲线在较短的距离和较快的时间内通过临界值点。同时，沿着这一变化路径看，农村金融制度应该有所调整，使经济差异缩小，最终才能趋于统一。

我国作为转型时期的农业大国，区域间经济发展不平衡，相应的不同地区农村经济发展水平差异更大，从需求的角度看，农村金融制度安排也必须呈现出较大的差异化，如果采取统一的强制性的制度安排，必然造成供需不匹配、资源浪费等问题。一般来说，经济发达地区由于资本已初具规模，生产规模普遍比较大，农业产业化经营已发展到一定水平，正规金融机构与农户的贷款边际成本比较低，其可以以正规金融制度安排为主，并积极引导非正规金融等多种类型的金融机构开展业务，促进农村金融市场的繁荣，促进市场经济的发展。目前，我国的东部经济发达的省份，就可以采取上述制度安排。但在经济比较落后的地区，如西部地区，由于正规金融制度安排操作成本和风险成本较高，其应以发展非正规金融和政策性金融为主，同时规范非正规金融的业务，使其成为欠发达地区资本原始积累的重要渠道之一。

（4）金融效率原则。

金融效率是指以尽可能低的金融交易成本和金融机构成本，将有限的金融资源进行优化配置，实现其有效利用并获取最大限度的金融资源增值。金融效率决定经济效率，但金融效率必须以金融机构效益为前提。农村金融体系构建的"金融效率原则"的含义是，在给定的金融环境下，金融运行通过合理的制度安排，谋求实现最大化的产出或增值，以实现有限金融资源的经济效益，从而使有限的金融资源最大化地实现支农效益。虽然市场经济本身是一种效率经济，但是现代市场经济的信用化和货币化，使经济效率不可能独立实现，必须借助于金融配置，因而金融效率成为现代市场经济效率的核心。从理论上说，金融效率的实现必须满足"帕累托最优条件"，但从实践上看，经济社会很难创造出"帕累托最优条件"，多数情况下，这些条件很难在一个不确定的金融运行中获得完全理想状态的满足，因此，实际经济中的金融效率实现经常是一个所谓"帕累托改进"或者逼近的过程。这样就存在一个如何在实践中满足金融效率的实现条件的问题，即如何使金融资源总量、金融经济自身的金融运行结构与状态、经济社会的金融制度安排、金融体制建构与金融政策设计、金融环境、金融创新与交易技术的进步等和谐有效地运行配置起来，以实现效益最大化。

农村金融不同于城市金融，农村金融体系也不同于城市金融体系，农村金融体系作为促进农业和农村经济发展的一种金融制度设计，其最核心的职能定位是为"三农"发展提供信贷资金支持。从"三农"的金融需求看，其具有资金需求量小、季节性强、点多面广的分散性、经营成本高和风险的外部性强、不可人为控制等特点。这种特点对金融机构的风险管理和经营效率提出了更高的要求，只有提高效率，实现经济效益，才能可持续地为"三农"发展提供金融支持。当然，农村金融机构效益提高和可持续性发展可以从两个方面考虑：其一，利率水平足可以覆盖风险；其二，以优惠政策对冲风险。总之，金融体系的构建应该遵从效率原则，明确农村各类金融机构的功能定位，用市场原则促进各类金融机构之间的功能交叉和适度竞争，在竞争中形成风险定价机制。

（5）全面协调、和谐发展原则。

农村金融体系构建不仅涉及金融，还与农村政治、经济与社会发展的各个方面密切相关，是一项复杂的系统工程。因此，农村金融体系在构建和完善过程中，不但要注重金融体系内部各类行为主体的协调，还要注意综合考虑社会、政治、经济、环境等各个方面，要坚持全面协调、和谐发展原则。

首先，要注重政府与金融机构的关系。我们国家是一个政府主导型的政治经济体，各级政府在辖区内政治、经济生活的各个领域发挥着主导作用，因此，脱离政府进行农村金融改革的思路是不现实的，农村金融改革关键是要处理好各级政府与金融机构的关系，明确各自的权、责、利，权利与义务要相互对等。对此需要从制度上加以明确，转变政府职能，真正实现经济生活的"大市场、小政府"定位，使市场与政府各行其是，相互补充。

其次，协调商业性金融与政策性金融、正规金融和非正规金融的关系。农村金融体系的构建和完善涉及政策性金融和商业性金融、正规金融和非正规金融的定位，涉及如何把握政策性金融和商业性金融、正规金融与非正规金融的分工及各类不同性质金融发挥作用的重点领域等。就宏观金融而言，商业性金融以市场机制为基础性配置机制，按照完全的市场经济原则，在追求支农效应的同时，注重金融资源的增值。政策性金融以国家财政补偿、国债金融、中央银行农业再贷款等形式为其信贷资金的主要途径，通过政策性支持形成对农业的金融支持。正规金融发展历史比较悠久，风险控制、运行机制比较规范；非正规金融的发展历史比较短，风险控制、运行机制等合规性比较差，但又是农村金融体系中非常重要的支农力量。因此，为保证金融支农作用的可持续性和高效性，金融体系在构建和完善时，必须协调上述各类不同性质的金融机构，实现金融支农作用的更好发挥。

最后，协调好金融创新与金融监管的关系。农村正规金融机构在农村的业务比较单一，运作时间比较长，风险管理制度相对比较健全。因此，农村金融监管的重点是非正规金融机构及金融创新的问题。对农村中小民营金融机构的设置应建立审批责任制和数量控制制度，形成有序的竞争格局，防范过度竞争带来的风险；建立农户融资中的抵押品创新制度，发展抵押品的多种替代形式，促进农村抵押市场的多样化；鼓励金融机构开发面向农户的金融产品，如贸易信用、生产设备融资、远期合约、农产品期货等；加强对小额信贷公司等民间金融的引导和监管，使各种金融创新举措更好地为"三农"服务。

3. 农村金融体系构建的外部环境

农村金融体系构建是一个复杂的系统工程，不仅涉及金融领域内部，还涉及农村金融运行的外部环境问题，并且建设良好的农村金融运行环境本身也是一项系统工程，既涉及法律、政策、制度等宏观层面的内容，又涉及建立银企、银户关系等微观层面的内容。构建农村金融支持体系的外部环境具体涉及制度、法规、秩序、政策环境等主要方面，其中中央和地方政府必须积极主动，发挥主导作用。

3.1　农村金融政策环境

农业的弱质性特点决定了农村政策环境对农村金融体系建设意义重大。农村政策环境建设涉及很多方面，最主要、最直接的是相应的财政政策和货币政策，与农村金融市场相适应的财政政策和货币政策，以及二者相互配合、相互协调，才能促使农村金融体系逐步完善。

（1）财政支农政策通过金融手段实现。

财政支农政策通过金融手段实现的含义是，国家把财政对"三农"的补贴和保护政策更多地通过对农村金融的扶持和补贴来实现，从而降低农村金融服务的价格，对冲农村金融机构的风险，引导相应的金融机构为"三农"服务，改善农村金融的融资环境，增强农村金融抵御风险的能力和信用创造功能，发挥对社会资源的优化配置作用，并把对金融的补贴以激励金融机构降低利率、改善贷款条件、扩大贷款范围等方式，传导给需要扶持农业和农村经济的部门，达到提高农村经济发展效率的目的。

一般来说，财政支农补贴政策有两种方式：直接补偿与间接补偿。直接补偿是指通过投资、资金配套、直接补助、奖励、减免税负等一系列方式，把资金补贴投入靠农村自身难以解决或单靠市场调节难以解决的重点项目和关键领域，发挥政策的导向性作用，积极引导社会资金投资方向，促进农民增加农业投入。由于直接补偿侧重解决社会公平问题，需要大量财政资金，故其前提是财政实力雄厚。间接补偿是指以金融为中介，把财政优惠政策传递给农业和农村经济部门。间接补偿利用金融渠道把财政补贴资金间接注入农村经济的好处在于，把财政资金和金融资金结合起来，优势互补，既发挥了财政资金对农业的补偿作用，又发挥了金融机构的信贷扩张作用，特别是利用财政对金融的支持，克服农业金融的竞争劣势，发挥市场的导向作用，能够有效地解决现阶段农业投入不足的问题。就目前重庆市农村现状来看，财政间接补偿效果会更优，间接补偿能够利用财政税收杠杆的作用带来数倍于财政资金的注入，并以较少的财政资金支出引导数倍的农村贷款的投入。

现阶段重庆市农村金融的主要问题是信贷资金供给不足，要解决这一问题政府可以通过财政对金融的政策补偿提高金融机构的信用创造能力，刺激其对"三农"的投资意愿，从而取得比财政对"三农"直接补偿更多的经济效益，改善农村金融的运行环境。

从目前重庆市农村金融发展状况来看，政府可以采取如下措施来改善农村金融的外部环境。第一，税收优惠政策。由于目前农村金融信贷风险高，银行从事农村金融业务相对成本较高，为鼓励金融机构加大农村信贷，政府可以通过税收杠杆，降低或者豁免农村金融机构的所得税和各种税收附加，来提高农村金融机构的信用创造能力，鼓励其加大对"三农"的信贷投入。第二，贷款利率补贴政策。对于政策优先扶持的项目，可以采取财政对银行向特定对象贷款进行利息补贴的形式，把财政优惠传递给借款人，借款人是受益者。财政资金对特殊贷款进行利率补贴，目的是发挥财政政策的调节作用，引导银行资金向农村流动，贷款向农业产业和农村相关产业倾斜，弥补市场自发调节的不足。第三，由财政出资建立农贷资金合理的补偿机制。农业的弱质性，农业受自然约束的特点，以及重庆市农业生产力水平低，没有形成规模经济等特点，导致农业的抗风险能力差，投入的资金不能较快地形成投资收益，投资主体投入的积极性不高。但提高农业整体发展水平，增加对农业的投入十分必要。为此，政府需要建立支农贷款项目财政配套机制、农业贷款的保障机制和农村金融的利益补偿机制，调动投资主体的积极性，吸引更多的金融机构投资农业产业。

（2）农村金融的货币政策支持。

农村金融的货币政策支持主要指中央银行通过再贷款、再贴现、利率、存款准备金、窗口指导等多种货币政策工具对农村金融给予必要的支持。在目前金融机构普遍对农业信贷积极性不高的情况下，人民银行可以对支农再贷款实行灵活的利率政策、较低的存款准备金政策，鼓励和引导金融机构更好地为"三农"服务。

在再贷款方面，中央银行不仅要逐年增加支农再贷款总量，而且要优化再贷款的结构，提高再贷款的使用效率。同时，中央银行可以根据情况，发动低成本的专项再贷款，支持农业基本建设和科学研究。

在利率方面，中央银行要充分考虑商业银行从事农业信贷要承担高风险的特点，建立适当的利率补偿机制，加快利率市场化改革步伐，使商业性金融机构回归农村市场。

在存款准备金制度方面，中央银行可以实行差别存款准备金制度，为了促进农村信用社增加贷款的发放，适当减少在人民银行的存款资金，采取与商业银行有区别的存款准备金政策，适当降低存款准备金。

在信贷方面，中央银行可试行适当的信贷倾斜政策。信贷政策属于选择性的货币政策工具，能够影响商业银行资金运用的方向。为了调动商业银行农业信贷供给的积极性，中央银行可以采取相对灵活的信贷倾斜政策。

中央银行要充分发挥信贷窗口指导作用，针对欠发达地区农村资金外流严重的情况，中央银行应指导和督促各级金融机构增加该地区的信贷投入总量。同时，对信贷过分集中于某一产业的情况，应给予适当的警示，防止冲动放贷对农村产业发展的冲击。

3.2 建立健全的农村信用担保体系

目前重庆市农村信贷供给不足的原因，除了农业的弱质性等特点以外，还有一个重要的原因是农业贷款担保问题。重庆市农村整体发展水平比较低，农业信贷需求方无力提供相应的抵押担保，进一步制约了农业的发展。因此，多年来农业发展在金融需求方面存在一个悖论：农业发展需要信贷支持，但因为其无力提供担保使信贷需求得不到满足，制约了农业的发展，农业发展水平低，更无力提供相应的担保。很显然，这个悖论靠"三农"本身无法解决，只能依靠外力。这就需要相应的政策支持以建立相应的信用担保体系，解决农村信贷担保问题，使"三农"发展进入良性循环的轨道。建立健全农村信用担保体系，既可以为农户和农村中小企业进行信用担保，又能使农村金融机构更好地为"三农"提供金融服务。因此，加快构建农村信用担保体系对农村金融体系的构建和完善至关重要。

（1）农村信用担保模式。

改革开放以来，为解决"三农"问题，有关各方对农村信用担保模式进行了许多有益的探索和尝试，如推广农户小额信用贷款和农户联保贷款，由担保机构为农户提供保证贷款等，取得了较好的效果。然而，由于目前农村信用担保机制设计与农村经济实际条件之间不匹配，因此现行制度安排对缓解"三农"贷款难的问题效果不显著。为从根本上解决农村信贷供需矛盾，政府要从制度上做出适当的安排。目前可供选择的担保模式有以下几种。

一是政府组建、政策性运作模式。此类担保机构由政府财政拨款组建，采取政策性方式运作，附属于政府相关职能部门。该模式的优点是可以通过政府行政力量的干预迅速组建农村信用担保组织并较快地投入运作，充分体现政府意志；不足之处是容易产生不恰当的行政干预，排斥市场机制的作用。实践可知，采用这种模式可能会产生以下后果：①易导致以服务为宗旨的农村信贷担保机构在实际运作中偏向于行政化，脱离农村实际需要；②完全以政府信用做担保不仅会加强农户或农村小企业主恶意逃债的动机，还可能导致金融机构放松贷款的事后监督，反而使贷款风险增加；③经营不当可能形成呆坏账，成为政府财政负担。

二是政府组建、市场化运作模式。这种模式是以政府出资为主，民间筹资为辅组建的担保机构，具有独立法人资格，按商业化运作，按照保本微利的原则经营，突出为当地农业和农村经济发展服务的目的。该模式与第一种模式相比，既可缓解政府财政压力，又能体现政府的支持作用。同时引入外部民间资本，还可以增强农村担保机构运作的透明度，提高运行效率。该模式能否健康运行，取决于政府的行为是否规范，政府部门不仅不能过度干预担保机构的运营，而且还需要具备有效的激励和约束机制，以解决经营中的多重委托—代理关系问题。

三是社会化组建，商业化运作模式。该模式以农村中小企业主、个体工商户和较富裕的农民为主要出资方，以市场化手段组建担保机构，具有独立法人地位，产权清晰，权责明确，采取商业化运作方式，以营利为目的。该模式完全市场化运作，更容易提高农村金融市场化效率，但在农业产业弱质特征明显、农村中小企业利润率不高且生命周期短暂的条件下，外部风险高且资金回报率低使为"三农"服务的担保机构难以吸引投资者参与。因此，这种商业化运行、效率高的担保模式还难以在目前的农村信贷融资市场大范围推广。

四是互助合作型运作模式。这种模式是由农户或农村中小企业为解决自身贷款难的问题而联合成立的互助性担保机构。该模式以向组织成员提供服务为目标，追求社区或社会效益，参与者大多是难以获得商业性、政策性担保服务的金融弱势者。其制度优势在于：①提供担保者可以凭借血缘、地缘关系掌握担保申请者还款的可信程度和还款能力的变动情况，并可以凭借社区威慑力敦促申请人履行到期还款义务，在某种程度上缓解了农村信贷市场信息不对称问题，降低了贷款风险；②互助合作担保组织的引入使社会交换博弈的参与者转变为担保人和农户，对农户而言，拖欠不仅意味着失去再次贷款机会，更意味着失去在社区的声誉，对担保人而言，拒绝对符合条件的农户提供担保就会遭到社区排斥，参与双方都有充分的动机来遵守合作规范，增加社区的集体福利。

（2）农村信贷担保模式选择。

比较而言，在上述四种可供选择的信贷担保模式中，政府组建、市场化运行模式和互助合作型运作模式与目前农村金融市场状况较吻合，更具有推广价值。因为建立政府组建、市场化运作的信贷担保机构，符合目前重庆市农业产业发展水平和农业风险特点，能够满足农户和农村中小企业贷款担保的需求，是具有中国特色的政策性农村信用担保机构，是农业支持保护体系的一个组成部分和保障补充手段。

互助合作型运作模式的农村互助担保是由农户和农村中小企业自愿组成的互助担保组织，在农户和中小企业申请贷款时予以共同担保。互助担保满足了需要生产经营资金较多却又缺乏担保品和担保机构为其担保的农户和农村中小企业的贷款需求，对于促进农村产业结构调整、提高资金使用效率、提高农民素质、启动新的农村合作机制发挥了重要作用。因此，根据当前农村经济现实和农村金融交易特征，政府应采取相应措施建立适宜于农村金融交易的农村信贷担保机构。当然，随着农村经济发展水平的提高，上述模式也会得到不断改进和创新。

3.3 加强农村信用环境建设

信用是金融发展的生命之源。重庆市经济向市场经济转轨的过程中，信用交易的规模不断扩大，信用已成为现代市场交易的一个必备要素。但是，农村金融市场面临的信用环境并不乐观。笔者对重庆市农村信贷市场的状况进行调查发现，贷款者信用缺失状况非常严重，贷款者守信意识基本没有建立起来，信用意识缺失是银行农村信贷呆坏账形成的主要原因之一，其他相对落后的农村地区信用缺失的状况更加严重。因此，必须加强农村信用制度建设，建立守信激励机制和失信惩罚机制，把创建农村信用工程作为完善农村金融体系的重要工作，努力营造良好的农村信用环境。

（1）广泛开展农村信用记录制度，树立良好的信用意识。

结合农村信用社推广农户小额信用贷款，大力开展以创建信用户、信用村、信用乡（镇）为主要内容的"农村信用工程"活动，个人、企业的信用状况都要建立信用记录，逐步在信用社和农户之间架起诚信桥梁；信用户、信用村和信用乡（镇）的农户在同等条件下，对其提供优先贷款、简便手续、优先服务等服务，带动更多的农户遵守信用；加强农村金融机构与工商、税收、公安等职能部门的协同合作，建立农村企业和农户信用信息库，有效整合信息资源、实现信用信息资源共享；完善对逃避银行债务和恶意欠息个人和企业的定期通报制度，使信用成为农村金融活动各参与主体的立身之本。

（2）培育信用中介组织，促进农村信用环境的改善。

积极培育各类社会信用中介服务机构，通过市场化竞争方式提供完善的信用信息服务，使农村金融生态环境中的信用中介主体到位。同时，规范中介机构行为，对蓄意出具虚假验资报告、资产评估报告及审计报告、质量认证等的中介机构，要严格依法追究责任。

（3）加大对失信行为的惩罚，提高失信者的违约成本。

要强化对各种逃债、赖债、废债、骗债、恶意欠息等失信行为的经济制裁力度，对债务人的违约行为制定更加严厉的赔偿和惩罚规则；同时，完善《中华人民共和国刑法》中与欺诈和非法侵占等恶意背信行为有关的规定，依法惩治此类犯罪，维护债权人的利益，增强法律的威慑力。

（4）完善农村金融保障机制，构建适合重庆市特点的农业保险体系。

农业的弱质性特点是农村金融风险的主要原因之一，要改善重庆市农村金融状况必须建立相应的保障机制，弱化农村金融风险。从国际经验和重庆市实际情况来看，重庆市目前主要应该推进农业保险体系建设。社会主义新农村建设的重大决策也指出，要尽快建立确保农村金融良性运行的社会保障体系，把农业保险、农村金融机构存款保险、农村金融法律保证和金融监管等纳入完善农村金融体系的总体规则，增强农村金融机构抵御风险能力，为"三农"发展撑起一把保护伞。现阶段农业保险体系建设主要应开展如下几个方面的工作：

一是加强农业政策性保险体系建设。农业保险是指被保险人在农业生产经营过程中，因遭受自然灾害或意外事故致使有生命的动物、植物发生死亡或损毁的经济损失，由保险人给予一定经济补偿的一种保险。从生产对象的角度，农业保险一般分为种植业保险和养殖业保险。农业保险是稳定农业生产、保障经营者利益的有力手段，它提高了农业经营者的收益保障程度，有利于提高农业和经营主体的经济地位，便于其获得贷款，引导农业金融资源的流入，促进农业生产扩大规模，提高集约化生产水平和降低资金融通成本。但是农业保险风险性高、回报率低，商业保险公司开展此类业务的意愿不强，尤其是重庆市现阶段农业集约化程度非常低，保险回报率不高，又缺乏必要的政策支持和法律、法规依据，保险风险更大。因此，自1982年中国人民保险公司试办农业保险以来，农业保险业务开展的情况并不理想，近几年，多数人保分公司都撤销了农业保险机构及业务，而农业保险的缺位，制约了金融机构开展农村信贷的积极性。为改善农村金融环境，强化农业保障制度，政府要发挥在农业保险体系建设中的主导作用，加快推进与农业保险相关的法律法规建设，实行农业保险业务的税收减免，强化农业保险的信贷支持，建立农业巨灾保险基金，从金融政策上支持农业保险体系的建立。

二是国家可以免去农业保险业务经营税，减免所得税，以降低保险公司开展农业保险业务的成本，激励保险公司开拓农业保险业务；在某些大型农业开发项目中推行与信贷相配套的农业保险，既发挥农业保险防范风险的作用，又降低银行的贷款风险，有利于激发金融机构开展农业信贷业务的积极性；建立财政主导的农业巨灾保险基金，各类农业保险经营主体，按照商业再保险原则向基金购买再保险，分散自身风险，同时，这类基金的建立也弱化了相应的信贷风险，有利于刺激信贷供给。

（4）完善农村金融法律体系和监管制度。

多年来，农村金融供求矛盾不能缓解，一个非常关键的问题是相应的法律体系不健全，相应的监管制度缺位，这种状况增加了金融机构开展"三农"业务的风险，使得一些金融机构不愿意开展"三农"业务，甚至收缩已有的"三农"业务。事实上，一些农业比较发达的国家，其相应的法律保障体系往往非常健全，如美国、日本等有完备的法律体系来规范农村金融机构的运作，使其运作有法可依、有章可循，避免因人为和行政因素干扰而产生的不确定性风险，以便使其更好地为农业发展服务。目前重庆市农村金融法律体系还不健全，专门针对指导支持新农村建设的金融机构的法律缺位严重。为解决农村金融供需矛盾，保障农业平稳快速发展，完善农村金融的法律法规体系和监管制度已经刻不容缓。

第一，进一步完善《中华人民共和国商业银行法》，尽快出台《政策性银行法》等法律法规。按照国家的规划，中国农业银行和中国农业发展银行作为两大支农政策性银行，已经成为农村金融体系的主要支撑，对新农村建设发挥着重要的作用。为保障上述两大银行更好、更稳定、可持续地开展支农业务，国家应该通过立法手段，进一步明确农村金融机构的法律地位、职能定位、业务范围等，用法律手段作为保证，新农村建设的各项金融支持才能真正落到实处。

第二，适应新农村建设的新情况，适时跟进立法工作。近年来社区金融、互助金融、民间金融等新的金融形式在农村相继出现且发展迅速，对农业、农村发展意义重大。这种现实需要促使国家尽快推出相应的法律法规，以保障和规范这种新型的金融形式，尽快出台与合作金融、社区金融、民间金融等相关的法律法规，使各种农村金融经营活动有法可依。

第三，尽快推出农业保险相关的法律，完善《中华人民共和国担保法》《中华人民共和国物权法》等法律，以法律形式确保新农村建设的资金投入。明确农村各类金融机构支持"三农"的职责，规定农业贷款占整个贷款的最低比例，并指令人民银行及相关监管部门定期对各个金融机构的农业贷款发放与金融服务的业绩情况进行监督考核。

总之，国家应采取各类手段，努力营造良好的农村金融运行环境以推动农村经济的发展。

第七章　重庆农村金融体系的完善与创新

1. 深化金融体系改革的目标与发展

1.1　重庆农村金融体系改革的目标

从根本上讲，难以满足当前农村经济发展所需资金是目前重庆市农村金融体系改革过程中的最大的矛盾和问题，着力打造完善的农村金融体系成为加快重庆市农村经济体制改革、提升支农金融服务水平的基础和前提条件。重构农村金融体系的改革目标就是要针对存在的问题和农村金融需求特点，构建能适应和满足重庆市农村多层次金融需求的，功能完备、分工合理、产权明晰、管理科学、监管有效、竞争适度、优势互补、持续发展的普惠性的农村金融体系。

这一改革目标可以具体化为以下三个方面。一是要打造多层次、广覆盖的现代农村金融体系。适应当前重庆市农村多元化的资金需求，构建包括政策性金融、商业性金融、合作性金融及其他新型农村金融组织在内的农村金融体系，各类金融组织之间功能互补，协调发展。二是要实现农村金融体系的可持续发展。加快农村金融机构的产权改革、鼓励多种形式的制度和金融产品创新、完善农村金融法律法规、强化金融监管以构建适度竞争、可持续发展的新型农村金融体系。三是要建立普惠性的农村金融体系。重庆市通过解决借贷的机会公平、融资渠道享有权的公平问题，构建普惠性的金融体系，使所有地区、所有人，不论贫穷还是富裕，可以平等地享受金融服务。

1.2　重庆农村金融体系创新的原则

农村金融的基本功能就是满足农村经济发展的信贷需求，这是深化农村金融制度改革最根本的出发点和目标。为了实现改革的目标，改革必须遵循五大原则：为"三农"服务原则、商业可持续发展原则、竞争适度原则、政策扶持原则和市场化原则。

1.2.1 新型农村金融体系必须坚持服务"三农"原则

我国作为一个历史悠久的农业大国，农业、农民、农村问题始终是关系我们国民经济能否持续、健康、稳定发展的根本性问题，而农村地区的全面发展离不开配套的金融服务。当前，重庆市农村金融的发展离农村经济发展的要求仍有较大差距，"三农"多层次的金融需求难以得到根本满足。今后的农村金融改革应该紧紧围绕服务"三农"这一宗旨，加快多层次、广覆盖的农村金融体系的建设，为农村经济的发展提供必需的信贷支持。

1.2.2 新型农村金融体系必须坚持商业可持续发展原则

要实现农村金融体系的可持续发展，仅仅依靠政策财政补贴和政策性金融业务支持是远远不够的。一方面，政府财力有限，补贴政策难以长期持续；另一方面，用行政手段压低利率，对商业性金融机构具有挤出效应，会减少农村金融市场的信贷供给。因此，健康的农村金融机构应该强调其商业化经营和财务的可持续性。农村金融机构要实现商业化经营，一定要坚持利率覆盖风险的原则。由于农业生产的特殊性质，农业贷款往往具有高风险的特征，其利率水平就应该等于甚至高于市场利率水平，以覆盖风险，而不应该人为压低涉农贷款利率，造成农村金融机构无法实现可持续发展，甚至还可能导致寻租行为，贷款被特权阶层获得，急需贷款的普通农民却得不到贷款。总之，重庆市农村金融发展的实践证明，单纯依靠压低利率、降低资金使用价格难以解决农村金融供不应求的问题，反而会导致农村金融机构涉农贷款规模的萎缩，只有实现了金融机构的商业可持续性，才能保障农民获得贷款的权利。

1.2.3 新型农村金融体系必须坚持竞争适度原则

农村信用社在当前重庆市农村金融市场处于垄断经营的地位，造成了金融供给的严重不足，但与此同时，由于农村经济的特点，充分竞争性的农村金融市场也不利于农村金融机构的持续发展，因此构建新型农村金融体系应遵循竞争适度原则。一方面，要完善农村金融市场的准入机制，在综合考虑当地经济发展程度、金融市场容量和金融机构可持续发展的基础上，适当降低金融市场准入门槛，吸引多种所有制的金融资本通过入股、重组、兼并等方式进入农村金融市场，建立多元化、适度竞争的农村金融体系；另一方面，在放宽准入条件的同时一定要进一步完善共存金融监管法规的制定，促进农村金融监管机构的建设。此外，坚持竞争适度原则还要健全市场突出机制。

1.2.4　新型农村金融体系必须坚持政策扶持原则

由于农业生产在国民经济中的基础地位及农村金融问题的复杂性和重要性，加上农村金融业务的高风险、高投入、低收益和长周期的特点，农村金融体系的重构离不开政府的扶持。同时这也是许多国家农村金融发展的成功经验，如美国联邦银行规定，凡农业贷款占贷款总额25%以上的商业银行，可以在税收方面享受优惠待遇；韩国政府为了提高互助金融的资金实力，允许互助金融业的储蓄利率比一般银行高1%~3%；日本对农村合作金融组织也是实行免税政策。在今后的改革中，我们应认真总结国内、国外的成功经验，在税收优惠、财政补贴，风险补偿、差别存款准备金率等方面改革相应的金融政策，支持农村金融体系的发展。

1.2.5　构建新型农村金融体系必须坚持市场化原则

当前，重庆市农村金融市场上出现的金融机构涉农贷款萎缩、农村资金大量外流等现象恰恰证明了我国的金融改革措施脱离了农村实际，反映出政府主导的强制性特点。在今后的改革中，不论是农村金融机构的产权改革还是组织形式的选择，都要坚持市场化的改革取向，全面考虑当前我国农村金融的实际需要，充分发挥农村金融市场主体的作用，构建适合农村经济发展现状的金融体系。

2. 进一步推进农村金融机构的改革与创新

缓解农村金融问题的根本还在于金融整体制度的改革与创新，只有使制度供给与农村金融需求相吻合，才能有效扩大农村金融供给。为此，首先要适应重庆市农村金融需求的特点，改革现有的农村金融机构，形成合理分工、功能互补的农村金融组织体系。

2.1　农村政策性金融制度创新

2.1.1　深化农村政策性金融改革的重要意义

农村政策性金融是在政府支持和鼓励下，以国家信用为基础，运用一些特殊的金融手段，按照国家法规限定的业务范围、经营对象等，以优惠性存贷利率为条件直接或间接贯彻、配合国家支持和保护农业、促进农业经济发展政策的一种特殊性金融活动。农业政策性金融是国家保护和扶持农业生产的重要金融工具，在重庆市新农村建设中发挥着重要的作用。第一，农业政策性金融机构是资金回流农村的引导器，保障了"三农"建设所需要资金。当前重庆市已经初步形成了包括政策性金融机构、商业性金融机构和合作性金融机构在内的农村金融体系，但这一体系仍存在明显的缺陷。一方面，农业银行已经基本撤离农村金融贷款市场，而邮政储蓄银行在农村也是只存不贷，从而使得大量农村资金流向城市；另一方面，处于垄断地位的农村信用社在备受争论的改革中蹒跚前进，难以担当支农重任，农村建设资金缺口巨大。农村政策性金融机构的资金主要依赖国家财政出资，由中国人民银行再贷款和发行金融债券等渠道筹集而来，基本上是"外源"资金，而不是来自农村的储蓄资金，这一特点决定了它比其他金融机构更具有有利于农村市场聚集资金的优势。第二，农村政策性金融是国家支农政策的重要执行机构。农业产业的弱质性和重要性决定了不能将其完全推向市场，需要政府运用各种政策手段加以扶持。相较于财政政策和金融政策，设立政策性金融机构来落实国家支农政策有利于缓解区域性、层次性和结构性的问题，更具有可操作性和灵活性，效果更加明显。因此，加大对农业信贷的投入，有利于增加低成本农业生产资金的供给，促进农村经济的发展。

　　2.1.2　国外农村政策性金融机构的运行机制及启发

　　利用政策性金融保护和扶持农业生产是世界各国通行的做法，如日本的农业政策性银行主要为从事农林渔业生产、加工、流通的个人和企业提供融资服务；农林渔业金融公库贷款的特点是期限长、利率低，其贷款期限平均是20年左右，再加上宽限期，最长期限可达到55年，而贷款的年利率为3.0%~7.9%，比一般的民间利率要低1%~5%；借款人在贷款期限内只付利息，到期还本，并采取固定利率，从贷出期和偿还期利率不变。而在竞争激烈的美国农业信贷市场上，合作社性质的农业贷款体系和政府信贷机构所占份额几乎达到1/2，其中于1946年成立的农民家计局主要为全美各地新的农民及低收入农民家庭建立和维持农场提供资金支持。而发展中国家如印度、巴西等，也建立了农业农村开发银行、发展银行等农村政策性金融机构，在扶持农村经济发展方面发挥了积极作用。从整体来看，国外农村政策性金融机构的运行机制有以下特点可供重庆市农村政策性金融改革借鉴。

　　（1）多元化的资金来源渠道。拥有发达农村金融市场的国家，其政策性金融资金来源渠道十分广泛，主要包括财政拨款、发行债券、中央银行贷款、发行股票、吸收存款及国外借款。如日本的农林渔业金融公库的资金来源除了自有资金以外，既包括一般会计和产业历年所拨入的预算资金，也包括从资金运用部、简易人寿保险及邮政年金等处的借入资金；而法国的农业信贷银行作为一个上市公司，其资金既可以来源于吸收存款，也可以通过资本市场募集资金。而我国的农业发展银行的资金来源主要来源于中央银行的再贷款，占其全部资金来源的90%以上，资金来源渠道狭窄、筹资能力差。

（2）支农作用明显。国外农村政策性金融机构的宗旨就是要保护农业发展，如前面所提到的日本的农林渔业金融公库主要是为从事农林渔业生产、加工、流通的个人和企业提供融资服务；韩国的农业协同组合中央会主要是向会员提供低于商业性贷款利率的农业生产所需资金；而印度和泰国的农村政策性金融机构还承担引导农村资金回流的重要责任，两国对各银行机构的用以支持农村和农业的信贷资金都有严格规定，商业性金融机构支农资金如果达不到一定比例，就必须将差额部分转存到农业政策性金融机构，由其用于农业生产和农村地区。

（3）发达完备的法律体系是农村政策性金融顺利运行的重要保障。美、日、法、韩等农村金融较为发达的国家都普遍建立了完善的农村政策性金融相关法律体系，如美国1916年的《联邦农业信贷法》、1923年的《中间信贷法》、1933年的《农业信贷法》，日本的《农林渔业金融公库法》和《农业基本法》等。

（4）国外农村政策性金融大多建立了现代银行制度。如法国农业信贷银行就具有完善的公司治理结构，实现了指导与监督职能同经营和管理职能的分离，前者由董事会主席行使，后者由首席执行官行使。2002年，该银行建立了审计和风险委员会及补偿委员会，进一步完善了公司治理结构。

（5）重视农村政策性金融与其他金融机构的优势互补作用，实现整个农村金融体系的多元化、协调发展。如美国在全美12个农业信贷区，都有一个由联邦土地银行、联邦中期信贷银行和合作银行组成的互助合作性质的农业信贷机构，还有由美国农业部直属的农民家计局、商品信贷公司和农业电气化管理局组成的政府农业信贷机构。它们既充分发挥了政策性金融在农村金融体系中的政府支农调控的先导作用，又合理利用了商业性金融、合作金融在技术、网点、人才等方面的优势。

（6）建立完善的农业保险制度，将农业保险作为金融政策性支农的一个重要举措。为了防止农业生产的大起大落，成立政策性的农业保险公司，提高农户抵抗自然、市场风险的能力。以美国为例，美国自1938年颁布《联邦农作物保险法》以来，其农作物保险经历了试办、加速发展、政府出政策并与私营保险公司混合经营、政府出政策并完全由私营公司经营和代理四个阶段，构成了美国合作金融体系稳定发展的重要条件。

2.1.3 深化农村政策性金融机构改革的政策建议

农业发展银行作为唯一的农业政策性银行，为了实现其政策性金融由当前单纯支持粮食流通向综合性职能转变，使其成为既能支持农村基础设施建设、改善农业生产条件，又可以进一步扩大政策性贷款覆盖面，向农业项目提供中长期贷款，满足农产品加工企业固定资产投资需要的政策性金融机构，需要从以下三个方面着手：

（1）拓宽融资渠道，完善筹资制度。为了履行综合性的政策性金融支农职能，农村政策性金融机构需要有多元化、稳定的资金来源渠道，当前中央银行再贷款的资金融通方式难以满足政策性金融机构的资金要求，因此，必须积极开拓新的融资方式，拓宽资金来源渠道。一是继续增加财政资金投入，政策性金融机构因为其政策性支农的性质理应成为这笔资金的营运主体。二是在增加财政支农投入的同时，应该加快建立财政补偿机制，加大财政的支农力度。为此要不断完善政策性业务利差补贴制度，通过财政对农村政策性机构等筹资成本高于投资收益的差额给予补贴，并监督、检查贴息资金的落实状况，以减轻当前农业发展银行的负担，实现农业发展银行的财务可持续性；此外，还应该加快建立财政资金有偿借款制度，对具有一定市场竞争性但又不能完全由市场决定的项目，如农业产业化经营、重点项目建设、区域经济开发等，通过有偿方式将条件相对优惠的财政资金借给农业政策性银行使用，解决财政资金的有限性对支农投入产生的限制问题。三是积极运用金融债券等筹资方式，通过金融市场面向社会公众发行政策性金融债券筹集资金。这种筹资方式仍然离不开政府的支持，首先需要信用的担保，其次要完善金融债券市场、加快金融产品创新，最后还要加强金融监管，将风险降到最低。四是参照国外经验，探索新的融资渠道。如邮政储蓄在国外往往被纳入农村政策性金融体系，作为政策性金融机构的稳定资金来源，特别是由于近几年邮政储蓄银行只存不贷，储蓄存款余额增长较快，为其作为稳定的资金来源创造了条件。五是扩大境外筹资，以政府信用为担保，吸引国外政府和一些国际经济组织（如世界银行、IMF等）的长期、低息贷款和无息扶贫资金。

（2）完善农村政策性金融机构的组织管理制度和体系。首先要明确农业发展银行的职能定位，理顺其与商业性金融机构的关系。农业发展银行作为我国唯一的政策性金融机构，不是一个简单的农产品收购机构，它必须承担起全面的政策性支农责任。当前除了继续支持国家粮棉油生产体系外，还应该积极拓展新的政策性业务，扩大政策性贷款覆盖面，如加大对农村基础设施建设的投入，进一步向农业项目提供中长期贷款，满足农产品加工企业固定资产的投资需要等。要明确政策性职能还应该理顺政策性金融与商业性金融的关系。当前重庆市农业发展银行也承担了部分政策性支农贷款业务，农业发展银行贷款余额仍高达4 000多亿元。而与此相对的是，农业发展银行也办理了部分具有商业银行性质的业务，政策性业务与商业性业务的竞争导致了政策性贷款"扶优限劣"问题突出。因此我们建议应引导农业发展银行全面退出商业性业务领域，并取消对其政策性业务的限制，充分发挥政策性金融和商业性金融的优势互补作用。其次，要进一步完善农业发展银行的组织体系，农业发展银行的工作重心应该在农村，应当改变当前以城市为核心的组织结构模式，将其机构下设到乡镇一级，并在村一级设立代理机构。再次，转变农业发展银行的经营管理体制，建立健全自我发展、自我约束的现代企业经营管理体制，通过改革农业发展银行的行政管理制度、人事聘用制度形成有效的激励约束机制；通过规范贷款管理制度，加强内部监控管理和稽核制度形成新型的经营管理机制；通过完善信贷风险管理制度建立健全风险监控机制。最后，建立健全农业发展银行绩效评价体系。政策性金融的考核体系应该综合考核效益性和政策性双重目标，前者应从财务数据和风险控制的角度考核其经营绩效，体现"保本微利"的经营目标，以实现财务的可持续性；后者则应从农业政策性金融机构执行国家经济政策的情况和对"三农"贡献的角度考核考评，验证其政策执行能力及效果，突出农业政策性金融的政策内涵。

（3）完善相关法律、法规，规范和约束农村政策性金融机构的运行。在目前相关的金融法中，除了中央银行法、商业银行法、保险法、证券法之外，几乎没有其他金融形式的法律，尤其是在政策性金融领域，立法更是一片空白，仅有银行章程。农业发展银行的经营管理缺少法律规范会引发一系列问题，如农业发展银行的法律地位、政府与农业发展银行及其他政策性金融机构与农发行的关系的界定、收购资金的妥善管理以防被挪用等。当前，应该尽快制定和出台《政策性银行法》《中国农业发展银行条例》等法律、法规，从法律高度规范农村政策性金融的融资方式、运营管理模式和风险控制机制等。

2.2 商业性金融制度创新

2.2.1 国外商业性金融机构运行机制及启示

国外农村金融组织体系主要以政策性金融和合作性金融为主，专门的农业商业银行所占比重很小，仅存在于法国（在法国的农村金融体系中，农业信贷银行既是政策性金融机构又是商业性金融机构，一行兼两职，两种职能合二为一）等少数几个国家，而各商业银行经营范围广泛，几乎都涉及农业领域，普遍办理农业贷款业务，在农村地区设立了分支机构，如美国近90%的商业银行都开展农业信贷业务。因此，分析、总结国外商业银行的运行机制及特点，借鉴其发展经验对重庆市农村商业性金融机构的改革有着重要的意义。

（1）注重产权制度改革。产权是指从一系列可选择的排他性行为中做出选择的权利，包括使用权、收入的独享权和转让权。明晰的产权安排能够有效地对企业的决策和管理产生激励和约束效应，提高企业资源配置和运行效率，因此，产权制度安排对商业金融机构改革意义重大。西方国家商业金融机构的产权安排有以下三个方面的特点：第一，股份制已经成为西方商业金融机构的基本组织制度。不论是国有独资银行还是国家控股银行，都采取股份有限公司或有限责任公司的形式。这种现代企业制度，既使所有股东进入企业，通过股东大会、董事会对经营者形成有效的监督，又使银行具有法人财产权，使银行在法人财产权的基础上能够自主经营、自负盈亏。第二，产权结构的多元化。西方国家股份制银行的产权结构具有多元化的特征，能够有效地避免一股独大所造成的内部人控制问题。如意大利为改变国有银行运行效率低下的问题，对国有银行产权制度进行了降低国家持股比例的改革。1991年意大利政府颁布号386/91号政令，包括国有商业银行在内的全资国有企业转变为股份制公司，国有商业银行51%的股本由国家持股，而其余49%以公募形式出售给民间企业和个人。第三，国有资本采取股权管理的形式。国家作为股东派其代表进入银行的股东大会，股东大会和董事会行使的权力也在于保护股东的收益，而不是为政府服务，更不会为政府的一些目标去干预银行的日常经营业务。政府管理股权的机构，或是财政内部国有资产专管机构，或者是经营国有资产的控股公司，他们的目标就是通过派股东代表和董事对银行经营者进行监督，从而保护其所有者权益。这种管理形式有效制约了政府对国有银行的干预，实现了政企分离。

（2）完善的法人治理结构。在产权多元化的基础上，西方股权制银行通过设立股东大会、董事会和监事会形成了制衡约束的内部治理结构。根据各国不同的金融发展水平，目前西方国家法人治理模式主要有两种。一种是英美模式，其最大特点就是所有权较为分散，股东不能有效地监控管理层的行为，形成所谓的"弱股东、强管理层"现象，主要依靠外部力量对管理层实施控制。另一种是德国模式，该模式的一个重要特点是"两会制"，"两会"即监事会和董事会，"两会"中包括股东、银行及职工代表，对管理层实行监控。其中，职工代表在两会中扮演重要角色。

（3）全面的风险管理体系。风险管理是商业性金融机构经营管理活动的核心之一，国外商业性金融机构都建立了严密的风险管理体系，其风险管理呈现以下特点。一是授信管理与授权管理相结合。如美英银行采用信贷审批与信贷发放相分离、企业授信额度管理和个人信用授权非集权决策。美英银行通过审贷分离和企业授信额度管理有效防范和控制信贷风险；通过个人信用授权和非集权决策，实现了贷款决策分散化，贷款审批效率得到了提高。二是实行惩戒和激励并重的风险管理机制。通过责任认定，对责任人给予惩戒，对依法操作、防范与化解风险得力的风险管理人员给予有效的激励，如美英银行采用的股票权和德日银行的事业型和物质型激励。惩戒和激励并重的风险管理机制，有利于实现风险管理和银行业务拓展的统一，使风险管理既有利于保证银行资产的安全性和有效性，又有利于促进银行业务的稳健经营与发展，防止产生"监管谬论"现象。三是实行事前引导和事后督导相结合的风险管理方法，并突出事前管理。

2.2.2　中国农业银行制度创新

中国农业银行与其他三家国有银行相比，不仅从事商业性金融活动，也承担着一部分农业政策性贷款业务，截至 2018 年年底，这一部分贷款业务余额仍高达 4 140 亿元左右。商业性业务与政策性业务的交织，不仅造成了农业银行的沉重负担，也加剧了其股份制改革和经营管理制度创新的难度，农业银行的改革任重而道远。在这样的背景下，农业银行今后的改革应该做好以下三个方面的工作。

（1）加快产权制度改革，建立现代化商业银行。我国的农业银行是国有独资银行，国家是银行资产的唯一产权归属主体，享有全部产权。但国家是一个结合性概念，是一个虚拟的非人格化主体，难以具体化，从而造成产权主体虚置，产权关系模式的权、责、利相互脱节，制约了农业银行转换经营机制、提高运行效率，加快股份制改革势在必行。

农业银行的股份制改革首先要关注股份结构的安排。在产权主体方面，应允许各种投资主体投资，农业银行通过计划，有步骤地吸收法人股、个人股和外资股，建立"国家、法人、个人、外资"多元化的股权结构。国有企业的性质再加上农业产业的重要性决定了在农业银行多元化的股权结构中国家应控股，在国家控股的前提下就存在由国家绝对控股（国有股权占股本 51% 以上）还是相对控股（国有股权占总股本的 50% 以下）的问题。2007 年中国农业银行武汉培训学院课题组在关于《农业银行股份制改革问题的研究》报告中指出，从提高效率、实现相对的权利制衡等方面看，采用相对控股更为有效，但是这种股权结构的安排忽视了目前经济发展阶段的特点，即我国仍处在经济的转轨时期，还未完全实现市场机制，特别是在金融领域，利率还没有实现市场化，金融混业经营的管理也还没有完全放开，这些特征必然会对国有商业银行的股权结构形成约束。考虑到这些特点，在农业银行股份制改革的初期，其股权结构应当采用国家绝对控股的方式。但是，这种国家绝对控股的方案并不是一成不变的，它会随着市场经济体制的逐步完善、金融竞争程度的加深而逐步向国家相对控股的股权结构转化。再者，农业银行股份制改革资金的来源问题也是制约其产权改革成败的关键。据估计，农业银行股份制改革的资金缺口近 1 万亿元人民币，这么大的资金缺口需要多元化的注资渠道，除了要积极开拓国内融资渠道外，还可以积极利用外资。从其他三家国有银行的改革历史看，中行牵手苏格兰皇家银行，工行与高盛、运通合作，建行与美洲银行达成共识，不仅解决了资金问题，还可以借鉴国外银行的经营管理经验。

（2）加快内部组织制度创新。农业银行要加快法人治理结构建设，完善内控机制。巴塞尔银行监管委员会于 1999 年 9 月发表了《健全银行的法人治理》报告，提出了衡量良好银行法人治理机制的标准：建立在全行得到沟通的战略目标和一整套企业价值；明确组织内各项职能部门的职责界限；确保董事会成员胜任称职，清楚了解其在法人治理机制中的作用，并不会受到管理层或外部因素的不适当影响，确保对高级管理层进行适当的监督；有效利用内部审计师和外部审计师的工作，并承认他们所起到的重要控制作用；确保补偿方式与银行的道德价值观、战略目标和控制环境相一致；增强法人治理机制的透明度。在这一标准的指导下，当前农业银行首先要加快制定股份公司的相关章程和规定，在此基础上，逐步完善内部管理结构，明确股东大会、董事会、监事会、经理层的管理职责及权利义务，并使其制度化、规范化，清晰界定权、责、利作为绩效考核和奖惩标准。

（3）建立健全风险防范监控机制。建立完善的风险监管机制，首先要设立独立的风险管理委员会，强化对信息风险、市场风险和操作风险的集中统一管理；加快和改善风险管理措施。现代商业银行风险管理机制包括七个方面：一是构建以风险管理委员会为核心、全方位、全过程的农业银行风险管理组织体系，努力实现风险管理从现实风险向潜在风险转变，从风险的事后处置向风险的前期控制转变，从风险资产的管理向资产风险的管理转变。总行应向一级分行、一级分行应向二级分行派出副行长级的风险管理控制官，协助被派出行行长管理风险；支行的会计财务部经理由二级分行委派和考核。总行应该按照区域设立直属设计分局，直接对一级分局进行审计，审计人员由总行直管，在二级分行建立审计支局，撤销二级分行驻县（市）支行稽核办。二是制定完善的、全方位的风险管理制度和风险管理流程，实现业务发展和风险管理同步。三是建立用人失误责任追究制度。四是制定风险管理违规处理办法，从严从重处罚违规的人和事。同时，如果检查人员在检查工作中该发现的问题未发现，该处罚的未处罚，该提出整改的未提出整改，也要制定处罚办法，以控制人情风险。五是一级分行和二级分行的内审机构要加强对本行整个风险管理流程的定期审核和检查，负责中高层及关键岗位人员的道德风险控制。六是加强风险管理信息系统建设，建立法人和自然人的资信等有关情况的综合数据库，以便风险管理人员对风险进行客观度量和银行决定能否给予贷款或开展其他业务，所有风险都均由风险管理部门进行分类管理和实际监测，以提高银行风险管理的效率。七是坚持依法合规经营和授权管理，在职责和分工明确的情况下保持业务、行政管理和风险功能之间的良好沟通和协调，切实把风险管理各项措施落到实处。八是要加快提高农业银行的风险管理技术水平和培养技术人才。当前金融市场，金融衍生品的不断发展使得金融市场的风险更加复杂化，农业银行应该借鉴国外经验，加强信息化建设和技术人才的培养，构建适应农业银行的风险管理技术模型，增强风险预测与监控能力。九是要实施监管达标计划，按监管部门的要求，商业性金融机构的核心资本充足率要在 4% 以上，资本充足率在 8% 以上；总资产回报率不低于 0.6%；净资产回报率不低于11%，不良贷款率不超过 5%；成本与收入的比率不超过 45%；拨备覆盖率不低于 60%。围绕这些指标，农行应尽快建立绩效考核体系，从源头控制金融风险。十是农业银行应规范会计准则，建立透明的信息披露制度。

2.2.3 邮政储蓄银行运行机制创新

邮政储蓄资金大部分来源于农村储蓄，邮政储蓄银行因其在农村金融市场只存不贷，被称为农村资金的"抽水机"，将资金转存于中央银行，分流了大量的农村资金，加剧了农村资金的供求矛盾。邮政储蓄银行之所以造成大量农村资金外流，除了因其正处于改革过程中，职能定位、产权改革、内部控制及人员素质等方面还有待进一步改进之外，涉农资金的投入渠道不畅也是其中的一个重要原因。如何进一步规范邮政储蓄银行的运行、加快引导邮政储蓄资金投向农村，成为当前农村金融体系建设中的一个重要问题。

（1）明确功能定位。邮政储蓄银行在农村和中小城市的网点优势十分明显，特别是在当前商业性金融机构纷纷撤离农村金融市场的情况下，邮政储蓄银行应该坚持支持当地经济发展，将其资金主要投向本社区。具体到县域及以下邮政储蓄银行，应依法规定其吸收存款用于投放当地的最低比例。合理确定这一最低比例，既要照顾到邮政储蓄银行自身经营利益，更要保证实现引导县及县以下吸收的邮政储蓄资金回流农村的目标。今后，邮政储蓄银行要进一步改善金融服务条件，扩充农村网点的建设，填补农村金融服务的空白。

（2）放宽对协议存款行的限制。协议存款初期，为了资金安全，协议存款行的要求非常严格，重点放在了四大国有商业银行，但这四大银行并不需要大量资金，当前最需要资金的是农村金融市场。邮政储蓄银行通过降低协议存款的门槛，应将资金交由农村信用社等机构投入农村金融市场，实现资金的回流，支持"三农"建设。在放宽协议存款限制的同时，邮政储蓄银行也要注重金融风险的防范，特别是考虑到金融市场上风险较高的特征，应注重加强邮政储蓄内部风险控制机制的改进。

2.3 构建新型农村合作性金融

农村金融合作组织，是指农村的农户、小商品生产者或企业，以股金或存款为资本，按照合作经营原则设立，主要为社员或入股者提供融资等服务的金融机构。农业生产者和小商品生产者生产规模小，企业融资的季节性、零散、数额小、频率高、时间急等特点，使其难以得到商业银行等正规金融机构贷款的支持，于是就出现了这种以缴纳股金或存款方式建立的互助、自助的信用金融机构。

2.3.1 合作金融机构是农村金融体系安排的一种基本选择

面对农村信用合作社功能的异化，业界对合作金融的争论愈加激烈，合作金融是否还有其他相应的制度需求？

首先，从西方国家信用合作社的发展史来看，信用合作社的产生主要不是源于单纯的融资需求，而是来自"在正规资金市场（如银行信贷、发行证券融资）上受到差别待遇的中小经济个体以利他（互助）换取利己（融资）"的现实可能性，其产生根源是降低交易成本、扩大交易机会的动机。从当前农村资金需求的特点来看，典型的小农生产模式决定了农户和农村企业所需贷款往往是小额性的及时需求，再加上农村生产的低收益率、高风险性特征，使得这种需求既难以满足正规金融的"高门槛"，又很难有足够的预期收益来支付民间借贷的高成本。而合作金融机构称为"弱势群体的银行"，其贷款对于会员来说，相当于自由资金，融资成本较低，这样既可以实现资金上的互助共济，也可以抗衡大型商业性金融机构的高门槛，合作金融在农村存在着巨大的发展空间。

其次，合作金融机构的运作模式符合农村经济发展现阶段的需要。从金融机构与农户的关系来看，商业银行与借款者之间是纯粹的借贷关系，而合作金融机构与其成员之间不仅是借贷关系，更重要的还是利益同享、风险共担、互利互助的合作关系，既较好地满足了农户的资金需求，又改变了原先那种"输血"式无偿的援助方式，在农户得到资金的同时也增强了自身的"造血"功能。

再次，合作金融机构有利于改善农村金融资源的配置，降低了交易成本。当前，包括邮政储蓄银行在内的各大商业银行对农村资金的"倒吸"，使大量资金由农村流向城市。据统计，当前商业银行吸收了18.4%的富裕农户存款，但只给4.5%的农户发放贷款，农村资金供求缺口不断加大。这主要是由农村商业性金融市场信息不对称、交易和监管成本高等问题造成的，而农村合作金融机构可以在其中发挥桥梁和纽带作用，通过合作组织的中介、担保和监督，降低商业性金融机构在农村市场的交易成本和风险预期，引导资金从城市回流农村。

最后，合作金融互助、合作的性质使它成为国家支农的主要方式。农业生产受自然状况影响大、风险高、效益低，国家每年都要发放支农资金和救灾款。农村合作金融机构遍布各个农村，对于乡村情况十分熟悉，是代理这部分资金的最佳选择。

当前重庆市农村金融体系不能全面满足农村经济发展的需求，在农村建设资金供求缺口逐年扩大的背景下，大力发展合作金融成为当务之急。现存的农村信用合作社要么仍旧保留合作之名，而行银行之实；要么重新定位，被塑造成真正的农村合作金融机构；要么彻底丢弃合作金融的外衣。而在实际运作中，农村信用合作社制度既得利益集团已经形成，其改革的路径依赖色彩日益明显，要想扭转农村信用社的发展方向十分困难。事实上重庆市农村信用合作社的改革已将原先强调的"恢复合作性质"和"支农"双重目标变为只强调在商业可持续前提下"支农"的务实态度，对"合作制"已不再关注。这已经证明了通过强制性的信用社制度改革来满足农村合作金融需求的可行性并不高，因此必须打破原有的农村金融体系，因地制宜地发展新型农村合作金融机构。

2.3.2 国外合作金融的发展经验

自1849年德国人雷发撰创办第一家合作金融机构以来，国外合作性金融已经有170年左右的发展历史，其中有许多成功的经验值得我们借鉴。

（1）完善的法律规范保障了农村合作金融的健康发展。是否有专门的法律法规及法律是否健全是决定一国合作性金融能否顺利发展的重要因素。当前在一些合作金融发展较为成熟的国家，均有完善的合作金融法规。如美国

1916 年在研究欧洲合作社信贷体系的基础上，通过了第一部《农业信贷法》，主要规定了在全国范围内成立 12 家合作性质的联邦土地银行，用于负责向符合条件的农民发放长期不动产抵押贷款。之后，该法经过了 1923 年、1933 年、1971 年、1987 年的修改，其体系更加完善。其间，联邦议会于 1922 年通过了《卡珀—沃尔期台德法案》，明确了合作社的法律地位，国会于 1926 年通过了《合作社销售法》。这一系列立法为美国构建了较为完善的合作金融法律体系，促使了其农村合作金融的发展。

（2）合作金融的健康发展离不开政府的扶持。合作金融是互助性金融，具有不同于商业金融的公共产品特征，其服务对象限于本社成员，信贷活动不具有竞争性，不以赢利为唯一和主要目的，带有扶弱功能，加之农业生产和农业贷款的高风险、低收益性，合作性金融的发展离不开政府的扶持和帮助。当前，国外政府主要用以下三种方式介入本国合作性金融的发展：第一，政府通过注资参加或者融资支持等方式从资金上给予支持；第二，政府制定各种优惠政策鼓励合作金融机构为农村提供资金；第三，由政府主导建立农村合作金融的风险保障机制。

（3）严密的风险防范体系和保险制度是合作性金融健康运行的保障。风险是影响金融机构能否持续发展的重要因素，农村合作性金融作为互助性的金融机构具有帮扶功能，其所贷涉农款项利率较低，却面临着较高的自然风险和市场风险。加之合作性金融机构业务范围较为狭窄，业务量较小，风险控制能力和风险抗御能力比商业银行更弱，建立风险控制体系和各种保险制度成为许多地区防止农村金融危机发生的重要手段。

2.3.3 关于农村资金互助合作社的初步分析及启示

2006 年 12 月，银监会向社会宣布调整放宽农村地区银行机构准入政策，允许在农村设立新型金融机构，农村资金互助合作社便是其中之一。农村资金互助合作社是由乡（镇）、行政村农民和农村小企业自愿入股组成，为社员提供存款、贷款、结算等业务的社区互助性银行业金融机构。

与农村信用合作社相比，农村资金互助社是建立在合作制原则上的真正的合作金融机构，它以投入股本的农民为社员，实行社员民主管理，以服务社员为宗旨，谋求社员共同利益，遵循"进退自由、一人一票、盈余往返"等合作制基本原则，符合当前农村经济发展阶段的需求。因此资金互助社成立以来，其在满足农村小额、及时、多元化贷款需求方面发挥了一定作用。但在实际运行中，一些互助社也面临着吸收存款难、内部管理混乱、合作性减弱、内部人控制及外部环境制约发展等问题。究其原因，首先在于资金互助社的业务定位有问题。作为合作金融机构的互助社，其应是成员之间资金调节的组织，如果允许其吸收存款，就会带来过大的金融风险，重蹈农信社和合作基金会的覆辙。其次，在相对落后的农村地区，"注册门槛"仍然过高，限制了贫困地区农村互助社的成立，也抑制了互助社服务于弱势群体的功能。再次，缺乏相应的立法保障和金融监管。最后，政府扶持功能的定位模糊，互助社暂行管理条例中没有写明政府应在哪些方面给予扶持，使得互助社处于一种自生自灭的状态，其发展前景令人担忧。

因此，资金互助社在今后的发展中还需要进行不断的改革与完善，但不可否认，资金互助社的建立标志着农村合作金融的发展进入到一个新的历史时期，今后农村合作金融的发展应从中吸取经验和教训。

2.3.4 新型合作金融机构的发展对策

（1）新型合作金融机构应遵循的发展原则。首先，要坚持互助合作原则。合作金融机构是经济上的弱势群体按照自愿、互利原则所组成的金融互助组织，是弱势群体的银行，其信贷活动不具有竞争性，不以赢利为唯一和主要目的。因此，包括资金互助社在内的新型农村合作金融机构应该立足于"三农"，实现自愿入社成员之间资金的互助共济。其次，要坚持适度规模原则，适度规模原则要设置合作金融的合理边界，以防止合作范围过大而造成的规模不经济以及搭便车现象。当前农村以行政村为单位的管理模式决定了合作金融最合理的边界是村，有利于充分利用村民之间的信任和信息对称发挥社会舆论的监督作用。此外，还要坚持因地制宜、多元化发展的原则。农村经济发展水平差异很大，在发展新型农村合作金融时不能搞"一刀切"，应朝多样化模式发展。经济发展水平较高的地区，其资金有效需求能力较强、信贷市场发育较为成熟，对合作金融的需求并不强烈，可以考虑将原有的合作金融机构通过商业银行参股等形式向商业性金融机构转变；而在经济较为落后的农村地区，则应结合当地生产的特点，发展各种形式的资金互助借贷机构、互助担保等合作金融形式。

（2）完善农村合作金融机构的内部组织管理。坚决贯彻"一人一票"、民主管理的原则，切实赋予入社成员参与民主管理的权利，完善其内部管理制度，杜绝内部人控制的产生。

（3）改善农村合作金融发展的外部环境。农村信用合作社发展的困境、资金互助社所面临的问题很大程度上源于相应法律和监管的缺失，而不全是发展模式本身的问题。因此，政府应结合实际情况尽快制定合作金融管理法规，用法律的形式规范合作金融的组织形式、发展模式，以及所享有的财政、金融优惠政策，使新型农村合作金融机构可以依法设立、有法可依。与此同时，由于新型农村合作金融机构规模较小，抗风险能力弱，政府应进一步加大对金融风险监管工作人、财、物的投入，加强监管力度。

（4）规范政府行为，理顺政府与农村合作金融机构的关系。一方面，要加大对农村合作金融机构的扶持力度，通过完善合理的税收优惠政策，以及采取由人民银行将其他金融机构寻找出路的资金以再贷款的形式直接拨付给农村合作金融机构等措施，扩大其资金来源，提高其资金运作水平；另一方面，要合理约束政府行为，减少其对农村合作金融机构的直接介入。

3. 积极发展新型农村金融机构

农村金融市场的金融需求具有特殊性，正规金融中大型商业机构在发展农村金融市场时，往往因为其业务的高风险、低抵押性而缺乏积极性，这种制约下的资金需求缺口给许多民间金融主体带来了生存空间，并在一定程度上刺激了非正规金融的发展壮大。结合国外经验和国内其他省市的实践，重庆市建立了一批针对农村金融需求特点的新型农村金融机构，调动了正规金融机构的竞争意识，规范了民间金融。

3.1 小额信贷组织

小额信贷通常指一种专门为部分贫困和低收入群体及小微企业创业者提供金融贷款的服务，它不仅是一种有效的扶持工具，而且是金融创新。小额信贷组织则是一种专门从事小额信贷业务的机构。

小额信贷开始于 20 世纪 70 年代孟加拉国学者穆罕默德·尤努斯教授的小额贷款尝试，他后来成立了专门从事小额信贷业务的孟加拉乡村银行——格莱珉银行（Grameen Bank），其特点是专为贫困群体，主要是农村贫困妇女提供贷款、保险等综合服务。这种小额信贷在国际范围内迅速发展，并且在亚非拉等许多发展中国家得到迅速推广。当前国际上主要有四类比较有影响力的小额信贷模式：村银行模式（Villagr Bank）、小组贷款模式（或孟加拉乡村银行模式，Grameen Bank）、个人贷款模式（Individual Model）和混合型模式。村银行模式是指小额信贷机构是以一个村的整体信用为支撑，在村范围内发放小额贷款。小组贷款模式指的是以小组联保的形式发放小额贷款。个人贷款模式指的是直接对自然人发放小额贷款。混合型模式是同时兼顾上述三种形式。

3.1.1　小额信贷的作用

农村小额信贷的设立使农民有了成本较低的融资渠道，满足了低收入群体和贫困农户的资金需求，同时也对不规范的民间金融交易行为或是高利贷等非法金融行为进行了有效遏制，有利于农村金融的稳定。

小额信贷符合小规模的农村家庭经济的发展要求，有利于农村和农业政策的实施，促进了农业的发展和农村的建设；同时小额信贷可以促进地方经济的发展，帮助农村剩余劳动力就业；有利于丰富农村金融市场供给主体，防止金融垄断，增强竞争意识，从而有利于提高农村金融运行效率和服务质量。当前，在西部地区许多乡镇只有一家银行业金融机构网点，甚至没有金融机构网点，小额信贷组织可以作为农村金融市场的有益补充，弥补西部某地区银行业金融机构的空白，为低收入贫困农户的脱贫做出贡献。

3.1.2　当前农村小额信贷的发展现状

1993 年，中国社会科学院农村发展研究所首先将孟加拉小额信贷模式引入我国，从 1996 年开始，小额信贷模式受到政府重视，进入以政府扶持为导向的发展阶段。随着小额信贷相关理论的不断深入研究和实践的发展，小额信贷的尝试效果逐渐明显。2005 年，国家确定在山西、四川、陕西、内蒙古、贵州五个省份建立商业性的小额信贷公司的试点。目前我国小额信贷主要分为三种：政府公开的小额信贷、非政府组织的小额信贷和金融机构自主创办的小额信贷。

尽管经过了十几年的发展，小额信贷组织仍处于探索期，特别是非政府小额信贷在重庆市的发展过程中仍然面临许多困难和问题。第一，小额信贷组织机构的法律地位仍然难以明确，缺乏法律保障。第二，小额信贷公司不能吸收存款，"只贷不存"的模式严重限制了小额信贷组织持续发展的空间。第三，贷款对象应主要以低收入人群和贫困人口为主体，但是小额扶持贷款对象容易产生错位，许多急需小额信贷资金的低收入人群有时很难得到贷款。第四，制度还不完善。目前非政府小额信贷组织基本上处于无监管状态，缺乏明确的监管机构和体制，小额信贷组织的监管至今仍为空白。

3.1.3　国外小额信贷组织的成功经验和启示

国外的小额信贷组织主要满足经济状况极度困难、急需生产发展资金的贫困农户群体的需要，不要求有正式的抵押品。如孟加拉国主要把妇女作为贷款对象，在这样的背景下，许多国外的小额信贷机构仍然得到了发展，其经验值得我们借鉴。

（1）良好的外部环境和政府支持是小额信贷组织获得发展的保障。金融行业关系着国家的经济安全，因此许多国家都对金融机构和金融活动实行严格管制。成功的小额贷款模式都有政府的支持，但以非政府组织和市场化运营为基础，政府可以应用经济手段加以调节，提供完善的法律保障，尽量避免用行政手段直接干预小额信贷。

（2）小额信贷组织是在自愿基础上建立的穷人互助组织，其贷款由小组担保。加强小组成员之间的监督，是提高资金利用率和还贷率的有效手段。

（3）利率标准市场化，即坚持小额信贷的市场运作。允许小额贷款机构根据成本等因素制定合理的利率水平，使其利息收入能够弥补其运营成本和呆账损失。

（4）对贫困群众进行投资和理财方面的指导，帮助弱势群体了解储蓄和积累发展资金，培养农户的储蓄习惯。同时对贷款农户提供资金使用和农业方面的技术指导，保证信贷资金的使用效率。

3.1.4 政策建议

（1）政府要营造良好的金融环境。国家要尽快出台相关的政策来肯定小额信贷机构的合法地位；加强社会信用制度建设，创建信用社区，为小额信贷的发放提供良好的社会环境。在重庆市设立小额信贷组织试点并进行推广，除了尽快制定出台规范和促进小额信贷组织发展的具体政策法规外，还应当由有关部门积极予以配合，出台相应的扶持措施，以鼓励和推动小额信贷组织的健康发展。

（2）加强金融创新，建立严格的监管机制。政府对小额信贷试点项目进行扶持，探索切实可行的金融监管方法；在小额信贷组织中引入竞争机制，提高信贷的经营效率；加强小额信贷机构之间的交流与合作，对机构内部人员进行培训，提高工作人员的能力和业务素质；建立小额信贷机构的内部监管体系，提高小额信贷机构的经营水平；同时根据小额信贷组织的经营记录，判断其是否能进行金融产品和服务创新，以及能否在区域范围内建立吸收存款的试点；如果可以，有利于拓宽融资渠道，保证其持续的发展空间。

（3）农村小额信贷组织发展与农业保险相结合，将大大降低贷款风险，并有利于保护农民权益。农业属于弱质产业，自然灾害是导致贷款拖欠的主要因素之一。政府应尽快建立农业保障制度，增强农民抵御风险的能力，有利于降低农村小额信贷组织的资金风险。随着社会主义新农村的建设，小额信贷资金将会被更多地用于农业发展，这就要求加快建立农业自然灾害政策性保险和商业性保险机制的步伐，以应对现代农业面临的自然灾害，增加小额信贷资金的回收率。

（4）将发展小额信贷与培育农村合作型社会化服务组织相结合。当前，农村社会化服务组织还很弱小，这是小规模的农户经营与市场经济相衔接时首先会遇到的问题。已经开始某种农业产品专业性生产的农户可以自愿联合起来形成民间合作服务组织，自主经营、自我服务、自我监督，形成农村社会化服务组织中最具有生命力的一种形式。发展小额贷款与农民自愿联合组织有很大的互补性，两者结合起来必将对发展农村经济产生积极作用。

（5）确保联保小组成员之间相互担保和监督。中央的"一号文件"提出加快"小组联保信贷"制度的发展。所谓小组联保信贷是指小额信贷联保小组内部成员在共同利益的基础上应该相互信任，在内部成员之间开展资金互助和技术互助。通过加强农民之间相互交流致富信息、技术、经验等，形成一人从事某个产业，其他人甚至全村人都从事这种产业，从而推动农村产业化发展，达到提高资金的利用率和还贷率，降低信贷资金风险的目的。

3.2 村镇银行

村镇银行是依据有关法律、法规的批准，由境内外金融机构、境内非金融机构企业法人和境内自然人出资，在农村地区设立的主要为当地农民、农业和农村经济发展提供金融服务的银行业金融机构。

3.2.1 村镇银行的作用

（1）村镇银行填补了农村金融供给的空白。村镇银行的建立被视为是解决现有农村地区银行业金融机构覆盖率低、金融供给不足、竞争不充分、金融服务缺位等"金融抑制"问题的创新之举，是切实为农村金融提供充分服务的具体行动。村镇银行向农民提供无担保的小额贷款，为社会主义新农村建设的发展提供资金保证，有利于提高农民收入，促进农村经济社会的和谐发展。

（2）村镇银行提升了农村金融市场的竞争力和效率。村镇银行的出现使农村金融市场的主体向多元化更迈进了一步，有利于不同金融机构之间展开竞争，进一步推进了农村金融体系效率的提高，有利于建立结构合理、覆盖全面、服务高效的现代农村金融体系。

3.2.2 当前村镇银行存在的问题

村镇银行是为了解决农村发展资金不足，提供农村金融服务而建立的，它的产生与发展必将对重庆市农村金融体系的完善起到积极的推动作用。然而村镇银行作为新生事物，在其发展过程中必然会遇到一些困难，特别是在成立之初还存在以下问题。

（1）筹集资金困难，吸收存款难度大。改革开放以来，虽然农村经济有了显著发展，农村居民的收入不断提高，闲置资金有所增加，但是相对城市居民来说，农村经济仍然落后，农民和乡镇企业闲置资金有限，客观上制约着村镇银行存款的增长。又因为长期以来老百姓对商业银行、政策性银行和农村信用社的信赖度和认同度较高，而村镇银行成立的时间短、规模小，其社会认知度不够，农村居民对其缺乏了解而更愿意把钱存入农村信用社或商业银行。同时，由于村镇银行网点少，居民的存款和取款非常不便，造成了村镇银行吸收储蓄困难，影响其可持续发展。

（2）准备不充分，相关的配套设施不健全。由于筹备时间短，许多相关的配套设施不健全。村镇银行成立之初缺乏中国人民银行总行核批的机构代码，致使村镇银行汇兑、结算业务无法正常办理，征信系统和大小额度的支付系统不能与中国人民银行正常联网，也无法办理银联卡等相关业务，同时，《村镇银行管理暂行规定》在涉及村镇银行会计科目如何设置、统计归属等问题方面也没有明确的规定。

（3）金融产品单一，创新性不足。村镇银行目前仅开办了储蓄存款业务、小额信用贷款业务、质押贷款业务和票据转贴现业务，这些业务基本上与当地的农村信用社业务重合，但由于规模较小，其贷款能力远远低于农村信用社。此外，当前村镇银行的资金投向主要是农村生产资金贷款，对需求量较大的养殖业贷款和住房等贷款业务，还有待进一步的开发。

（4）所面临的金融风险较高，金融监管到位难。一方面，农业作为弱质产业，受到自然灾害和市场风险影响较大，而且目前农业保险制度不完善，使得村镇银行的信贷资金存在严重的风险隐患，一旦发生自然灾害，借款人就可能不按时履行还款责任。再加上一些借款户信用意识薄弱、法律意识淡薄，欠账不还，签字不认，逃、废、赖账赖债之风在不同程度上存在，信贷资金安全面临很大挑战。相较于农业银行、农村信用社等农村金融机构，村镇银行内控和安防能力相对薄弱，应对农村市场错综复杂的形势的能力不够。另一方面，农村金融监管体系发展相对落后，由于对广大农村地区庞大复杂的金融体系进行监管面临信息不充分、监管资源不足等问题，目前监管部门难以对村镇银行实现有效的监管。再加上各地区村镇银行经营管理模式不同，进一步增加了其监管难度。金融监管机制的完善任重而道远。

（5）高素质专业人才缺乏。村镇银行作为一种新型的金融机构，在其发展过程中，需要许多具有专业技能和丰富执业经验的人才，村镇银行所需要的人才不仅需要熟悉金融业务，还要十分了解当地农村居民的情况。但是由于多数农村环境比较落后，工资水平较低，银行很难具备吸引高素质人才的优越条件。专业人才的缺乏制约了村镇银行业务的进一步扩展。

（6）资金投向容易错位。成立村镇银行的目的是解决农村金融供给不足的问题，但是由于村镇银行是自主经营、自担风险、自负盈亏、自我约束的独立企业法人，这就必然会把实现利润最大化作为自身最大的追求目标。在利益的驱使下，村镇银行的资金投向难以保证。村镇银行很有可能步农村商业银行的后尘，将资金投向利润更大的城市或其他的产业项目中，逐渐偏离服务"三农"和支持社会主义新农村建设的办行宗旨。

3.2.3　进一步发展村镇银行的政策建议

（1）拓宽筹资渠道，完善相关设施。村镇银行要争取多渠道筹集资金以解决吸收存款难的问题。当前可以考虑以下几种方式：一是加强与农村信用社和农业银行等金融机构的合作，以解决资金短缺问题；二是国家各有关部门应对照农村信用社的优惠政策，尽快出台对新型农村金融机构财政扶持、税收减免、农业贷款补贴利息等方面的优惠政策，降低新机构费用支出，提高其盈利和积累能力，支持其持续、健康、稳定发展；三是加大村镇银行的宣传重视，村镇银行要以良好的环境和优质的服务来赢得农民的认可，提高农村地区和农民对村镇银行的认知和信任；四是加强相关配套设施的完善，在搞好试点的基础上，相关部门需要加强对村镇银行运行中存在的问题的力度，对可能存在的问题进行充分论证，做好相关配套制度的建设工作；五是村镇银行在经营网点的设置上应以农村信用社网点分布少和服务力量薄弱的贫困边远农村地区为重点，这样有利于村镇银行的发展。

（2）加强金融产品和服务的创新。一方面把握当地农村的经济特征和现实情况，积极开发满足不同农户和农村企业需求的金融产品；另一方面要积极探索符合实际情况的贷款和服务方式，完善农村小额信贷和联保贷款制度。通过产品和服务创新，提升竞争力，村镇银行才能在与国有商业银行、农村信用社等金融机构的竞争中不断发展和壮大。

（3）加强金融环境监管，建立健全风险管理机制。依法加强对村镇银行的监管，有利于净化农村金融环境，维护农村金融秩序，确保农村金融业持续健康安全发展，进而支持新农村建设。可以适当降低村镇银行的市场准入条件，但是在资本充足率和存贷比等指标上要采取审慎经营原则，以降低运营不善带来的风险。对外资金融机构组建或参股的村镇银行，银监部门可以通过审慎监管促进其合规经营。同时要借鉴国外村镇银行成功的经营管理经验，确保村镇银行的资金投向，以保证农村金融体制改革和社会主义新农村建设的顺利进行。

（4）加快人才队伍的培养。加强培训与教育，尽快建立一支高素质的村镇银行人才队伍。人才是企业的灵魂，是经营成败的关键。首先要加强现有员工的岗位专业培训，培养出一批具备良好的专业技能，有高度责任感的高素质人才队伍；其次要培养熟悉本地农户和农村情况的当地人才，这样有利于村镇银行业务的开展和可持续发展；最后要加快金融专业人才引入步伐，可以考虑高薪引进懂得先进管理技术的高级金融管理人员，亦可以从当地金融机构精简的富余人员中吸纳从业经验丰富的管理和信贷人员。只有通过加强人才队伍建设，提升人才实力，才能实现村镇银行的稳健发展和金融业务的开拓创新。

（5）将风险防范和农业保险相结合。农民是弱势群体，农业是弱质产业，自然灾害对农业的影响非常大，在村镇银行的发展过程中必须注重风险的防范和控制。这需要加强村镇银行信贷政策的宣传，加强农村信用文化建设，营造良好的信用环境。同时在农村金融改革过程中，必须重视农业保险的作用，建立农村信贷的风险转移机制。

（6）在重庆市农村的部分地区和领域，金融服务重叠和服务空白的问题并存，这就要求农村金融机构要清晰边界、明确定位、完善功能，以实现错位经营，避免无序竞争和资源浪费。政策性金融应扩大业务范围，在农业开发等市场机制和商业性金融难以发挥作用的领域提供金融服务。商业性金融应该始终坚持支农方向不动摇，按照商业化原则不断增加对"三农"的信贷投入。合作性金融应把经营的重难点放在县级以下，履行好为农服务主力军的职责。在现有农村金融机构的基础上，还要大力发展各类微型农村金融机构。一些国家的实践表明，村镇银行、小额信贷公司等微型金融机构具有信息、地缘和灵活性的优势，在缓解农民和农村微小企业"贷款难"方面能够发挥重要的作用。重庆市应当放宽准入门槛，引导和鼓励更多有条件的金融机构到农村设立微型金融服务组织，使更多的农民与小企业获得便利的金融服务。

4. 构建适度竞争的农村金融市场体系

一个良好的金融系统能够较好地分散风险，使多个金融子市场互相结合并进行较充分的竞争，以达到信息流通的效果。目前，信贷金融市场是农村金融体系的主要子系统，保险、担保、期货等金融市场的发展相对滞后。然而，单一依靠信贷金融来构建重庆市农村金融体系既不可能也不会符合重庆市农村金融的基本情况。因此，进一步加大非信贷金融子系统的构建力度，创造一个适度竞争的农村金融体系十分必要。

4.1 农业保险市场

保险是指投保人向保险人支付一定的保险费，而保险人根据保险合同约定的投保责任和赔偿限额向发生保险事故的被保险人支付保险赔偿金、补偿金的行为。农业保险则是为农业生产者在从事种植业和养殖业的生产过程中，对遭受自然灾害和意外事故所造成的经济损失提供的一种保险。

4.1.1 农业保险的特征

作为一种商业保险，农业保险具有以下五个特征。第一，农业保险具有互助性。它将大量农户多年缴的保费（也包括部分政府补贴）形成的保险基金，用以补偿部分受灾农户的农业风险损失，体现了"人人为我，我为人人"的保险基本准则。第二，农业保险具有分散风险和转移风险，以及损失补偿的基本功能。第三，农业保险也具有防灾防损职能，而且更强于其他人身和财产保险。第四，农业保险也同样体现权利与义务的统一，即只有缴纳保费才能享受保险保障，而不像受灾补偿一样只有权利的单方面转移。第五，从法律上来看，农业保险是一种合同行为，双方根据合同履行权利义务关系。但由于农业产业的特殊性，相较于一般商业保险，农业保险还有一些自身的特点。一是农业保险是特殊的准公共品。农业保险在直接消费上具有完全排他的特性，即谁购买谁最终收益；但在经营环节上却不具有完全排他性，例如，保险公司为了降低某地区的风险损失会采取一定的防灾防损措施，这些措施在实施过程中，那些没有购买相应农业保险的农户也可以享受到同样的保护措施，存在着"搭便车"的现象。二是保险品种的多样化。由于各地区的气候、土壤等自然条件和当地的生产技术条件等千差万别，各地的农业生产具有明显的地域性差别，同时，各地会根据当地的实际节气状态，合理安排各个季节的农业生产，所以农业生产具有季节性。由于农业生产的地域性和季节性，相应的农业保险要根据实际的情况进行安排，这样农业保险就会呈现品种的多样化。三是农业保险的高风险性和高赔偿性。虽然现代科学技术已经取得了突飞猛进的发展，但农业生产对自然条件的依赖程度依然很高。即使是在自然条件优越、生产技术先进的国家，农业生产特别是农作物的生产同样频繁遭遇自然灾害的侵袭，这也就造成了农业保险经营的高风险性。农业风险的高发性也同时造成了农业保险的高赔付性。四是农业保险的对象十分分散。农业保险的对象涉及广袤的、分散的农村地区，而许多农业地区交通不便，特别是重庆市中西部山区的农村更加如此，分散的大量保险单位给农业保险经营和风险经营管理带来了极大的困难。

4.1.2 农业保险的作用

（1）农业保险具有经济保障的功能。在农业生产活动中，农作物由于生长周期比较长，自然依赖性强，会经常受到自然灾害的危害。一旦自然灾害发生，就会给农民的生活和生产带来极大的破坏，但是如果农民有了农业保险作为保障，他们的经济损失就有一定程度的补偿，可以帮助他们保障生活稳定和恢复农业生产。

（2）有利于农业资源的合理配置，促进农业产业结构的调整，实现国家农业发展的目标。农业保险作为国家的一项农业保护政策，同样可以起到经济杠杆作用，用以调整农业资源的配置。例如，加大对设施农业的保险补贴、取消对高污染的某养殖业的保险补贴并不再对该标的物给予保险资格，通过影响风险与成本达到优化资源配置的目的。

（3）有利于扶持本国农业生产，增强农产品的国际竞争力。农业保险作为 WTO 规则下各个国家经常利用的"绿箱"政策，能够间接地对农业进行财政补贴，而且能转移农业风险，促进农业产业化、国际化，进而增强农业的国际竞争力。

（4）由于有农业保险的保障，当灾害发生时农民可以先得到保险公司的赔偿，这样就减轻了灾后政府财政资金支出的压力。由于农业保险的相当一部分资金来源于农民缴纳的保费，所以农业保险在一定程度上是农民的经济互助关系，即积聚农民的社会资金以应付农业风险。这样政府每年的财政支农资金可以在大灾之年发挥作用，这样就有效地避免了农业保险资金的大起大落。

（5）有利于保障农业投资的安全，引导社会资金投入农业生产。有农业保险作保障，各金融市场主体可以放心地进行农业投入，扩大农业生产、提高农民的经济收入、改善农民的生活。

4.1.3 中国农业保险发展的现状及特点

我国农业保险的开办由来已久，新中国成立初期，为了恢复农业生产和巩固土地政策的成果，中国人民保险公司于 1950 年首先在北京郊区、山东高河试办牲畜保险，这时候的农业保险更多的是一种政策性安排。我国真正意义上的农业保险是从 1982 年开始的。其间，农业保险主要是由中国人民保险公司和中华联合保险公司（原新疆边团财产保险公司）经营。经过多年的发展，农业保险的总体规模、经营范围、业务种类都得到极大发展和壮大，在 1992 年达到顶峰，农业保险费用达到 8.71 亿元，之后又有所下降，但总体来说，农业保险的规模已经有了很大的提高。

由于多方面的原因，农业保险的发展规模还相对滞后于农业经济发展的需求，并且其保费收入增长缓慢，保险赔付居高不下，保险经营主体缺失，保险险种单一且覆盖面小。这些问题形成了农业保险经营所特有的特点：

（1）近几年，重庆市农业保费不断下降，增速减缓。在 1982 年农业保险正式起步时，农业保险收入为 23 万元，到了 2007 年，保费收入为 50 亿元，增长了 21 740 倍，平均年增长率为 47%，在一些个别的年份更高，如 1992 年的年增长率为 74%。但自 1992 年之后，农业保险进入衰退期，1992—1994 年的保费收入持续下降，减少了近 5.4 亿元，2010—2015 年，保费收入有所上升，但 2015 年之后再次转入减缓期，2010—2017 年，保费收入减少了 50% 左右。

（2）农业保险的自然需求旺盛，但农业保险的有效需求不足。我国是传统的农业大国，14 亿人口中有近 9 亿是农业人口，农业人口占总人口的 60%，有着巨大的农业保险费用群体。同时我国又是世界上自然灾害频发的国家，自然灾害给我国的农业生产造成了很大的损失。20 世纪 90 年代，我国农作物平均受灾面积达到 2.25 亿亩，成灾面积 1.29 亿亩，受灾人口 1.15 亿人，直接经济损失 1 115 亿元。根据统计资料，每年我国农业的受灾面积都占到全国耕地面积的 40% ~ 50%，其中成灾面积占全国耕地面积的比例基本维持在 20% ~ 30% 的水平。对于大部分依靠土地生存的农民而言，农业生产存在着非常大的经营风险。由于我国实行的是小规模的家庭联产承包责任制，广大农村特别是中国西部地区的农村地区多以小规模的种植和养殖为主，农民受传统农业风险自留观念的影响，对农业保险的预期收益不高，保险意识较差。同时近年来小规模的农业生产导致农村劳动力大量过剩，农民可以通过劳动力的流动来补偿农作物的损失，农业收入占农民收入的比重下降，间接降低了农业保险的需求。并且近年来，我国的农民收入一直增长缓慢，农民的支付水平也影响农业保险的有效需求。

（3）农业保险的有效供给短缺。农业保险经营模式主要是商业化经营模式，即政府请客，商业保险买单。目前市场上只有中国人民财产保险公司和中华联合财产保险公司开办农业保险，由于常年亏损，两家公司的农业保险业务急剧萎缩。中国人民保险公司在 1994 年向商业性保险公司转轨，由于农业保险的高赔付率，人保公司撤销了大部分的农业保险机构，目前人保公司只剩下"收获期农作物火灾保险"一种农业保险。随着商业保险逐步退出农民保险领域，加之政府对农业保险业务的扶持力度又不够，这就造成了农业保险的有效供给不足。

（4）农业保险的种类不断减少。1982 年恢复农业保险之初，人保财产公司仅仅试办了牲畜和生猪保险等险种。1993 年全国农业保险险种增加到了 60 多种，其中麦场火灾保险、棉花保险、烟叶保险等险种在全国大面积推广。种植业保险的承保面积达到 2 120 万公顷；承保水产养殖业面积 11.93 万公顷；养殖业保险承保耕牛 372 万头，生猪 427 万头，鸡鸭 4 931 万只。但随着农业保险规模的收缩，农业险种不断减少，目前仅有 30 多种。

4.1.4　国外农业保险发展模式

目前，世界各国都在探索适应本国农业生产发展的农业保险模式，比较成熟的模式有：美国以政府为主导的农业保险模式；日本政府支持下的合作互助模式；西班牙的民办公助模式；菲律宾的国家重点选择性扶持模式；墨西哥的以国有农业保险公司为主，商业农业保险为辅助的政府主导模式。在这几种成熟的模式中，美国和日本的模式比较具有代表性。

美、日农业保险具有一些共同特点。第一，完善的农业保险立法是农业保险体系顺利运行的保障。美国、日本在农业保险发展初期就颁布了专门的农业保险法，经过多年的实践检验和修改，形成了比较完善的体系，为保险的开办提供了法律保障。美国 1938 年颁布实施《联邦农作物保险法》，经过多年的改革和发展，到 1980 年该法正式全面推广，使美国农作物保险的业务规模不断扩大，保障水平和农民参与率不断提高，形成了一套比较完善和稳定的农业保险体系。日本从 1927 年开始研究农业保险问题，于 1929 年、1938 年分别颁布了《家畜保险法》和《农业保险法》，并在这两部法律合并、修订和补充的基础上，于 1947 年颁布了《农业灾害补偿法》。该法对农业保险的组织机构、政府职责、强制与自愿保险范围及费率制定、赔款计算、再保险做了明确的规定，之后又经过多次调整修订，使日本农业保险制度逐渐趋于完善。第二，两国农业保险中都有一定的强制保险。日本法律明确规定，将关系国计民生的稻、麦等粮食作物，春蚕及牛、马等列为法定保险范围，实施强制保险；对果树、园艺作物、旱田作物、家禽等实行自愿保险，但是促进农民保险的强制性条件，如保费补贴、农户信贷、生产调整和价格补贴都与是否参与保险相关联。第三，两国的农业保险体系都得到了政府的大力支持。一方面，政府对农业保险都进行了大量的财政补贴，2014 年，美国农业保险保费收入 41.9 亿美元，承保面积 2.21 亿英亩，赔偿责任金融 446.2 亿美元，其中政府对农业保险的财政补贴达到 24.8 亿美元。日本政府对投保人实行保险费率补贴，并且保险费率补贴比例依费率不同而高低有别，即费率越高，补贴越高。另一方面，两国政府都是农业保险再保险的最后提供者。美国政府通过联邦农作物保险公司向私营保险公司提供一定比例的再保险和超额损失再保险保障。日本则由府县的共济合作组织和中央政府的再保险特别会计处分别提供两级再保险。

美、日农业保险制度也有不同之处，最大差异在于农业保险的经营体系。美国实行的是私营保险公司经营原始保险，政府提供再保险。而日本农业保险的经营体系则是一种典型的三级模式，即"共济合作组织经营原始保险+共济协会提供一级再保险+政府提供二级再保险"。可见他们最大的不同是农业保险原始保险的经营组织不同：美国是商业保险公司经营，而日本由非营利性组织——共济合作组织经营。

4.1.5 发展农业保险的政策建议

农业农户分散经营、规模小，各地区的自然条件和经济发展水平有很大的不同，所以在构建农业保险体系时，我们不能简单地仿效美国、日本等发达国家，应该根据目前的实际情况设计农业保险体系。农业保险中存在着系统性风险、信息不对称等外部性问题，使得农业保险不能仅仅依靠私营保险来发展。美国著名保险学者哈泽尔把商业保险公司持续经营的条件界定为：$(A + I)/P < 1$。其中，A 为平均管理费用，I 为平均赔偿款支出，P 为平均保费收入，既保费收入大于赔款支出和管理费用之和，保险公司才会赢得利益，否则就会亏损。哈泽尔还对美国、日本、墨西哥、巴西、菲律宾等国家的 $(A + I)/P$ 比率进行了计算，结果分别为 2.43、2.61、3.64、4.78 和 5.75，说明农业保险的商业化净运营是普遍亏损的，单纯的商业化农业保险经营模式容易出现市场失灵。因此，政府主导、商业化经营的农业保险运营模式是当前农业保险的最佳选择。

目前的农业保险主要是由农业风险管理局、农业风险管理基金、农业保险合作社和商业保险公司组成，形成"保险合作社（商业性公司）经营原保险+政府机构（商业性公司）经营再保险"的经营模式。这种政府主导、商业化经营的运营模式包括以下四个方面。

（1）设立最高级别的管理机构——农业风险管理局。农业风险管理局是一个政府组织，它的具体职责是负责制定农业保险法规和政策；在农业保险发展初期负责全国性险种条款的制定和费率规定，为农业保险经营机构提供再保，初步审核农业保险经营机构开发的新险种；代表政府发放保险费补贴和经营管理费用补贴；掌握农业保险经营机构由税收优惠形成的超额赔付基金；在大灾之年对农业保险经营机构发放贷款；对农民进行农业保险知识的宣传等。

（2）选择农业保险原保险经营机构。农业保险可以由农业保险合作社或商业性保险公司经营。农业保险合作社是一种由农民自己经营、自己管理的股份农业保险。农民既是农业保险的经营人，又是农业保险的受益人，可以有效地避免道德风险和逆向选择。其经营形式主要有两种：一是地方政府、保险公司、乡镇企业集资入股，将其作为垫底资金，在此基础上组织农民参保；二是由农民自身按户集股作为垫底资金，组织农民参保。由于农业保险合作社的规模和资金有限，无法承担一些价值较大的保险标的，所以商业性保险也可以经营农险原险种。

（3）选择农业保险的再保险经营机构。农险再保险可由农业风险管理局和商业性保险公司共同经营。农业风险管理局一般不承担农业保险的原保险，只负责对农业保险合作社和商业性保险公司提供再保险。农业风险管理局用存在风险基金中的费用对农业保险机构进行再保险赔付。商业保险公司具有丰富的农业保险经营经验，技术和资金力量也相对雄厚，由其经营农业保险的再保险，学习成本低，而且还可以和农业保险合作社形成共同利益，提供技术援助。

（4）建立完善的农业保险法律体系。当前，《中华人民共和国保险法》并不适应农业保险的发展，我们应该借鉴美国、日本等国家的先进经验，加快推进农业保险法律体系的建立；明确政府在开展农业保险时应该发挥的作用，避免政府的缺位和过度参与；同时明确规范商业性农业保险的经营范围，规范商业性农业保险的发展。

4.2　农业保险担保市场

长期以来，农村经济主体的信贷需求难以得到满足是困扰政府管理部门和理论界的难点问题。虽然政府和理论界不懈努力，但该问题仍未得到解决。农业和农村经济发展面临的信贷约束，原因主要有两个方面：一是国家长期以来执行城市导向的信贷资源配置战略，一直忽视了农村金融的发展，使农村金融的发展不能和农村发展相适应；二是我国的市场经济体制发展还不充分，导致信用担保机制不健全，从而使金融供给与需求之间不能有效地对接。在农村经济领域，事前金融合约的达成既受到客观自然风险的影响，还受借贷双方非对称信息所导致的信用风险的制约。为了防止违约风险，信贷机构普遍要求借款人提供担保，但受产业特征、实际财产分布及法制环境等因素的影响，现有各种信用担保方式的要求与农村实际存在较大差距，难以满足融资双方的要求，使得农村信贷约束表现得更加明显。

4.2.1　当前农村金融信用担保体系存在的问题

当前农村金融信用担保体系在信用担保组织、经营运作方式和征信体系方面存在一些问题。第一，信用担保组织不健全。农村金融信用担保业务开展的时间还比较短，又没有现成的经验可以借鉴，所以还处于摸索阶段。农村信用社是我国农村金融的主导力量，也是开展农村信用担保业务的主要机构。近年来，农村信用社的担保业务解决了一部分贫困农户生产活动中的小额资金需求问题，但是其担保的数额较小及繁琐的审批程序使其越来越不能满足农业产业化、城镇化的发展要求。农村信用社自身也存在着很大的问题，比如农村信用社的产权不清晰、管理体制频繁变动，政府经常对农村信用社进行行政干预，使农村信用社的经营存在很大的风险。第二，信用担保机构的经营运作模式不规范。信用担保机构能否生存与发展取决于担保机构能否独立和规范化运营。当前重庆市的农村信用担保体系不太完善，在农村市场上从事信用担保的机构还比较少，而且其运作还未能走上正轨。农业在重庆市地位特殊，市场经济体制还不完善，使政府对信用担保组织进行干预，此外一些担保机构的内部管理相当混乱，内控制度尚待完善，人员专业性不强，一些机构甚至没有能力对贷款偿还能力做出科学的评估。第三，农村征信体系不健全。完善的征信体系和良好的社会环境是新农村建设的信用基础和有力保障，同时也决定了农村金融生态环境的优劣。当前农村征信体系存在的问题是：征信组织建设不完善，企业和个人的信用难以全面完整地采集和共享，并且信息收集的范围也有局限；现阶段农村尚未建立专门的征信机构，中介服务极不规范，提供虚假资信证明的现象屡见不鲜；此外，与农村征信体系配套的管理措施和相关法规也不健全。到目前为止，对农村信用体系进行管理的专门部门还没有建立，也没有建立起相关的法律法规来规范信用的发展，导致重庆市的农村信用体系比较混乱。

4.2.2 几种农村信用担保模式的比较

目前重庆市的农村信用担保还处于初步的探索阶段，可以借鉴一些其他成型的信用担保模式。胡世华、李伟毅等依据组织和运行方式的不同，将农村信用担保融资分为以下四种模式：

模式一，政府组建、政策性运作模式。此类担保机构由政府财政拨款组建，采取政策性方式运作，附属于政府相关职能部门。该模式的优点是可以通过政府行政力量的干预迅速组建农村信用担保组织，并较快投入运作，充分体现政府意志；不足之处是容易产生不恰当的行政干预，排斥市场机制的作用。因此在实践中可能会产生以下后果：一是容易导致以服务为宗旨的农村信贷担保机构实际运作的行政化倾向，脱离农村实际，农村经济主体难以获得相关服务；二是完全以政府信用担保不仅会增加农户或农村中小企业主恶意逃债的动机，还可能导致金融机构放松贷款的事后监督，反而使贷款风险增加；三是若经营不当可能形成呆账、坏账，成为政府财政负担。

模式二，政府组建、市场化运作模式。这种模式是以政府出资为主、民间筹资为辅组建担保机构，具有独立法人资格，突出为当地农业和农村经济发展服务的目的，按商业化运作，按照保本微利的原则经营。该模式在世界其他国家或地区实践中比较常见，同时国内部分农村地区也有类似实践。与模式一相比，该模式可以缓解政府财政压力，又能体现政府的支持作用，同时通过引入外部民间资本，还可以增强农村担保机构运作透明度，提高运行效率。该模式的健康运行，一方面取决于政府的行为规范，即政府部门不能通过其"垄断"力量过度干涉担保机构运营，侵害民间资本利益；另一方面，这种模式要健康运行还需要具备有效的激励机制以解决经营中的多重委托-代理关系问题。

模式三，社会化组建、商业化运作模式，即以农村中小企业、个体工商户和较富裕的农村居民为主要出资方，以市场化手段组建担保机构，有独立法人地位，产权明晰、职责分明，采取商业化运作方式，以赢利为目标。该模式完全通过市场化运作，更容易提供农村金融市场效率。但如前所述，在农业产业弱质特性明显、农村中小企业利润率不高且生命周期短的条件下，外部风险高且资金回报率低的、为农民服务的担保机构难以吸引投资者的参与。因此，这种商业化运行、效率高的担保模式还难以在目前的农村信贷融资市场大范围推广。

模式四，互助合作型运作模式。这种模式是农村或农村中小企业为解决自身融资难题而成立的互助性担保机构，不以赢利为目的，主要服务于会员。与商业性、政策性担保相比，这种担保模式以向组织成员提供服务为目标，追求社区或社会效益，参与者大多数是难以获得商业性、政策性担保服务的金融地位低的农村中小企业，其制度优势在于两个方面。第一，提供担保者可以凭借血缘、地缘关系掌握担保申请者还款的可信程度和还款能力的变动情况，并可以凭借社区威慑力敦促申请人履行到期还款义务。这不仅解决了农村信贷市场的信息不对称问题，还能促进金融合约的有效履行，充分利用社会资本降低交易成本，提升农村金融交易效率。第二，互助合作担保组织的引入使社会交换博弈的参与者转变为担保人和农村居民。对农户而言，拖欠不仅意味着失去再次贷款机会，更意味着失去在社区的声誉；对担保人而言，拒绝对符合条件的农户提供担保就会遭到社区排斥。参与双方都有充分的动机来遵守合作规范，增加社区的集体福利。

4.2.3 构建农村金融信用担保体系的总体思路

从对上述四种模式的分析及农村金融市场的实际情况可以看出，政府组建、市场化运作模式是比较适合重庆市的实际情况的。建立政府组建、市场化运作模式的信用担保体系，其总体思路是：以政策性信用担保体系为主，在促进信用担保市场积极健康发展的同时，也满足不同人的信用担保需求，还坚持商业化运营模式。为了达到这个目标，我们应该建立以下三种担保体系。一是以政府为基础构建农村政策性信用担保体系。我国是一个传统的农业大国，农业人口占到我国人口的60%，农业是我国国民经济的基础。我国农业的特殊地位决定了我国的农村金融信用担保体系必须依附于政府机构，这样就可以通过政府的行政干预，迅速组建从中央到地方的农村信用担保组织并较快地投入运作，适合于全国大部分地区，并且在此基础上，国家可以成立再保险业务，有效地降低农村金融信用担保风险。二是作为政策性信用担保的补充，构建农村合作互助性担保体系。由于农村各地区经济发展是很不平衡的，各地区农民和中小企业对信用担保的需求也是不同的，仅仅依靠政策性的信用担保不能满足其需求，所以要根据各地的具体情况发展一些合作互助性担保组织。农村合作互助性担保组织的资金主要来源于组织成员的入股，各级政府可以适当出资但不干预其自主经营。该组织的运营体现自愿平等、利益共享、风险共担的互助合作关系，不以赢利为目的，追求的是社会效益，主要服务对象为会员，而这些会员大多是那些难以取得商业性、政策性担保服务的弱势群体。三是在政策性信用担保体系的基础上建立农村商业性担保体系。这一担保体系为农村经济主体的各种融资活动提供商业性担保服务，弥补农村政策性、合作互助性担保未能涉及的经济领域。政府以相应的政策加以引导，从而间接服务于政府的农业和农村经济发展目标。

4.2.4 构建农村金融信用担保体系的政策建议

为了构建我们设想的农村信用担保体系，并使之发挥预期的作用，重庆市应做到以下几个方面：

首先，促进农村征信体系的完善。充分利用银行借贷登记咨询系统的网络优势和技术优势，推进农村个人和乡镇企业信用档案的建立，为各金融机构开展农村金融业务提供重要依据。

其次，尽快出台与农村信用担保体系相关的法律法规。政府一方面应积极修改、补充担保法，使农村信用担保有法可依，并且针对农村信用担保市场出现的一些情况出台相应的法律法规，为农村信用担保市场的顺利发展创造良好的外部环境。

最后，要建立科学的农村信用担保组织内控机制。构建农村信用担保组织内控机制，一要建立风险保证金和坏账准备金制度，担保机构要从经营收入中以一定的比例提取坏账准备金，用于冲抵担保时发生的经营亏损、代偿支出和弥补担保坏账损失；二是要建立在保项目风险预警系统，以贷款银行的贷款风险为基础，对在保项目进行跟踪检测，动态控制受保企业与农户的风险；三是要在担保机构内部建立审、保、偿分离制度，以增强担保业务操作的透明度和责任心。

4.3　农产品期货市场

期货市场是按照公开、公平、公正的原则，在现货市场基础上发展起来的高度组织化、规范化的市场化形式。期货市场是现货市场的延伸，也是市场形式的一个高级发展阶段，是市场经济发展到一定阶段的必然产物。从组织结构上看，广义的期货市场包括期货交易所、结算所或结算公司、经纪公司和期货交易员；狭义的期货市场仅指期货交易所。期货市场作为制度创新的产物，从其理想状况看，其机制安排包括三个方面的特征：一是期货市场是有组织的市场，二是期货市场是规范化的市场，三是期货市场是近乎完全竞争的市场。随着期货市场的发展，期货市场的功能也在不断完善。日本全国商品交易协会联合编著的《期货市场入门》一书，对期货市场的作用进行了详细的列举，指出期货市场有八个显著的作用：形成公正价格，为交易提供基准价格，提供经济的先行指标，回避价格波动带来的商业风险，调节供求，减缓价格波动，吸引投机资本和促进资源合理配置。

4.3.1　中国农产品期货市场的发展历程

中国市场经济体制的确立从制度上推动了中国期货市场的产生，而我国市场经济体制的不断深入发展促进了期货市场的快速发展。农产品尤其是原料性大宗产品成为我国最早推出的期货品种。到目前为止，农产品期货仍是期货市场最重要的品种。农产品期货市场的发展大致可以分为四个阶段：酝酿阶段、萌芽阶段、清理整顿阶段和规范发展阶段。

（1）酝酿阶段（1988—1990年）。随着我国市场化改革的深入，越来越多的农产品脱离保护价，进入市场化的运行轨道，随之而来的问题是，农产品价格剧烈波动妨碍了农业的健康发展。1988年2月，国务院指示有关部门研究国外期货制度，解决了中国农产品价格波动问题。1988年3月，"加快商业体制改革，积极发展各类批发市场，探索期货交易"被写入《政府工作报告》。

（2）萌芽阶段（1991—1993年）。1990年，中国郑州粮食批发市场成立，以及1991年3月在该批发市场签订的第一份小麦远期合约等标志中国农产品期货市场的开始。1993年4月，中国颁布了第一部有关期货市场的法规——

《期货经纪公司登记管理暂行办法》。到 1993 年年底，全国共建了 40 余家期货交易所，上市交易的农产品期货品种也不断增加，在国家工商行政管理局登记的期货经纪公司达 144 家。尽管这一阶段为中国农产品期货市场的发展奠定了基础，但不断产生的问题表明这一时期农产品期货市场的发展具有很大的盲目性。

（3）清理整顿阶段（1994—1998 年）。在这一时期，中国农产品期货交易量快速增加，1995 年中国期货交易总量达 63 612 万手，总成交量金额达 10 万亿元，其中农产品期货交易量占到一半左右。但农产品期货市场的盲目发展和操作不规范引发了一系列问题，因此国家加大了对期货市场的调整和整顿，进一步压缩期货交易所、期货经纪公司数量和期货交易品种，使期货交易量持续下降，农产品期货交易量也不断萎缩。

（4）规范发展阶段（1999 年至今）。1996 年 6 月，国务院颁布了《期货交易管理暂行条例》，并相继实施了与之配套的一系列相关管理办法，从而加强了对期货市场的监管。经过这段时间的调整，中国期货市场的法规体系和制度框架已基本构建，从而使农产品期货市场的规范化程度有了很大的提高。国家要求要正确处理"虚拟经济和实体经济的关系"，不仅为期货市场的进一步发展扫除了理论认识方面障碍，也预示着中国期货市场发展进入新阶段。从 2007 年起，国务院和证监会陆续颁布了有关期货交易、期货交易所及期货公司等相关条例和办法，为我国期货市场的进一步稳定发展创造了良好的宏观环境。

4.3.2　中国农产品期货市场发展现状

（1）农产品期货交易的规模不断扩大。2017 年期货市场成交额达到 40.97 亿元，同比增长近 1 倍，累计成交量达 7.28 亿手，同比增长 62.05%。就商品品种而言，铝、玉米、白糖和天然橡胶交易活跃，成交规模增长较快。大连商品交易所 2017 年全年累计成交金额达 11.92 亿元，占全国期货市场成交总额的 29.1%；累计成交量达到 3.71 亿元，占全国期货市场成交总量的 50.96%，同比分别增长 128.64% 和 54.23%。郑州商品交易所全年累计成交额 5.92 亿元，占全国期货市场成交总额的 14.44%；累计成交量增至 1.86 亿手，占全国期货市场成交总量的 25.54%，同比分别增长了 86.12% 和 101.20%。上海期货交易所全年累计成交额 23.13 万亿元，占全国期货市场成交总额的 56.45%，同比增长 83.43%，全年累计成交量 1.71 亿手，占全国期货市场成交总量的 23.49%，同比增长 47.25%。

（2）期货市场品种不断增多。期货交易所的交易产品主要是农产品，经过几十年的发展，产品种类从最初的铜和铝扩展到胶合板、绿豆、天然胶、玉米、大豆、棕榈油、咖啡、啤酒大麦、高粱等品种领域。目前三大交易所交易的产品有：上海期货交易所的铜、铝、天然橡胶、燃料油和胶合板（未上市），郑州商品交易所的硬小麦、强小麦、棉花、绿豆、红小豆（未上市）、花生仁（未上市）、白糖，大连商品交易所的玉米、黄大豆、豆油、啤酒大麦（未上市）。

（3）期货市场交易的主体不健全。中国农产品期货市场以个人投资者为主，法人投资者比重偏低，尤其缺乏机构投资者。这种现状虽然在一定程度上增加了期货市场波动可能产生的社会风险，但有助于提高期货市场的流动性，因为个人投资者进入期货市场主要是进行投机交易。进一步看，针对不同品种，套期保值者和投机者之间的比例差异较大，尤其是某些农产品期货的投机交易不足导致市场流动性较差，以致影响到相应农产品期货市场功能发挥的情况。

4.3.3 中国农产品期货市场的作用

部分农产品期货在世界农产品期货市场中所占份额不断增加，逐步拥有了部分农产品期货的定价权。部分农产品的期货价格被纳入世界期货价格体系，提高了农产品的国际竞争力。同时，农产品期货交易量的不断增加，使我国能够在部分农产品的国际定价过程中拥有发言权。

农产品期货市场的避险功能促进了农业产业化发展。订单农业作为一种新型的农业生产形式，在优化农业种植结构、引导农民按照市场要求安排农业生产、增加农民收入等方面发挥了重要作用。但订单农业由于其履约率低，一直很难得到有效发展。履约率低的一个关键因素就是价格波动而造成的风险。随着期货市场的不断活跃，一些粮食企业成功探索出"公司+农户"和"订单+期货"的经营模式，有效地解决了履约率低的问题。因此，期货市场价格的变动能够促进农业产业结构的优化。以小麦期货为例，小麦期货的价格体现了优质优价的原则，扩大了优质小麦的种植面积，推进了粮食种植结构的调整，从而促使农业在比较安全的环境下取得进一步的发展。

4.3.4 农产品期货市场存在的问题

（1）农产品现货市场发育不完善。我国是一个传统的农业大国，农业是国民经济的基础，在计划经济时期我国对农产品实行严格的控制。市场化改革以后，国家逐步放开了农产品的价格，但又担心农产品价格剧烈波动会影响国家的稳定，因此倾向于对大宗农产品进行价格管理。虽然粮食流通体制是朝着市场化方向进行改革，但由于国家保护价格制度是通过国有粮食企业进行的，这就使国有粮食企业行政化，由这些行政化的企业博弈产生的价格是不完全的。价格的市场化是期货市场发展的生命源，在价格不能完全市场化的条件下开展期货交易，只会影响期货市场功能的发挥。政府干预农产品期货市场价格的目的是使其价格保持在一个相对平稳的空间，如果商品的价格缺乏波动性，投机者就缺乏投机的动力；但如果价格波动剧烈，政府就会直接干预市场，影响市场价格的有效形成，给投机者带来政策风险。在现行的粮食流通体制下，国有粮食企业是按国家的规定实行顺价销售，实际上粮食价格是固定的，粮食生产经营者和投机者都没有进行粮食期货交易的需求和欲望，使货市场的发展缺乏动力。

（2）农产品期货市场上品种单一、种类简单。期货市场试点初期，曾经上市的农产品期货达到 20 多种，但由于风险事件频发及受当时的宏观经济环境的影响，大部分期货品种退出了期货市场。经过治理调整之后，期货市场保留的期货品种只有 12 种，分布在三家交易所，而实际上市的期货品种只有 7 种，相当于 CBT 上市品种的 8%。

（3）期货市场主体相关知识缺乏。期货市场虽然已经建立了几十年，但广大投资者依然对期货市场了解不多，把期货和股票进行同样的操作，使投资者面临很大的风险。并且前几年期货市场萎缩，期货市场专业人才流失严重，很多生产经营性企业缺乏专业的期货分析和管理人才，使企业的经营风险加大。

（4）谨慎发展政策约束了期货市场的发展。期货市场建立初期盲目发展，市场很不规范，产生了很大的风险。期货市场政策的制定一直坚持谨慎、从严的原则，注重规范与稳定，这对控制期货市场的风险和整顿期货市场是很有成效的，但在期货市场稳步发展时期就会束缚期货市场的发展。例如，限制国有企业进行套期保值业务，限制期货经纪公司的业务，对作为保证金的资金来源做了很严格的限制，对期货市场的发展产生了很大的阻力。

（5）农产品期货市场主体缺失。我国期货市场的主体应包括套期保值者、投机者，农产品期货市场的套期保值者应该包括农业生产者、生产经营者和农产品加工企业。但是国有粮食企业和农民由于自身和政策的原因都还没有成为期货市场的主体，这就使农产品期货市场参与主体不全。

4.3.5　完善农产品期货市场的对策建议

随着市场化改革的深化，农产品期货市场对农业的发展具有越来越重要的作用，在全面建设新农村的过程中，我们更要发展好农产品期货市场。

首先，要建立健全农产品期货市场的政策和法律环境。随着国家改革开放的深入和经济的发展，对期货市场的需求与日俱增，我们要修改和完善现行的法律法规，撤销部分过时的限制性政策，使期货市场能够在更广泛的领域充分发挥经济功能。第一，完善现有的管理体制，尽快和国际期货管理体制相适应。期货业尚处于发展的初级阶段，属于弱势产业，而且目前期货交易的全球化趋势越来越明显，期货市场的风险复杂性更高，风险爆发的威胁性更大，防范和控制期货风险成为全世界每个国家的共同任务。所以各国都应该加强彼此间的合作，建立信息共享机制和共同防范国际期货市场风险制度，从国内和国际两个方面严格控制。第二，要求从业者具有相关专业知识，并对从业者进行严格监督，防止操作市场和过度投机，避免价格失真。期货价格信号产生后，应进行积极的宣传，让广大农业生产者接受这一价格信号，并逐步培养他们的期货意识。第三，不断完善交易制度。期货市场经济功能的发挥是通过期货交易机制来实现的，包括保证金制度和双向交易机制等。期货交易机制使期货交易效率高，同时对抗性非常强，高风险、高收益特征明显。我们应该在维护公平、公正、公开的原则和保证期货市场稳定发展的前提下，根据国际期货市场的惯例和发展方向，综合实际情况不断改进和完善期货市场的各项制度，使期货市场更好地发挥经济功能。

其次，健全农产品期货市场参与者主体。期货市场发达的国家，其市场最活跃的参与者包括各种形式的农户、企业和中介组织等，而这些主体在我国农产品期货市场中并不多。目前，大连商品交易所共有注册客户5万多个，其中法人客户只有3 000余个，相当一些企业没有参与期货市场。为此，一要鼓励和支持国有粮食企业（粮食购销企业、粮食加工企业、饲料企业）根据自身实际情况选择采用套期保值交易的市场手段，合理利用农产品期货市场规避价格风险。这一方面使农产品期货市场增加了一个使它能发挥更大作用的重要市场主体，另一方面可以推进国有粮食企业加大改革力度，使其通过参与期货套期保值业务在回避价格风险的同时，提高企业经营和管理水平。二要培育大机构投资者，并拓宽他们的融资渠道。三要允许各种投资基金进入期货市场。四要逐步引进国外机构进入期货市场，培育和丰富农产品期货市场的投资主体，从而扩大农产品期货市场的交易规模。

再次，使期货农产品上市品种多样化。期货市场上的上市品种偏少，严重制约了期货市场的功能发挥。为了使期货市场更好地为经济发展服务，迫切需要增加期货上市品牌，特别是那些市场化程度高，价格波动大，在国民经济中作用明显、关系国计民生的农产品，有条件的要尽快上市，国家在政策上也应该完善新品种上市机制，减少不必要的行政干预。只有有了市场才有可能形成自己的价格，有了自己的价格我们才能不被国际市场所左右。同时，期货市场要发展，必须在开发交易的大品种上下功夫，开发生产量和消费量大的大宗商品，因为越是大品种越需要形成价格，越需要规避风险，也越难人为操纵市场。

最后，要规范现货市场，使现货市场的各种机制都健康运行。期货市场是在现货市场的基础上发展起来的，是为现货市场的生产、流通、资源配置和分散风险服务的，因此应与现货市场协调发展，只有现货市场实现良性发展才能促进期货市场的健康发展，进而促进国民经济的持续健康发展。但当前现货市场的发展环境并不乐观，如企业信用差、企业的社会责任缺失、企业和顾客之间的不信任等，这些问题应该引起我们的重视。现货市场的这些危机严重影响了期货市场套期保值功能的发挥，许多参与套期保值的企业遭受了很大的不必要的损失。因此整顿好现货市场，使现货市场拥有良好的信用环境，进而推动期货市场的发展。

5. 优化农村金融发展的政策环境

改革开放以来，农村经历了一系列的改革，发生了翻天覆地的变化。但近年来农村的发展相对滞后，特别是农村金融发展更加缓慢，这种情况已经严重影响了新农村的建设。党中央国务院高度重视农村金融体制改革，多个中央"一号文件"中提出要加快推进农村金融体制改革，但农村金融体制改革涉及领域多、影响面广，是一项复杂的、系统的工程。为了使农村金融体制改革顺利进行，政府需要优化发展农村金融的整体环境，它既包括法律、政策、制度等农村金融发展的外部环境，也包括农村金融机构自身建设完善等内部环境。

5.1 优化农村金融发展的外部环境

5.1.1 建立完备的农村金融法律体系
市场经济是法制经济，任何经济活动都需要法律的保护和规范，农村金融体制的改革也不例外。例如，美国、日本等都有完备的法律体系来规范农村金融机构的运作，使其在经营活动中有法可依，有章可循，避免人为因素的干预，以保障他们更好地为农村经济的发展服务。但目前我国农村金融法律体系还不健全，专门针对支持新农村建设的金融机构的法律可以说是没有的。因此我们必须加强对农村金融的立法工作，以规范农村金融机构的行为，使他们在法律的保障下健康有序地为新农村的建设服务。在新农村建设和农村金融业快速发展的过程中，会不断出现新的金融形式、新的经营行为、新的经济社会关系，会面临许多新的矛盾和问题，需要相应的法律制度对其进行规范和调节。

制定政策性金融相关法律法规。早在 2016 年中央的"一号文件"中，围绕新农村建设"调整农业发展银行职能定位，拓宽业务范围和资金来源"，给农业发展银行的发展提出了更高的要求，它将会成为农村金融体系的骨干和支柱，所以要进一步出台关于政策性银行的法律。通过立法，进一步明确农村政策性银行的法律定位、职能定位、业务范围等，有法律作保障才能确保政策性银行对农村金融作用的发挥。

制定非正规金融相关法律法规。由于农民的金融需求多种多样，正规金融机构有时不能很好地满足农民需求，很多非正规金融机构应运而生，如社区金融、互助金融、民间金融等金融形式。这就迫切需要出台与之配套的法律法规，来规范非正规金融机构的运作，使它们的经营活动有法可依。

完善农业保险相关法律法规。我国是一个传统的农业大国，并且我国又是一个自然灾害频发的国家，所以农业生产面临着很大的风险，这就迫切需要我们建立完善的农业保险体系和农产品期货市场，来规避和分散农业风险。相应地，重庆市也应该出台与之配套的农业保险法和农产品期货法，来指导和规范它们的运作，使它们更好地为农村经济的发展服务。

5.1.2　优化农村金融运行的政策环境

对农村金融给予必要的政策扶持是各国的通例，重庆市政府历来也重视对农村金融的政策扶持，主要从财政政策和货币政策两个方面入手。

（1）财政政策支持。财政政策补贴就是重庆市政府在农村金融体系中投入大量的资金来改善农村金融机构的融资环境，扶植农村金融机构，增强农村金融机构抵御风险的能力和信用创造的功能，发挥对社会资源的优化配置作用，最终达到促进农村经济发展的目的。财政补贴金融的措施有很多种，目前普遍采取的有以下几种模式。一是税收优惠政策，通过税收杠杆，降低或豁免农村金融机构的营业税、所得税和各种税收附加，以增强农村金融机构的信用创造功能，加大对"三农"的信贷投入。二是利率补贴政策，存贷款利率是金融资产的相对价格，政府通过存款利率进行补贴，即在存款利率之外财政给予存款人一定比例的利息补贴；政府也进行贷款利率补贴，即财政对银行给特定对象发放的低于正常贷款利率的差额进行补贴。三是建立农贷资金合理的补偿机制。重庆市农业生产力水平和农村经济的市场化程度都较低，农业的自我积累功能低下，积累效益差造成投入资金不能较快地形成投资收益，投资主体投入的积极性遭受打击。因此，必须建立合理的支农贷款项目的财政配套机制、农业贷款的保障机制和农村金融的利益补偿机制，调动投资主体的积极性，保证农业投资的连续性、有效性，降低投资风险，使有些项目投资回报率能够基本达到社会平均利润水平，吸引更多的金融机构对农业产业投资。四是剥离和消化农业金融机构的不良资产。由于体制、历史等原因，重庆市现行农村金融机构存在大量的不良资产，给农村金融机构的顺利运转带来很大的负担。补偿它们为农村经济发展付出的代价是政府不可推卸的责任，但完全靠政府弥补也是行不通的。比较合理的办法是农村金融机构通过深化改革、转换机制、加强管理消化一部分；国家通过资金扶持、转移支付、减免税收等措施帮助解决一部分。

（2）货币政策的支持。货币政策调节就是中央银行通过再贷款、再贴现、存款准备金等多种货币政策工具对农村金融给予必要的支持。在目前农村金融机构处于相对劣势的情况下，政府通过货币政策支持，能更好地促进农村金融机构为"三农"服务。第一，中央银行针对农村地区金融机构的实际情况实行有差别的存款准备金率。对农村信用社实行差别的存款准备金率。2018年6月末，重庆地区的商业银行、城商行、农商行执行法定存款准备金率为17.5%，农村合作银行执行16.5%，农村信用社执行15%，其中，对涉农贷款比例较高、资产规模较小的1 379家县（市）农村信用社执行12%的法定存款准备金率，比一般商业银行低5.5个百分点。这就能使农村信用社有更多的资金投入农村地区，促进"三农"的发展。第二，中央银行对农村信用社提供支农再贷款支持。中央银行逐年增加对农村信用社支农再贷款的总量，并且优化了再贷款的结构，确保了再贷款的使用效率。同时，中国人民银行还对农村信用社发放的支农再贷款浮息采取了逐步到位的政策，支农再贷款利率一直低于普通流动性再贷款利率，体现了政府对增强农村金融机构资金实力的政策扶持。第三，中国人民银行发行中央票据用于置换农村信用社的不良资产和弥补历年亏损。目前专业票据发行已经完成，累计发行票据1 656亿元。专项票据兑付正在稳步推进，截至2018年6月末，已兑付票据1 206亿元，占比73%。第四，信贷倾斜。中央银行为了弥补市场机制和金融机制的不足，采用金融政策工具在某一领域或某一方面强化金融的支持力度。例如，对农村信用社增加支农再贷款、扩大利率浮动范围、发行专项票据减少农村信用社的呆账坏账，对缓解农村资金供求矛盾、增强农村信用社的盈利能力起到了积极的作用。

5.2 完善农村金融发展的内部环境

随着重庆市场化改革的深入，农村金融体制发展的外部环境逐步优化，但是农村金融体制要进一步完善，其发展的内部环境也必须相应进行调整和完善。重庆市农村金融体系的内部环境包括：农村信用担保体系、农村信用环境、农村地区的支付体系。

5.2.1 建立健全农村的信用担保体系

"三农"贷款难的一个重要原因是重庆市广大农村地区缺乏信用担保体系，建立健全农村信用担保体系，既可以为农户和农村中小企业进行信用担保，为他们提供相对公平的融资环境，解决贷款担保难的问题，又能使农村金融机构更好地为"三农"提供金融服务，减少农户和中小企业受失信的困扰。近年来，我们尝试了多种有效的农村信用担保模式，政府组建、政策性运作模式，政府组建、市场化运作模式，社会化组建、商业化运作模式，互助合作性模式。其中政府组建、市场化运作模式和互助合作性模式与农村经济、金融现实更为符合，推广发展的价值和可能性也更高。由于重庆市农村的特殊情况，我们也要创新信用担保方式，可以引入动产抵押等。

5.2.2 建立优良的农村信用环境

重庆市经济在向市场经济转轨的过程中，信用交易的规模不断扩大，信用已经成为现代市场交易的一个必要因素。普遍的守信行为才能使信用交易顺利进行，经济得以健康运行。在农村市场经济中，信用同样是农村经济发展的生命之源，因此必须努力营造农村良好的信用环境。我们可以通过以下措施进行农村信用体系的建设：一是广泛开展农村信用评级活动，树立良好的信用意识；二是大力发展信用中介机构，促进征信业务发展壮大；三是完善农村信用的征集、评估、发布与服务体系；四是加大对失信行为的惩戒，提高失信者的违约成本。

5.2.3 完善农村地区的支付体系

我国现阶段的农村金融体系中农村信用社处于主导地位，因此要发挥农村信用社在农村支付服务中的主导作用，同时鼓励村镇银行等新型农村金融机构加入现代化支付体系，提高其支付业务处理的自动化水平和效率。为了提高农村信用社支付手段、提高其支付的能力：一要吸收符合条件的农村信用社加入大额支付系统和小额支付系统，使广大农村地区享受现代化支付系统提供的多层次、低成本的支付清算服务，对改善农村信用社支付手段，为农村信用社创造平等竞争的环境发挥重要作用；二是批准设立农村信用社资金清算中心，专门办理农村信用社汇兑和银行汇票清算业务，进一步拓宽农村信用社支付结算渠道、增强其结算功能；三是推行代理制，鼓励商业银行代理农村信用社的支付结算业务，同时，广泛吸收农村信用社加入票据交换系统，创造条件使农村信用社能够开办银行汇票和商业汇票业务，拓宽业务范围，增强其业务竞争力；四是协调各地农村信用联社加快开放和健全全市农村信用社系统，增强农村信用社的结算功能。

第八章　农村民间金融的支持体系

1. 农村民间金融的含义和目标

1.1　民间金融的概念

　　长期以来，民间金融在学术界一直是争议较多的话题，有众多学者在此领域进行过细致的研究。按照不同的标准，他们对民间金融概念的不同阐述主要有以下几种。

　　首先，从金融机构的功能特征来看，麦金农指出：与经济结构的二元性相对应，发展中国家的金融系统也体现出典型的二元性，即发展中国家的整个金融系统分化成平行的两部分，一部分是以货币市场、资本市场为代表的有组织的现代化金融市场，另一部分则是以合会、当铺、钱庄等为代表的传统金融市场。我们现代化金融市场称为正规金融，而传统性金融市场就是民间金融。正规金融以国家或地区信用为基础，并处于相关金融法律监管之下，民间金融则在这种体系之外运转，二者利率不同、借贷条件不同、目标客户不同，更为重要的是，借贷资金一般不能跨越两个体系流动。但这种平行只是相对的平行，在一定的条件下，二者可以相互转化、相互交融、相互作用。

　　其次，从金融法律和金融监管角度来看，以是否纳入政府金融监管体系为标准，将不受国家法律制约和规范，处在金融监管体系之外的各种金融组织及其资金借贷活动统称为民间金融。如有学者将民间金融定义为游离于正规金融体系之外，不受国家信用控制和中央银行管制的信贷活动及其他金融交易。世界银行也认为，民间金融是没有被金融监管当局控制的金融活动，民间金融和正规金融之间的区别在于交易执行所依靠的对象不同，正规金融依靠社会法律体系，而民间金融则依靠法律以外的体系。

　　最后，从所有权的归属来看，民间金融的所有权不归国家所有，民间金融机构的最大股东不是国家的金融机构。姜旭朝在其《中国民间金融研究》一书中对民间金融下了一个定义：民间金融就是为民间经济融通资金的所有非公有经济成分的资金活动，它既可以包括中国人民银行批准成立的农村信用社、股份制商业银行等正规金融机构，也包括如合会、私人钱庄、合作基金会、民间借贷等非正规金融。

我们通过对众多研究理论的归纳和总结发现，大部分学者倾向于从法律特征和金融监管的角度来界定民间金融，将正规金融与民间金融划分为界限分明的两大概念：一是正规的，即被登记、管制和记录的金融机构和金融活动部分，简称正规金融部分；二是非正规的，即未被登记的、管制和记录的金融组织和金融活动，简称民间金融部分。因此，民间金融是指存在于政府批准设立并进行监管的正规金融体系之外的，自然人、企业及其他经济主体在信贷市场中从事的以货币资金为标的的价值让渡及还本付息活动的总和。相对于正规金融机构而言，民间金融机构通常是未经过金融监管当局批准设立，未被纳入金融管理机构常规管理系统，以民间借贷、当铺、私人钱庄作为代表的民间金融组织。

1.2 农村民间金融的含义和特点

从民间金融的概念及其与正规金融的区别出发，笔者认为农村民间金融应当是指，发生在农村经济社会的、违背监管的、非正规的民间性金融活动。发生在农村经济社会是对农村民间金融发生的社会环境及参与主体所处的空间的界定，未被监管、非正规、民间性是对农村民间金融长期处于自然发展状态、非正规状态，具有非正式组织性的现实状况的概括。农村民间金融的特点可以总结为如下几个方面。

第一，农村民间金融建立在个人信用的基础上。农村民间金融是基于一定地缘、血缘、亲缘关系的金融活动，建立在对个人信息充分掌握的基础上，是以个人信用为基础的金融交易活动。相对于正规金融而言，民间金融更多的是一种横向信用，建立在社会成员自律约束的基础上。而正规金融更大程度上是一种纵向信用，正规金融所占有金融资源的多少取决于其社会信用和经济地位的高低，国家的信誉对于维持这种纵向的社会信用关系至关重要。

第二，农村民间金融以个人为主要参与者。从民间金融活动的主体来看，民间金融主要发生在自然人之间、自然人与非金融企业之间、非金融企业之间，不包括金融机构和行政机构。从所有者来看，民间金融组织大多是由民间组织或个人独立出资设立的私人企业。民间金融的资金需求者是从正规金融体系中难以得到融资安排的经济行为人，如缺乏合格抵押品的中小企业或农户。资金的供给者也多为民间资本出资组建的私人企业和手中持有闲散资金的自然人。

第三，农村民间金融处于金融监管范围之外。由于从事民间金融的经济主体都是在正规金融体系内无法得到有效资金支持的个体，因此他们只能从正规金融体系之外寻求金融支持。正因为这一点，民间金融游离于金融监管机构的监管范围之外，不进入官方的统计数据，也未纳入金融监管当局的日常管理系统。

第四，农村民间金融主要存在于信贷交易活动中。民间金融的交易工具仅限于货币，交易性质为债务性的，交易方式既包括个人之间、个人与企业之间、企业与企业之间的借贷行为，也包括通过民间信贷组织进行的吸纳储蓄、发放贷款、票据贴现、资金拆借等信贷交易的资金融通活动。但是民间金融不包括非公开募集的股票发行、场外交易，也不包括从事外汇交易的个人、机构及其活动。

农村民间金融的民间性的含义在于，它的交易行为有非政府监管和非政府介入的特点，这些交易行为一般被现行的金融法律规范所忽视或遗漏，而现有的法律规范对这些交易行为的约束是被动的和缺乏效率的。除上文列出的四个主要特点外，农村民间金融的特性还有：参与主体身份的底层社会性，他们往往是以个人身份参加的，他们长期生活的地域或环境是较落后的农村，他们的社会关系主要在底层的民间；参与者的参与行为一般是自发或自愿的，不存在外在的、来自政府部门的压力或政令的驱动，却有着一些非正式组织的特点；每一种交易行为的发生带有明显的地域民间文化或地方风俗的特色，而且目前的研究表明，农村民间金融的发生频率与当地经济发展有一定的相关性，有的地方发生的频率可能很高，有的地方可能较低，即同一性质交易行为的发生存在地域不均衡问题；利益所得与利益归属虽然没有法定的程序使之秩序化、明晰化，但遵守民间或各个地方自己的民间潜在规则，每一种交易行为的发生不一定以营利为唯一目的，也和当地的乡村风俗、人文伦理有一定的相关性，维持这种规则的是在当地农村社会已经沿袭已久的、被自觉履行的社会伦理规范和人们公认的某些行为标准；信息传递的非官方性，即信息传递往往是围绕交易行为展开的，同时信息传递往往只限于交易主体之间，交易主体对交易信息一般不对外宣扬、公布，对外界而言，这种信息传递方式有一定的排他性和隐蔽性。

1.3 农村民间金融的目标

农村民间金融产生于计划经济体制向市场经济体制转轨的过渡期间，正规金融逐步不适应经济体制的改革，不能满足农村民营企业、中小企业的需要，不适应农村经济发展对金融服务多元化的需要，于是各种形式的民间金融迅猛崛起，表现异常活跃。民间金融的发展是遵循市场需求的结果。在目前重庆市大力发展农村经济，建立和完善的农村金融体系的前提下，农村民间金融应当发挥应有的作用。

1.3.1 支持农村经济，服务"三农"

随着四大银行的商业化改革，农村地区的许多经营网点被撤销，正规的金融资源更加稀少，金融资源供给明显不足。而农业、农民、农村，因其所处的弱势地位，往往更加需要金融支持。而现有的农村信用社又主要办理存款业务，导致大量的农村资金流向收益率高的城市，造成农村的金融资源极度匮乏，这不仅满足不了农村普通人群的借款需求，而且还严重阻碍了农村经济的发展。民间金融适应了农村的借款特性，主要通过亲情等血缘关系进行借贷，不需要借款人进行物品抵押，这种金融形式有效缓解了农村金融资源的匮乏，满足了农民贷款需求，缩小了城乡之间在金融资源占有上的差距，以此推动了农村地区经济社会的发展。

1.3.2 支持民营企业的发展

民营企业的发展离不开资金的支持，但是当前民营企业融资难的问题普遍存在。早在 1999 年，重庆市民营经济占 GDP 的比重已经达到 53% 左右，而其他金融信贷占比却只有 27%。尽管近几年，重庆市国有金融机构从观念上打破了传统的经济支持"成分论"偏见，中央银行也出台了针对中小企业的信贷支持意见，对民营经济的信贷支持在体制上进行了松绑，但是大型正规金融的信贷对象主要还是城市的大型企业，民营企业从银行获得的信贷支持仍然明显不足。民间融资可以通过民间信用和亲朋好友的纽带与民间企业联系起来，借助亲缘和地缘优势能很好地掌握中小企业的信用状况，特殊的失信惩戒机制也比较有效，再加上其手续简单、便利，对民营和中小企业顺利成长起到重要作用。

1.3.3 促进金融业的市场竞争和管理

发展民间金融有利于促进金融业的市场竞争和对竞争的管理。第一，民间金融的活跃和发展必然抢占正规金融机构的部分信贷市场，从而形成对正规金融的竞争压力，促进正规金融转变经营意识，提高服务质量、服务效率和自身竞争力。第二，发展农村民间金融，引入市场竞争，有利于金融市场的发展，也有利于对金融市场进行规范，促进其管理的发展与成熟。其原因在于，政府对市场的管理水平，是随着市场竞争的展开而逐步提高的，管理者只能随着被管理者的成长而成长，只有市场竞争主体发展了，竞争存在了、展开了，管理者才会知道问题会出现在什么地方，应该管什么，怎么管，管理水平才能提高。

1.3.4 国有金融体制的重要补充

无论是国有控股银行还是股份制银行，目前已经逐渐无法满足经济日益多元化的需求，这为民间金融机构提供了发展契机。民间金融机构所占领、面向的市场是国有金融机构忽略的市场，是国有金融的重要补充。民间金融弥补了国有金融的缺口，在一定程度上缓解了社会信贷资金供求之间的矛盾，提高了金融配置效率。同时，发展民间金融又有利于建立合理的金融业竞争秩序，有助于构造多元化的金融体系和促进原有金融机构的创新与发展，形成多层次、多种所有制、富有竞争性的金融体系。

2. 农村民间金融

2.1 农村民间金融产生的原因

农村民间金融作为内生性的金融模式，必然有促使其产生的原因和条件。我们通过对相关理论的研究，可以把民间金融产生的原因大体归纳为金融抑制作用、信息不对称和交易成本优势三个方面。

2.1.1 金融抑制作用

金融抑制作用是发展中国家经济发展的一个典型特征，它指出了政府对金融资源实施控制的政策和手段，也指明了这种政策手段所导致的结果。金融抑制的主要手段包括严格的利率控制、金融市场的准入控制、指导性信贷、高存款准备金率和建立特别信贷机构等。使用这些手段的结果是使大量的廉价信贷资金通过正规金融机构体系分配到政府希望优先发展的部门，导致居民和其他部门中很大一部分成员无法从正规金融机构获得融资，而这些被正规金融体系所忽略的部门只能依赖于自身的内源融资或从民间金融市场获得外部融资。同时，民间金融的高利率对资金产生吸引，使得民间金融市场在供给和需求双重推动下得以迅速发展，整个金融市场呈现出明显的二元性。重庆市民间金融是重庆市金融制度安排的缺陷造成的结果，是民间微观经济主体为克服经济体制转轨时期滞后的金融体制自发形成的，它改变了原有的资金流动格局，促进了私人部门的发展，具有临时和过渡性质。作为自发生成而又在政府管制之外的民间金融，其制度存在不可克服的缺陷，使其在运行和发展中同时存在诸多矛盾，当金融体系发展深化到一定阶段，民间金融也将走上规范化的道路。

2.1.2 信息不对称

从信息不对称的角度来进行解释，民间金融得以产生的重要原因在于，民间金融在利用当地私人信息解决信息不对称问题方面具有比较优势。金融市场具有明显的层级结构，即从最底层的民间金融市场到正规金融市场，再到更高层级的国际金融市场，不同的层级分别对应着不同的融资规模和允许使用的资金交易方式。金融市场的层级越高，融资规模越大，贷款人所需要提供的信息就越多。正规金融体系的交易就建立在信息公开的基础之上。但是，在发展中国家，经济和金融信息不仅缺乏，而且获取信息成本高昂，尤其是农户和中小企业的财务报表一般是没有经过审计的。同时，发展中国家法律体系的不完善，很多经济活动是在法律边缘地带进行的，通过正规金融系统的交易获得资金所需要的信息披露对于这些企业来说可能具有极大的风险，因而中小企业也不愿意向正规金融机构披露信息。因此，在存在信息不对称的情况下，大企业的声誉和以往的成功往往被看作是其未来良好的盈利前景的一种信号和保障，银行倾向于向那些声誉较好，成功经营时间较长的大企业发放贷款。尽管抵押或担保可以在很大程度上克服信息不对称给正规金融信贷业务带来的风险，并能降低金融机构面临的逆向选择和道德风险，但中小企业，尤其是农户往往很难提供所需的足够抵押品，这进一步增加了中小企业，尤其是个体私营企业从正规金融市场融资的难度。在信息不对称的情况下，为了避免信贷风险，正规金融机构不得不采取信贷配给，即使具备继续提供信贷的能力，借款人也愿意接受相当高的利率，但正规金融机构仍不愿意向借款人提供贷款。这样一来，一部分借款者的贷款需求只能得到部分满足，或者根本就得不到满足，从而形成了信贷资金的需求缺口。如果借款人的融资需求同样不能从资本市场其他正规渠道得到有效的满足，他们就会寻求民间金融的帮助。

2.1.3 交易成本优势

对于正规金融的信贷业务而言，交易成本主要体现在三个方面：一是签订贷款合约前对有关贷款者的财务状况、经营状况和偿债能力等信息进行调查的事前调查成本；二是贷款合约签订之后，对贷款者经营活动进行监督的监督成本；三是合约履行过程中和合约到期后保障贷款者履行合约的合约执行成本。一方面，正规金融机构贷款的规模与其交易成本之间并不成正比关系，给大客户发放贷款的单位交易成本要比发放给小客户的贷款单位成本小得多；另一方面，由于发展中国家法律系统不健全，合约执行成本和违约风险更大。出于对交易成本的考虑，正规金融机构倾向于回避数额较小的贷款，从而使中小企业和农户从正规金融系统中融资面临重重困难。与正规金融不同的是，首先内生于农村经济的农村民间金融以地缘、血缘、亲缘为主形成一定的社会关系，这些社会关系在农村借贷行为中起到了抵押品和合约的作用；其次，农村民间金融机构投资者就身处乡村，他们了解农户和乡镇企业的资金供求情况，也有时间和条件往返于金融机构和农户之间，和正规金融机构相比节约了交易成本；最后，农村民间金融机构根植于农村，其投资者或成员本身可能就和借款人是亲戚或邻居的关系，可以节约信息搜寻成本，这种建立在相互信任基础上的信息关系显然更加适合小额的、分散性的资金需求。此外，民间金融具有手续简便、效率高的特点，符合农户个人、个体经营者和中小企业生产经营资金周转的特点，其组织和运转成本较低，并且民间金融市场上的社区约束力较强，通常不需要通过正规法律途径解决争议，从而节约了高昂的诉讼费用。

2.2 农村民间金融的功能定位

作为农村金融体系的重要组成部分，农村民间金融在重庆市的广大农村地区广泛存在。小额贷款又称为微型金融或小额信贷，是为低收入者或微型企业提供资金支持的一种信贷服务方式。小额贷款进入中国，在支持贫困人口、中小企业发展以及"三农"经济方面，都发挥了不可替代的作用。在我国，小额贷款被定义为：为贫困和低收入者及微型企业提供额度较小的信贷服务方式。小额贷款的产生有效地丰富了国内的金融体系，并且带来了新的经济增长点，以一种新的融资方式，为"三农"企业和中小企业解决了融资困难，同时小额贷款模式也促使改革开放以来的民间资本以合法化、合理化的方式参与到金融体系中，提高了资金的使用效率，也将民间资本带上了规范化经营的平台，有效地降低了金融风险，促进国内金融市场更为规范而有序的发展。截至2018年年末，全国共有小额贷款公司8 133家，贷款余额9 550亿元；截至2019年6月末，全国共有小额贷款公司7 797家，贷款余额9 241亿元，上半年减少304亿元。受区域经济发展差别等因素影响，各地小额贷款公司发展不均衡。在各地政府的支持下，从南到北、从东到西，各省国有资本和民营资本纷纷设立小额贷款公司。机构数量方面，2019年上半年，小额贷款行业企业数量排名前五的省份分别是江苏、辽宁、广东、安徽、河北，其小额贷款公司数量分别为565家、493家、456家、436家、428家，如图8-1所示。小额贷款余额方面，2019年上半年，小额贷款行业贷款余额排名前五的省市分别是重庆、江苏、广东、浙江、四川，其小额贷款余额分别为1 496.41亿元、801.12亿元、721.21亿元、628.17亿元、539.28亿元，如图8-1、图8-2所示。独有的私人信息及交易成本等优势使得民间金融为农村经济的发展提供了强有力的支持，主要表现在民间金融所发挥的宏观与微观两个方面的功能中。

单位：家

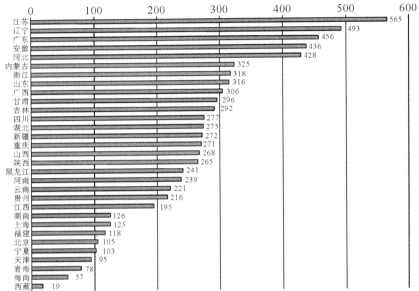

图 8-1　2019 年上半年我国各省小额贷款行业分布数量

单位：亿元

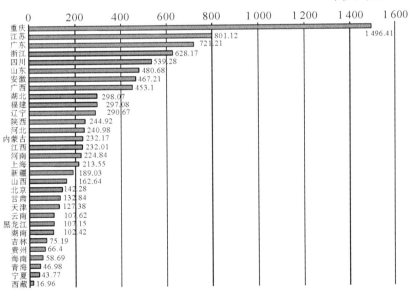

图 8-2　2019 年上半年我国各省小额贷款余额

2.2.1　农村民间金融的宏观功能

（1）优化资金的配置。

资金的有效配置是指资金的有效流动与高效利用。有效流动是指以最低的成本为资金需求者提供金融资源的能力，高效利用是将资金分配给收益率最高的投资者使用。资金配置效率受到金融市场上供应的金融产品、金融服务的多样性和灵活性的制约。农村经济发展需要大量资金的推动，储蓄是提供资金的重要来源之一，特别是在农村经济从不发达走向发达的过程中，储蓄率的高低起着决定性的作用。直接融资和间接融资是将储蓄转化为投资的两个主要渠道，这两种融资方式的效率直接决定了储蓄向投资的转化能力。金融发展正是通过这两种渠道影响资本形成的质量进而影响经济增长。从各国经济发展过程来看，几乎所有国家在发展过程中都伴随着储蓄率的上升。金融活动是促进储蓄率上升的最重要的因素之一，金融的特点在于资金融通，资金的充分流动是资金达到最优配置的前提条件。农村的投资渠道少，投资工具缺乏，使得大部分的民间资本持有者或资金富裕受到利益驱动而成为民间金融的供给者或中介，他们将小规模的短期储蓄集中起来，为各种类型的农村经济主体提供资金，促进了资金向投资的转化，成为对正规金融的有力补充。

（2）促进资本市场形成。

农村经济增长在很大程度上依赖于资本市场的竞争和效率，民间金融有助于促进资本市场的形成。为了克服农村分散的、无组织的资本市场的先天性缺陷，一些民间金融机构应运而生，形成了民间金融中的间接融资市场。农村民间金融机构作为最终借款者和最终贷款者之间的中介机构，将农村分散的、无序的资本市场在一定程度上组织起来，改善信息不对称的状况，有利于资源的优化配置，大大提高了资本市场的效率。现在金融中介理论表明，金融中介机构的主要功能是盈余单位在把未支用的收入向赤字单位转移的过程中发挥中介作用，有助于提高储蓄和投资水平，并在可供选择的投资项目中最优地配置稀缺的资金。

（3）提高融资效率。

融资效率的高低是影响金融资源使用效率的重要因素。对融资效率的评估可以从融资成本、融资机制的成熟度和融资主体的自由度来衡量。融资成本是企业筹集和使用资金所付出的代价，是企业选择资金来源、进行资本筹措的重要依据。资金成本与融资效率成反比，较高的融资成本表明金融体系不发达。融资机制的成熟度体现了资金市场的规范程度，机制规范的资金市场融资渠道多、风险小、效率高。融资主体自由度是指融资主体受到法律、制度和体制的约束程度，与融资效率呈正向关系。民间金融具有信息及交易成本方面的优势，能够有效降低融资成本，在农户和农村中小企业融资机制中，民间金融有极为特殊的意义。在企业发展的早期，民间金融是最便利的融资渠道，其重要性往往超过所有其他的融资方式。然而，长期以来政府对民间金融一直采取限制政策，使得农户和农村中小企业民间金融体系的效率大大降低。

（4）弥补金融体系的不足。

金融体系运行的最终目的是满足资金融通的需求，优化资源配置，提高资金流动效率。金融体系的运行绩效对企业的投资决策产生重要影响，同时也会影响一个地区的经济发展和国际竞争力。2020年上半年，重庆全市金融机构人民币存款余额4.09万亿元，同比增长7.0%，其中，住户存款、非金融企业存款同比分别增长13.5%和10.5%。对于资金相对紧缺的地区而言，高存款储蓄率为重庆地区经济发展提供了良好的资金来源，但欠发达的金融系统一直无法充分利用现有的金融资源，高存款储蓄率与资金短缺并存，投资效率不高。金融体系功能的核心是金融资源的流动和配置，保持资金的流动性和增值性。农村民间金融通过其灵活便利的支付体系，将积累起来的财富投资于可行的新项目，并为风险管理提供有效途径，其产生和发展弥补了现有金融体系的不足。

2.2.2　农村民间金融的微观功能

（1）满足农户的信贷需求。

由于信息不对称、农户收入不确定及抵押品不足等原因，正规金融对农户的贷款，尤其是消费性贷款普遍存在惜贷行为，而农户往往需要预支未来的收入进行消费，在婚丧嫁娶、修缮房屋、看病买药等方面均存在资金需求。特别是在欠发达的西部地区，农村金融不发达，农户的信贷需求在正规金融机构体系中得不到满足，而农村民间金融在一定程度上填补了这一空白，缓解了农户的信贷紧缺问题。在经济相对发达的东部地区，正规金融机构虽然发挥了一定的作用，但农户的消费需求仍不能完全得到满足，信贷约束依然存在。该地区活跃民间金融组织为农户提供了更多的金融服务，使得农户受到的消费限制进一步降低。因此，无论正规金融体系发达与否，民间金融始终在放松农户信贷约束、克服其消费的资金限制方面，发挥着不可替代的作用。

（2）为农村中小企业提供资金支持。

长期以来，农村金融资源短缺对农户和中小企业发展的约束受到社会的普遍关注，资金"瓶颈"一直是农村经济发展的主要障碍。从重庆市金融机构涉农贷款比例偏低，以及乡镇企业贷款余额占金融机构贷款余额的份额逐年减少的现状可以看出，重庆市农村中小企业很难获得正规金融机构的贷款支持。农村民间金融在一定程度上缓解了农村中小企业的这种压力，提供了一种较为便利的融资渠道。根据调查，90%以上的个体私营企业是完全靠自筹来获得创业资金的。在民营企业的融资构成（上市公司除外）中，自由资金约占65%，民间借贷及商业信用占25%左右，银行贷款仅占10%，从正式的资本市场中获得的融资几乎为零。国际金融公司对北京、成都、重庆和温州等地的600多家私营企业的调查表明，对中小企业而言，民间金融市场是其外源融资的最大来源。

（3）完善金融服务。

金融服务主要是通过金融工具来实现的，而新的金融产品或金融工具的出现，通常是金融机构在市场竞争压力下进行金融创新的结果。内生金融发展理论认为，经济发展的不同阶段与不同的发展水平，都存在着对金融服务的不同需求：在经济发展初期，国民收入和财富水平较低，人们只需要金融中介机构来降低信息和交易成本，对其他金融产品、金融服务与金融工具的需求较少；随着经济的发展和国民收入水平的提高，人均收入和人均财富达到一定程度之后，人们才有能力积极参与金融市场活动。因此，国民收入水平越高，金融市场也就越活跃发达。农村民间金融机构通过提高利率，提前支付利息，实行有奖储蓄等灵活变通的方法吸引资金，或者改进服务手段，开发新型金融产品，提高金融服务水平。在农村地区，民间金融仍然在为金融体系提供完善的金融服务发挥最重要的作用。

2.3 农村民间金融的发展现状和问题分析

2.3.1 农村民间金融的主要形式

（1）民间借贷。

民间借贷是指基于血缘、地缘和亲缘所出现的农村居民之间的资金借贷关系，这种借贷关系可以是货币借贷，也可以是非货币的实物借贷。借贷的当事人可能是农村居民中的个人或家庭，也可能是农村社会的基层组织单位。按照利率的高低进行划分，民间借贷有三种形式：白色借贷（友情借贷）、灰色借贷（中等利率水平借贷）和黑色借贷（高利贷）。在重庆市农村各地，甚至同一个地方民间借贷利率差别都很大。民间借贷双方关系的确立可以通过正式的合同体现，也可以以非正式的口头承诺或寻找中间人订立未经公证的书面协议来体现，双方的利益归属是明确的。农村民间借贷在客观上解决了农村经济在社会变革过程中的资金短缺问题，通过有限的内源性融资部分地解决了农村普遍存在的资金供需矛盾，使得农村经济在社会资源有限的背景下获得了发展的机会，这对于农村经济的长远发展是有积极作用的，同时，农村民间借贷为农民进行农业生产和商品交换开拓了一个便利而有效的资金来源渠道。农村民间借贷的自身优势和特点使其在广大农村地区获得了农民的普遍认可，这是任何一个正规金融机构都无法比较和代替的。

（2）钱庄。

钱庄是由贷款中介人（也称银背）转化而来的一种间接融资形式，常见于我国浙江、福建、广东等经济比较发达的沿海地区。银背自己并不拥有大量的资金，但对周围的资金贷出户情况比较了解并建立信用关系，起初他们以收取介绍费、服务费、担保费为名义向借贷双方索取收入，后来逐步发展成为经营存贷业务、收取利差的钱庄。从事融资和高利贷的私人钱庄在20世纪80年代开始活跃，90年代末出现转折，国务院发布的《非法金融机构和非法金融业务活动取缔办法》宣布了地下钱庄属于非法金融机构，但地下钱庄并没有绝迹，各地许多当铺、寄卖事实上充当着私人钱庄的角色。民营经济发展中的信贷需求与正规金融信贷供给不足的矛盾，个人与私营企业对外汇的需求与国家对外汇的严格管制的矛盾，国家对非法资金（腐败、侵吞国有资产、逃税等）的监管漏洞，以及钱庄经营暴利和针对钱庄的专门法律的缺失等是钱庄产生和发展的主要原因。钱庄的存在缺乏合法的信用基础，虽然它的运作效率高、速度快，但是风险也极高，可能让参与者的资金化为乌有。现在的地下钱庄已经逐渐地走向产业化，与腐败和黑恶势力逐渐合流，正在向社会的各个角落渗透，影响社会的和谐发展。由于监管的缺失，地下钱庄往往参与各种非法活动，为企业偷逃税费提供了通道，造成税源损失，损害国家财政基础；为洗钱提供服务，变相助长贪污、漏税、侵吞国有资产等犯罪行为，给社会经济造成大量的不稳定因素。

（3）合会。

合会是历史悠久的有组织的民间借贷活动的通称，因具体交易方式和内容的不同，合会有多种形式，如抬会、标会、摇会、打会、聚金会、月会、年会等，其目的是调剂资金余缺，互助互利。合会是现代金融出现以前农村最普遍存在的融资形式，通常是在亲情、乡情等血缘、地缘关系基础上形成的信用组织。合会具有的特征主要包括自治、民主管理，自愿参与，进入和退出自由，高度自给自足，实行自律和自我监督控制，奉行一人一票，一致同意的原则。合会的名目虽多，但都不外乎遵循一套简单的规则，即一个人自愿作为会首，出于某种资金需求（如孩子上学、结婚、建造房屋、购买生产原料等），组织起有限数量的加入者（会脚），每人每期（每月、每季、每年等）拿出约定数额的会钱，每期有一个人能得到集中在一起的全部当期会钱（包括其他成员支付的利息），并分期支付相应的利息，由抽签或对利息进行投标等方式来确定收到钱的次序。合会广泛分布在浙江、福建、广东、海南等沿海省份及我国台湾、香港等地区。虽然大量的合会并非高利息活动，但是合会的风险也是存在的。一般情况下，风险并不为外人所知，只有当出现倒会时，风险才会被放大曝光。合会的组织和运作成本是比较低的，而与会者彼此之间以自身信用作为相互的承诺和担保，所以合会内部存在一系列相互叠加的隐形契约关系，在这个基础上参与者之间的亲和性及对合会的接受程度可能超过其他的金融形式。

（4）典当。

典当是指当户将其动产、财产权利作为当物质押或将其房地产作为当物抵押给典当行，交付一定比例费用，取得当金，并在约定期限内支付当金利息、偿还当金、赎回当物的行为。典当行是指专门从事典当活动的企业法人。一般认为典当行是专门发放质押贷款的非正规边缘性金融机构，是以货币借贷为主和商品销售为辅的市场中介组织。典当贷款期限主要以短期为主，少则十天半月，多则一至三个月，最长达半年。期限较短这一特殊性主要是典当行从资金的安全性、流动性、盈利性等多方面考虑决定的，所以典当业可以起到明显的辅助融资渠道的功能。从一般的农户个人角度来看，典当业是一个便利的融资渠道，可以起到扶危济困的作用；对于规模小、资信差、从银行取得贷款较困难的中小企业和工商户来说，典当是比较容易获得融资的渠道。典当行的规范和发展能从一定程度上降低民间借贷中高利贷的存在比例，它容易成为一般公众可以信任和接受的一种资金来源，对于债务的处理往往是通过对当物的处理来体现的，比高利贷更为安全；而且对于交易双方来讲不需要有人情和人际关系的背景和投入，是摆脱了人际网络束缚的一种合法的民间融资行为。在重庆市公民个人信用体系尚不完备、个人信用信息在各个行业不能共享的情况下，典当在一定程度上解决了信息和交易成本的问题。

2.3.2　农村民间金融的发展现状

对农村民间金融现状的研究方法和观点有很多，我们可以从民间金融的资金规模、期限结构、利率水平和资金用途四个方面来考察，具体了解农村民间金融的发展状况。

（1）资金规模。

民间金融活动广泛分布在全国大部分地区，既有沿海经济发展较快的地区，也有中西部经济落后地区。浙江、福建、广东等地区民营经济发展较早，民间金融的发展也相对较快，而中西部经济欠发达地区和农村地区，由于民营中小企业和农民的资金需求，民间金融也在迅猛膨胀。在经济相对发达的东南沿海城市，企业之间，特别是民营企业之间的直接临时资金拆借或高于银行固定利率的民间借贷数量巨大。国际农业发展基金会的研究报告指出，中国农民从非正规金融市场获得的贷款是来自正规金融市场的4倍以上，非正规信贷市场对农民的重要性远胜于正规信贷市场。民间资本存量是巨大的，大量的民间资本游离于正规金融体系之外，让这些资金找到合适的投资渠道，既实现利益最大化，又对地区经济有益。

（2）期限结构。

民间金融的贷款期限一般以短期为主，针对重庆市的调查结果显示，70.3%的民间借款期限在1年以下，2年以上的比例相当低，还不到10%。期限为6~12个月是民间金融期限的主流，借款期限近似于正态分布。从理论上，借贷期限和借贷用途有某种对应关系，民间金融的日常周转性和用于生产生活必需品的购置等特性，决定了借贷期限不可能像大规模生产借贷那样具有长期性。民间金融的期限多由借贷双方视资金周转情况而定，企业、单位等经营性借款，以及个人建房、养殖等相对期限较长，其他用于临时性需求的资金，周期一般较短。

我们通过对重庆市十个区县的农户进行问卷调查发现，农户贷款的还款期限一般以1~3年为主。从还款期限来看，准备3个月还款的农户占3.7%，半年期的占6.1%，1年期的占47.4%，2~3年期的占32.5%，另外有10.3%的农户没有明确表示还款的期限。农村商业银行提供的农户贷款还款期限主要以1年期为主，往往与种植、养殖业的生产周期不协调，很难满足农户的实际需求。黔江一些经营大棚蔬菜的农户四月份得到贷款批准，到七八月份能拿到资金进行生产，在还款前只能获得一茬收入，而实际上往往需要两茬的经营收入才能还清贷款。因此，不少贷款户希望贷款能符合农户生产经营的特点，使贷款周期与收益时间相吻合，还款方式更加灵活一些。

（3）利率水平。

农村居民金融的利率因各种农村民间金融形态的不同而有所区别，即使在同一种民间金融形式之下，利率也会因为各种情况而有差别。民间借贷的参与主体多元化，利率主要由借款双方自行协商决定。一是互助性质的无息或低息借款，此类借贷主要出于帮助扶持目的，金额一般较小，利率低于同档次银行贷款利率，有的甚至为无息，约占民间借贷的20%；二是高利贷，此类借贷是为谋取高额利息，借贷月利率多为 10%~20%，约占民间借贷的 30%；三是农村互助储金会，虽多次清理，但在部分农村地区至今仍存在；四是乡镇企业内部筹资，此类借贷在乡镇企业比较普遍，利率多数以农村信用社的利率为准，约占民间借贷的 20%。

（4）资金用途。

民间金融的资金用途以生产经营为主，少数用于生活消费。由于民间借贷主要用于正常的生产经营和投资，大多数贷款人对借款人的经营状况、还款能力、道德品格有较深的了解，借款的风险较小，资金回报率较高。

2.3.3 农村民间金融发展中的问题

改革开放至今，重庆市农村民间金融基本处于自发发展的状态。多年来，农村民间金融对重庆市农村经济发展起到了重要的推动作用，但是，其存在的问题也不容忽视。弄清制约重庆市农村民间金融发展的因素并采取有效措施加以解决，不仅有利于重庆市民间金融的健康发展，而且可以使其更好地发挥服务农村经济的作用。

（1）金融体制的制约。

从重庆市金融体制方面来分析，重庆市始终将国有金融作为支撑经济发展的根本，对农村民间金融采取了一系列的改造和打击措施，尽管在改革开放之后农村民间金融再度复兴，但是对农村民间金融的管理依旧延续了先前的模式。首先，国有金融将分支机构延伸至农村，大规模吸收农村地区的富余资金，降低了农村民间金融可能发生的规模。同时，农村信用社的官办性质，使其在运行当中并没有发挥服务农村金融的应有功能，加剧了农村的资金外流状况；其次，在金融体制改革的整体布局中，农村金融体制改革的步伐落后于整个金融体制改革的步伐，而农村民间金融又处于农村金融体制极其次要的位置，因此农村民间金融的发展远远落后于国家金融体制改革的整体进展；最后，政府对农村民间金融的管理采取了国家干预的模式，由地方政府的监管部门介入，从意识形态、金融、法律等方面对农村民间金融及其形式进行多方面的干预，将国家的意志强加给农村民间金融机构，从而影响农村民间金融在现实中的发展方向、发展途径和方式。在对具体的权限缺乏法律界定的前提下，国家干预使得地方政府具有灵活运用政策和操纵国家政策执行的自由度，这些对农村民间金融的生存与发展起到了限制作用。

（2）城乡结构的制约。

城乡二元经济结构直接导致了农村和城市在经济发展和社会进步中的差距。在经济发展方面，城市和农村各自有不同的经济发展战略和发展措施，不利于农村金融体制向现代化的金融形式的发展，同时也使得农村民间金融的发展被限制在狭小的地域和范围之内，很难向高层次发展。首先，城乡二元经济结构对农村民间金融形式产生了歧视，阻碍了农村金融改革向更广更深的领域的发展。城市金融体制和农村金融体制的改革并没有从金融产品交换、金融市场一体化的角度出发，这样的改革对农村民间金融的发展并没有带来机遇和促进作用。其次，城乡二元经济结构在经济发展和改革开放的趋势下，将农村经济与城市经济相隔离，实际上形成了城市和农村两个市场，不利于农村和农民接受外来信息，也不利于农民接受人力资源方面的培训和教育，限制了农村民间金融新形式的出现和发展，也限制了农民进行金融创新的动力和积极性。最后，城乡二元经济结构使得农村民间金融市场长期处于低水平的发展状态，农村民间金融的参与主体不得不按照民间的潜在规则进行交易，大量的交易活动无法通过合法的途径和方式展开，也使得农村民间金融市场的实际融资处于难以精确统计和规范的状态，从而间接地影响到国家金融宏观调控政策的制定和执行，对于农村金融体制改革的进行和农村民间金融发展形成了潜在的制约。

（3）法律规范的制约。

从对农村民间金融的重视程度来说，农村民间金融在整个地区和社会的实际地位和状况，决定了地区和社会对农村民间金融立法的重视程度不可能达到发达地区那样。首先，在不同法律规范下，不同的农村民间金融机构的执法主体存在很大的差异，这些执法主体包括地方政府、基层的公检法机构及金融监管部门。在某些规定中，对各个执法主体之间如何进行协调与配合缺乏明确的权利划分和职能分工，这往往导致在具体问题上出现多头管理，各自为政的局面。其次，在农村民间金融普遍出现的情况下，金融法规的出台却很少惠及农村民间金融，即金融与立法仍然没有走出传统思维模式的困境，更多的相关立法是从反面对各种农村民间金融形式进行排斥性的规定，使金融部门尽可能远离农村民间金融的影响，压制农村民间金融的发展。最后，由于缺乏长远的制度设计和法律基础，金融法规和相应的法律规范往往是在一定的社会背景之下出台的，其约束力经常落后于社会和经济发展的步伐，反而造成了很多难以解决的历史遗留问题。总之，现有的法律体系和规范对农村民间金融的发展形成了制约性的效应，这种限制将农村民间金融的发展压制在一定的范围和程度之内，而对于农村民间金融的参与主体的法律保护则显得相对落后，延缓了农村金融体系改革的步伐。

2.4　农村民间金融支持体系的基本框架

2.4.1　农村金融的发展路径

农村民间金融尽管受到政府的压制和打击，其规模却不断发展壮大。这表明农村民间金融有其存在的意义和价值，能够有效解决农村地区的资金需求矛盾，完善农村金融体系的功能。因而，在农村民间金融发展路径的方向选择上，应当转变传统的管理理念，赋予民间金融合法的经济地位，引导农村民间金融规范健康发展。

（1）确立民间金融的合法地位。

确立农村民间金融的合法地位，一是要改变对农村民间金融的固有观念。对民间金融的认识首先应该澄清一点，即民间金融不等于非法金融，尽管现在的法律对民间金融仍然采取相对严厉的态度，但在法律禁区和正规金融已经占据的市场之间，民间金融仍然有广阔的生存空间。从制度经济学的角度看，民间金融是一种有效的制度安排，而且具有自发性，在应对正规金融难以解决的信息不对称、融资成本等问题时，民间金融有自己的独特优势，可以有效降低交易成本。尊重民间金融，客观认识民间金融，注意学习和研究民间金融，依法对民间金融进行合理的引导和规范，可能更有利于正规金融和民间金融的合理竞争和良性互动。二是在改变对农村民间金融观念的基础上，应当重视农村民间金融机构在农村市场活动中的作用，并通过主体法律制度安排，确立各种民间金融机构的合法性，引导民间金融机构逐步实现规范化，从地下走向地上，向制度化、法制化金融转变。在立法中，一方面要通过制度安排，允许那些股东人数、资本金、经营者资格及其他条件达到法律规定标准的、规模较大的私人钱庄、民间金融合会以股份制或股份合作制的形式进行注册、登记，按照正规金融的要求规范管理，接受监督；另一方面，要合理引导小规模的私人钱庄和民间资金参与农村信用社、农村商业合作银行等正规民间金融的改制，把原先投向地下金融的社会闲散资金吸引到合法的投资轨道上来，切实保护农村民间金融组织的法律权益，使其合法规范运作，同时给市场主体充分的自由选择权利，为农村民间金融组织创造良好的制度环境，使其健康发展，充分发挥支持农村经济的重要作用。

（2）民间金融的发展模式。

由于重庆市城乡存在的二元经济结构及地区间经济发展的不平衡，农村民间金融要实现合法化可以采用不同的发展模式，以满足不同层次金融形式、金融主体的融资需求。

①民间金融向正规金融转化。

从金融体系发展的过程来看，随着正规的金融市场和现代金融机构的发展，相当一部分民间金融向着正规金融转化，正规金融的作用逐渐增强。但民间金融并没有随着正规金融的出现而消失，这种自发形成的金融形式在社会经济体系中一直延续发展着，发挥着提供信贷资金和分散风险等重要的经济功能，构成了金融体系中一个不可缺少的部分。正规金融机构与大量资金供给者之间的借贷行为，集中地、专业地处理交易中发生的巨额信息费用，降低了单位资金的融通成本。与此相反，由于民间金融的活动是基于参与主体之间的人情关系、血缘关系等非正式规则产生的，其存在的根本原因就是基于民间金融在特定范围内所具有的信息优势和交易成本优势。因此，民间金融只能在人际关系简单、社会圈小、信用要求低的情况下存在，当民间金融的经营活动区域扩大，业务范围和成员增加时，人们之间的关系趋于复杂，交易范围超出既定的社会圈，民间金融的局限性就将显露出来。一旦超过一定的人数和地域范围，民间金融的信息和交易成本便开始上升，逐渐丧失相对于正规金融的竞争优势，其发展程度也会受到限制而被迫采用正规金融的借贷模式和技术来降低成本，逐步向着正规金融的方向转变。在经济发展程度较高的广东、福建、浙江等沿海地区，经济市场化程度较高，经济主体具有较高的利益驱动性、防范风险性，在经营中注重资金的流动性、安全性和营利性。这些区域的民间金融机构之间激烈的竞争使得借贷利率更接近于资金的机会成本和真实的供求状况，从而有动力引入更新的服务手段以防范风险和提高水平，使其具备了正规金融对资金定价与风险管理的经验，可以实现向正规金融机构的转化。

②保持民间金融的自发属性。

相对于沿海经济发达的地区，中西部地区农村生产力水平和生产方式相对落后，经济发展水平不高，经济组织表现为小资本小生产的个体经济、家庭经济。正规金融机构是追求经济利润的主体，总是将其主要的力量放在本地区经济相对发达的地区或行业的龙头企业群体上，但是对于经济欠发达的地区，尤其是在以小型个体经济、工商户为主的农村地区，尽管其资金需求较多，但是由于其融资交易规模较小，参加者比较分散，交易方式也较为传统，运行成本较高，即使能够向农村企业提供大额贷款，正规金融机构也会因农户抗风险能力弱、金融风险较高而采取信贷配给。此外，导致农村民间借贷发生的农村的生产方式和生活方式，在一定的时期内仍将长期存在。虽然农村社会的固有传统和社会人际网络在经济发展过程中发生了一定的改变，但不能改变人际交往的社会属性，不能改变人际交往对社会信用的依靠，在重庆市公民的信用体系没有建立起来之前，农村居民借贷的内生机理仍然发挥着作用，即使在国家公民的信用体系建立起来之后，也不能从根本上否定和排斥农村民间借贷的存在与发展。因此，基于正规金融机构撤离农村，广大乡镇企业与农户的资金需求及相关金融服务无法得到满足的市场状况，这些地区仍应保留民间金融固有的自发属性以构建多层次的信贷市场。随着改革的深入，政府已经认识到发展和规范民间金融对地区经济发展的正面作用，在央行公布的《中国区域金融运行报告》中，民间金融开始被确立为正规金融的有益补充，政府开始尝试引导民间金融合法化和规范化发展。

2.4.2 农村民间金融的制度安排

引导和规范农村民间金融支持体系的发展，不仅要将民间金融纳入法制化的轨道，还需要建立和完善与之相配合的金融制度，为民间金融机构的平稳运行提供制度保障。

（1）产权制度。

农村民间金融需要产权保护制度作为规范化发展的保障，要真正实现民间金融经营规范化、管理规范化，根本途径在于产权制度改革，建立健全合理的产权制度，使社会公众的财产权利得到有效保护。一方面，当实现财产权的分散化，使社会公众的财产权利同国家的财产一样得到法律明确有效的保护时，民间金融的法律地位也就得以确立了。在此基础上，由个人集资入股而组成的民间金融机构所有者的权利得以明确，股东权利能真正得到有效保护，从而成为契约型组织或拥有独立财产的法人，民间金融机构自然会有动力和压力来实现经营利润的最大化和风险的最小化。另一方面，一旦社会公众的财产权利得到法律的明确承认、尊重及有效的保护，个人也就能够成为真正拥有财产权利的财产所有者，个人的财产权利也就能得以真正的行使。确立产权制度并使产权制度合理化将会在法律及制度上保护民间金融机构的财产权利和正当的经营活动，降低经营上的不确定性，从而解决一些民间金融机构规模小、内部管理混乱、风险积聚及业务操作不规范等一系列问题，使得民间金融机构及其经营活动克服盲目性、不确定性的缺陷。同时，在合理的产权制度基础上，一部分民间金融机构将会通过市场竞争逐步发展成为真正有竞争力的正规金融机构，有利于金融体系的安全与稳健运行。

（2）市场准入制度。

市场准入制度的合理性对经济发展具有重要的影响。目前，金融市场主要有两部分：以国有金融市场为主体的正规金融市场和非正规的民间金融市场。由于金融体制上的原因，民间金融事实上无法真正进入金融市场，形成了事实上的非市场准入机制，两个市场存在着不公平的竞争。因此，民间金融市场准入确立的重点要从源头上杜绝不合格的民间金融机构进入金融市场，同时也要消除对民间金融的歧视，使其成为市场竞争的平等主体。一般来说，相对宽松的制度安排能够降低公众参与各类经济活动的成本，提高经济发展的整体活力；相对严格的制度安排，虽然能够为市场秩序和交易安全提供一定的保证，但同时也提高了市场主体的进入门槛和成本，从而影响经济效率的提高和经济发展的进程。金融活动越是发达的国家，市场准入制度越是宽松，金融机构也是多元化的。一方面，农村民间金融的长期存在一定程度上说明了农村金融市场的多元性，因此，应当建立符合实际情况的市场准入制度，从制度上降低农村金融市场的准入限制，引导民间金融机构走多元化发展的市场竞争之路，打破垄断和歧视，鼓励产品创新和经营创新，逐步改变原有的农村金融体系模式，逐步建立多元化、高效竞争的农村金融体系；另一方面，降低市场准入限制还包括通过制度和政府的服务引导多元化、多样性的金融组织进入农村领域，并引导已有的农村民间金融机构走上法制化发展道路，引入新的管理模式和经营模式。

（3）市场退出制度。

重庆市在很长时间内都没有建立金融机构的退出制度，监管层也没有建立有效的风险预警系统，金融机构一旦出现严重的支付问题，监管当局不能强制要求金融机构股东以追加资本金的方式改善状况，也不能强制让出现支付危机的金融机构退出金融市场，只能依靠中央政府或地方政府为金融机构的损失买单，防止出现金融恐慌，保证存款人的存款安全。在农村多元化金融市场的建设进程当中，应当允许经营不利、问题严重的民间金融机构按照制度程序退出农村金融领域，完善相关的退出机制，并建立保护股东和储户的利益机制。一方面要改变农村金融市场缺乏竞争的状态，改变以往通过行政命令强制金融机构关闭或合并的方式，鼓励和督促农村民间金融机构的完善发展；另一方面，市场退出制度的建立将明确风险和收益之间的关系，明确经营业绩和经营责任的关系，将退出机制的建立和农村民间金融机构的经营发展相结合，为农村民间金融的发展创建新的模式和思路。政府应针对不同产权形式的农村民间金融机构制定不同的退出方式和退出程序，成立透明公正的退出监督机构，规定股东、储户和借款人具体的权利和义务关系，并相应建立最大限度保护股东和储户利益的机制与模式。通过退出机制的建立，鼓励农村金融市场的多元化竞争，促进农村金融市场的繁荣，加强国家对农村金融市场的监管。在多种民间金融模式逐步成熟的前提下，建立相应的退出机制是对农村民间金融市场的保护，有利于农村金融市场整体的健康、稳定、良性发展。

（4）外部监管制度。

建立和完善农村民间金融的外部监管制度，首先要完善农村民间金融监管立法。目前，农村民间金融的监管在立法方面近乎空白，可以援引的法律主要是《中国人民银行法》《商业银行法》等关联性较强的法律，尚未出台专门的监管法律。国家应该尽快出台专门的民间金融监管法律法规，使民间金融机构的经营和监管机关的执行有法可依。其次，要对民间金融的监管实施分类监管政策。民间金融机构由于规模、业务范围和财务状况等方面的不同，其风险水平也存在巨大的差异。因而，监管当局应当将他们划分成不同的类别，确立合适的标准然后有针对性地实施分类监管。对于规模大、业务范围广、风险程度高的民间金融机构，应当采用相对严格的监管措施，而对那些使用自有资金的民间借贷、非正规机构的小额信贷业务，则可以通过相应的民事法规来规范其经营行为。再次，要完善农村民间金融信息监测制度。为了及时掌握农村民间金融市场的动态，防范金融风险，监管部门应建立完善有效的民间金融信息监测制度，通过农村金融监管机构定期收集民间金融活动的有关数据，及时掌握民间金融活动的资金规模、利率水平，交易对象等资料，为有关部门制定宏观经济政策提供信息支持。最后，要成立民间金融的行业自律组织。行业自律在辅助政府监管金融体系的运行过程当中发挥着重要作用，从民间金融基于一定的亲缘、血缘、地缘发展而来的特性来看，民间金融活动的参与各方通过非正式的信用约束往往比政府监管更有效率。因此，在政府机构的监管之外，应当重视运用行业自律的补充与配合作用。

第九章　深化重庆农村金融体系改革的建议

前文分析了重庆市农村金融体系的运行机制、微观参与主体及供需关系，揭示了目前重庆市农村金融体系中存在的各种矛盾，指出了深化农村金融体系改革的必要性和紧迫性，并就此给出相应的政策建议。在此，我们从农村金融体系运行机制本身和农村经济发展、配套机制方面对这些政策建议进行进一步阐述。

1. 农村金融体系运行制度建设

1.1　完善市场准入机制

从重庆市的现实情况来看，农村金融市场存在着市场约束、信息不对称、信贷约束等市场失灵现象，主要表现为资金供给方的金融抑制，而成因之一就是农村金融机构准入门槛过高，农村金融供给竞争不足。因此，有必要适当调整和放宽农村地区金融机构准入政策，降低准入标准，鼓励和支持发展适合农村需求特点的多种所有制金融组织。在这方面，我国和重庆市金融监管部门已经做出了一些实践，早在2006年年底就公布了《关于调整放宽农村地区银行业金融机构准入政策，更好支持社会主义新农村建设的若干意见》。

1.2　加强监管机制

与市场准入机制相配套，在放宽金融机构准入条件的同时，监管当局要慎重考虑如何加强对进入农村金融市场的金融机构的监管，并督促其自我监督。对农村金融机构的监管不仅要依靠市场竞争的事后惩罚和从业者自律，还要有外在的事前审批、过程监督。从事前监督来看，市场准入的不规范往往会导致金融投机或过度金融等事件，这都会影响金融市场的健康发展。因此，事前监督必须要在准入机制和审批机制上进行完善。从过程监督来看，高负债经营是金融机构的特殊性，中小型金融机构和民间资本在利益推动下往往会从事高风险运作或盲目进行金融创新，此时如果没有良好的监督机制，将导致整个金融体系不良资产增加，甚至可能引致系统性风险。因此，农村金融机构在放宽准入政策的同时，必须建立退出机制，只有这样，市场竞争的破产压力才会迫使金融机构加强自律和风险控制。

1.3 健全持续发展机制

农村金融的可持续发展，首先是农村金融财务的可持续发展，无论是以营利为目的的商业性金融机构，还是非营利合作金融机构都是如此。从竞争、创新和金融市场长期发展的角度来看，商业性金融运作具有的优势和活力使金融机构的效率得以提高，强化了农村金融机构以市场化为目的的持续发展机制，确立了市场配置资源的理念，并追求利润最大化。因此，从长远来看，一个完善的农村金融体系，在经营上要以效率性、安全性、流动性为原则，建立自主经营、自担风险、自负盈亏的持续发展机制。要建立商业性可持续的农村金融主体，就要将严重依赖补贴运作的农村金融主体转化为在商业基础上进行运作和管理的农村金融主体，并将其作为规范化金融体系的一个组成部分。

目前，农村金融机构必须在政策补贴基础上，实行市场化利率或准市场化利率及金融机构商业化运作和管理，逐步实行持续发展机制。

农村商业性金融机构必须坚持以商业化、市场化为目标的持续发展机制，建立市场配置金融资源的原则。

农村政策性金融机构既要体现不以营利为目的，对特定行为和领域进行支持和保护为目标，还要做到盈亏平衡，保本微利，财务上可持续发展。这种"商业性"和"政策性"的冲突需要政策性金融机构，一是要实现融资渠道多样化和融资方式市场化，二是要实行经营规模化、业务多样化，在进行信贷业务的同时，积极拓展创收业务，三是要缓解政策性金融机构资金来源的短期性与资金运作的长期性之间的矛盾。

农村合作性金融在当前必须坚持合作性原则。由于合作性金融主体不是以营利为目的的金融组织，没有政府的优惠扶持政策，它们很难生存。从根本上来看，合作性金融机构是政府扶持农业的桥梁，政府应该给予合理的政策扶持。同时，在政策扶持的基础上，合作金融机构也要按市场规则运行，增强内部治理能力，加强抗风险的持续发展能力。

1.4 建立涉农金融补偿机制

政策补贴的目标是帮助金融机构培养自我发展能力，并最终减少补贴数量，促进金融机构提供金融服务和参与竞争。补贴使用不当则会扭曲农村金融市场，破坏市场运行机制，导致道德风险和逆向选择，在中国还会滋生腐败。因此，为了解决金融机构涉足农业的保障问题并加快金融机构发展，补贴应该透明化，并且应该具有目标性和明确指向性。

从重庆市的农村金融补贴政策来看，利差补贴、提供低利率和无息贷款资金、提供担保、税收优惠、减少存款准备金等政策较通用。对于支持农村金融机构建设方面采用政策补贴，可以通过强化货币信贷政策的指导和引导作用，积极运用发放支农再贷款、降低存款准备金率等手段，提升农村金融机构的支农实力。中央银行提供低利率再贷款和再贴现资金，间接地支持了农业部门金融主体的既得利益者，鼓励其持续地支持农业部门。降低农业金融机构存款准备金率或提高央行存款准备金率，可以增加其资金运用规模和利息收益。

因此，支农金融机构的政策补贴是必不可少的，应该对涉农贷款建立补贴（贴息）机制。当然，为了金融机构的均衡发展，政策补贴要考虑农村金融存在的地区性差异，支农政策的力度要偏向弱者，越是经济基础差的地区，金融机构获得的政策补贴越多，以弥补商业性贷款成本高的不足。

1.5 改进利率机制

利率是资金供求的价格，是调控宏观经济和微观主体行为的杠杆，但是分散的农村金融市场，由于信息的高度不对称，在低利率时导致供不应求的"政府配给"，在高利率时产生规避逆向选择的"信贷配给"，利率信号几乎无效，这种情况在重庆市农村金融市场尤为突出。与金融机构持续发展机制相适应，必须建立市场化或准市场化的利率形成机制。

市场化利率往往使人们怀疑农村居民和贫困人口的承受能力，但是，从重庆市农村金融市场存在大量的民间借贷情况来看，较高的利率水平并不是阻碍资金需求者进入正规金融市场的主要障碍。因此，央行和银行业监管部门要切实发挥在控制利率风险上的基础调控作用，认真分析和研究利率市场化的国际经验和步骤，特别是当前农村利率市场化以后可能出现的风险，以制定各种风险防范机制，确保监管到位。

1.6 促进资金回流机制

目前重庆市农村金融市场已成为商业银行机构和农村信用社的资金提取部

门，大量农村存款流向农村经济体系之外。因此，政府需要建立促进农村资金回流的机制，建立直接、顺畅、来源较充沛的支农融资渠道，增加农村金融的有效供给。具体可以采取以下途径：

第一，以法律或法规的形式规定，根据具体的经济运行形势，要求商业金融机构每年将新增存款的一定比例投放到农村和涉农领域，引导商业金融机构，特别是地方性商业金融机构，以及全社会加大对农村、农业的投入，具体可以借鉴美国的《社区再投资法》。

第二，引导资金流向农村。中国人民银行通过提高支农再贷款的额度和频率，规定商业金融机构投入"三农"资金的比例，以保证农村基础建设、龙头企业和提高农业技术所需要的相对庞大的资金。

第三，建立支农担保、保险制度，筹集由政府、农村企业、农户多方出资的农村信用担保基金，缓解农村贷款抵押、担保问题，拓宽社会资金回流农村的信贷渠道。

1.7　建立信贷创新机制

经过多年的实践和发展，目前比较适合重庆市农户特点的信贷模式主要有农户小额信用贷款和小组联保贷款。实践证明，不需要担保抵押的农户小额贷款深受广大农民群众欢迎，也符合农村信用社经营的信贷方式。但是，随着农村经济的发展，这些信贷模式暴露出各自的缺陷。例如，对于发放小额信贷的金融机构而言，其工作服务范围广、贷款额度小、业务量大，管理成本高，主管人员缺乏积极性；对于农户而言，小额信用贷款最长不得超过一年期限，与农户生产周期不一致，存在授信额度难以满足进一步扩大再生产需要等问题。

在这种情况下，金融服务应该围绕农业发展的新要求、新变化，创新适合"三农"需要的信贷机制。

2. 农村经济发展配套机制建设

在农村经济发展过程中，金融体系与经济制度之间的关系可以描述为：一方面，农村经济制度的变迁决定了农村金融体系的发展程度；另一方面，农村金融体系的变迁也制约了农村经济的发展水平。因此，在解决当前重庆市农村资金供给不足的问题时，应从供需视角，针对农村经济和金融的发展提出相应的改革建议。

2.1 提高农户和农村企业收入，培育农村金融有效需求

要改变农村金融有效需求不足的现状，提高农户和农村企业的收入并着力达到他们的预期成为当务之急。首先，要积极发展现代农业，强化科技支农，加大对农业基础设施的投入，提高农业劳动生产率，增加农户的基本收入。其次，要打破重庆市的二元经济结构，建立城乡统一、竞争有序的劳动力市场，向进城务工的农民提供一个平等的就业机会，增加农户的非农产业收入。通过农户总收入的提高，增加农户有效的金融需求。然后，进一步深化农地流转机制改革，在稳定和完善土地承包关系的基础上，按照依法、优化资源配置、有偿原则，健全土地使用权交易市场，条件成熟的地区可以发展多种形式的适度规模化经营，提高农业综合生产能力。这既是提高农户有效需求能力的手段，也是使农户加强承贷能力，形成合理预期、提高生产性投资资源的方式。最后，要以市场为导向，大力推进农业产业化发展。农业产业化的发展在一定程度上能够解决银行贷款中的信息不对称问题，既有助于扩大银行资金来源，又能提高农户进入市场的组织化程度，有利于满足农户的资金需求和增强担保能力，并能迅速扩大龙头企业的生产基地，实现农村金融和农村经济的良性互动，逐步解决需求型金融抑制问题。

2.2 建立高质量的政府服务体系，营造有利于农村金融发展的制度环境

由于重庆市农业高风险、低收益和弱质性的特征，在农村金融改革中，政府不能过多地干预农村金融机构的改革，应本着"有所为有所不为"的原则，将职能定位于为农村金融改革与发展提供更为完善的制度保障。具体来讲，一是逐步放开农村金融市场，适当降低准入门槛，通过制定合理的准入规则和公平竞争政策，实施支持金融创新的监管措施，培育多元化的农村金融机构，吸引各类资本到农村投资；二是继续加大财政支农投入力度，建立长效支农机制，重点加强农业基础建设，实现农业的可持续发展；三是对从事农业贷款和农村保险业务的金融机构提供财政贴息、保费补贴等方式的补偿，通过对支农机构提供相应的利益补偿增强其风险覆盖能力，并在一定期限内，继续保持减免农村金融机构所得税政策，继续实行差别存款准备金政策，提高农村金融机构投资"三农"的积极性；四是控制农村资金外流，规定在农村设有网点的商业银行应将吸收存款的一定比例用于农村，达不到比例要求的商业银行应引导其逐渐退出农村市场；五是构建和完善农村社会保障体系，减少农户的非生产性资金需求，提高借入资金的预期收益率。

第十章　结论

改革开放以来，中国经济在经过一个时期的飞速发展之后，"三农"问题已经成为影响中国社会和谐稳定、经济可持续发展的主要问题之一，到了必须解决的关键时期。尤其在金融危机背景下，"三农"问题变得尤为突出，在新的形势下，农村将可能成为拉动投资、消费、就业，保持中国经济持续稳定发展的一个新的增长点，也可能成为制约中国经济发展的短板。借鉴国际经验并结合中国实际，"三农"问题的解决离不开金融支持，而创新和完善重庆市农村金融服务支持体系，是解决好"三农"问题的关键。

本书运用现代经济学、金融学相关理论和方法，在对重庆市农业、农村金融环境进行调查分析的基础上，分析了农业发展状况比较好的发达国家和发展中国家的农村金融支持体系的结构和特点，以及农村金融支持体系的现状，基于农业弱质性和小农户等特点，提出了创新和完善农村金融服务支持体系的目标和原则，并分别论述了如何构建农村金融服务支持体系的外部环境，以及如何从政策性金融、商业性金融、合作性金融和民间金融四个层面，创新和完善农村金融服务支持体系的框架、思路和方法。

1. 农村金融困境与农村金融道路的反思

从宏观角度来看，在重庆市农村金融市场上，正规金融机构单一化、垄断化的趋势比较明显，并且提供的金融服务比较单一，覆盖面窄；农业投入资金短缺；农户和农村企业贷款难的问题仍比较突出。具体来说，主要体现在以下几个方面：

第一，农村金融机构运行机制僵化，金融服务滞后于"三农"的实际金融需求。

第二，财政支农资金有效投入不足。政府财政支农资金支出总量不足；政府支农资金投入结构不合理；政府财政支农资金管理体制不完善，资金使用效果不理想；部分财政支农资金投入不到位或被挤占挪用；政府财政支农资金使用的引导、监督机制落后。

第三，农村资金外流严重。首先，由于农业的高风险与商业银行稳健经营的要求相互矛盾，原有国有商业银行撤并了在农村的大量分支机构；其次，邮政储蓄只存不贷的特殊机制对有限的农村金融资源有漏出效应；最后，农村信用社也在一定程度上分流了农村资金。

第四，农村融资体系不健全。

第五，农村金融机构风险突出，金融监管存在不适应性。

从微观角度来看，政策性银行存在内部治理结构、职能定位不清，民间金融需要加强监管，以弱化其负面效应，农业保险保障体系需要进一步完善。具体表现在：

第一，农业发展银行内部治理存在问题。首先，资金来源渠道单一，筹资成本过高；其次，农业发展银行主要提供公共产品，会产生一些弊端；最后，农业发展银行政策性业务与商业性业务有待协商。

第二，农村信用社不能完全适应农村经济发展的需求。首先，农村信用社的产权模式容易导致"外部人控制"现象。其次，原有产权组织形式，甚至是改革过程中创新的三种产权组织形式极易产生内部控制问题。再次，外部人控制和内部人控制的同时存在，加上社员入股的实际情况，使得现有的农村信用社很难真正贯彻合作制。最后，农村信用社的内部控制制度不健全。

第三，农业银行政策性职能和商业性职能难以协调。

第四，民间金融的负面效应比较大。

第五，农业保险状况亟待改善。

第六，小额信贷的作用还未能充分发挥。

2. 农村金融服务支持体系的目标、原则与环境

创新和完善农村金融服务支持体系首要的和基础性的工作，是确立构建农村金融服务支持体系的目标和原则，以及如何营造良好的金融服务体系的外部环境，为此本书做出如下结论。

第一，农村金融服务支持体系的内涵。农村金融服务支持体系的内涵目前还没有统一的界定，我们认为仿照金融体系的内涵来界定农村金融体系的内

涵，尤其比照五要素论界定农村金融体系的内涵具有合理性。为此我们把农村金融体系的内涵界定为：在一定制度背景下，农村金融交易主体、金融工具、金融市场和农村金融调控与监管多方面相互联系而形成的有机整体。这种关于农村金融支持体系内涵的界定包含五要素，分别为制度、金融交易主体、金融工具、金融市场、农村金融调控与监管。

第二，中国农村金融体系构建的目标。农村金融体系的目标，在本质上应该是实现农村金融结构的优化和金融深化，充分考虑到"三农"对金融服务需求的特点，构建多层次、广覆盖、可持续的农村金融体系，包括构建农村金融组织体系、农村金融市场体系、农村金融产品体系和农村金融监管体系，增强农村金融为"三农"服务的功能，为建设社会主义新农村提供有力的金融支持。

第三，构建农村金融体系应遵循的基本原则，即市场导向原则、竞争性原则、多层次差异化原则、金融效率原则、全面协调与和谐发展原则。

第四，构建农村金融服务支持体系的外部环境的主要思路。首先，营造良好的农村金融政策环境，使财政支农政策通过金融手段实现，利用货币政策支持农村金融发展。其次，提出了适合重庆市农村特点的信用担保模式，即政府组建、市场化运行模式和互助合作型运作模式。再次，加强农村信用环境建设，广泛开展农村信用记录，树立良好的信用意识，培育信用中介组织，促进农村信用环境的改善，加大对失信行为的惩戒，提高失信者的违约成本。最后，完善农村金融保障机制，构建适合重庆市特点的农业保险体系，完善农村金融法律体系和监管制度。

3. 农村政策性金融服务支持体系的基本框架及重点关注的问题

中国农村政策性金融体系构成应该包含四大块。其一是信贷体系，由专门的政策性金融机构组成，主要业务范围为农业、农村中长期固定资产贷款和基础设施贷款；政策性金融支持的合作金融业务及以农业为主的中短期生产、经营性贷款；承担部分政策性业务的商业金融，作为政策性金融的补充；小额信贷体系，主要负责小农户和贫困人口的生产、生活、经营性融资。其二是农业保险，建立以合作保险为基础、政策性保险为主体、商业性保险为补充的农业保险体系。其中政策性保险主要体现在提供再保险服务、保费补贴和政策性经营亏损补贴三个方面。其三是建立粮食储备、主要农产品价格风险补偿、信用担保和信贷保险，应由专门的政策性金融机构承担。其四是以财政支持为基础的农村社会保障体系，以财政出资为主承担社会保障、农业基础设施、环境保护等方面的职能。

构建农村政策性金融体系应该重点关注的问题。首先，注意农业政策性和商业性金融业务的协调发展；其次，整合现有农村金融资源，培育发展新型农村金融组织，增加农村政策性金融供给；最后，优化农村金融生态环境，保障农村政策性金融更好地发挥作用。

4. 农村合作性金融支持体系的基本构架

这部分主要提出了农村合作金融体系的发展路径：在经济欠发达的中部、西部地区，应该在稳定现有农村信用合作组织基本格局的前提下，充分发挥政策性金融的作用；在东部经济发达地区，应该规范现有农村信用合作社，提高农村信用合作社组织制度性绩效的同时，对一些经济发达地区的规模较大的农村信用合作社进行股份合作制改革，成立农村合作银行，以巩固和强化合作绩效。

5. 农村商业性金融支持体系的基本构架

这部分提出现阶段农村商业性金融的发展模式：建立与农村金融发展相适应的商业性支持体系，对现有资源进行重新整合，建立使大型商业银行与村镇银行实现优势互补、分工明确的合作机制；完善农村商业性金融的保障机制，包括紧急救助机制、行业监管机制、信息披露机制。

6. 农村民间金融支持的基本框架

这部分提出了农村民间金融的发展路径，即应当改变传统的管理理念，赋予民间金融合法的经济地位，引导农村民间金融规范健康发展。同时强调，在民间金融的发展模式选择上要注意，一方面，使民间金融向正规金融转化，另一方面要保持民间金融的自发属性。

提出农村民间金融的制度安排问题。总的原则是在引导和规范农村民间金融支持体系发展的过程中，不仅要将民间金融纳入法制化的轨道，还需要建立和完善与之相配合的金融制度，为民间金融机构的平稳运行提供制度保障。

（1）产权制度。农村民间金融需要产权保护制度作为规范化发展的保障，要真正实现民间金融经营规范化、管理规范化，根本途径在于产权制度改革，建立健全合理的产权制度，使社会公众的财产权利得到有效的保护。

（2）市场准入制度。主张建立符合实际情况的市场准入制度，从制度上降低农村金融市场的准入限制，引导民间金融机构走多元化发展的市场竞争之路，打破垄断和歧视，鼓励产品创新和经营创新，逐步改变原有的农村金融体系模式，逐步建立多元化高效竞争的农村金融体系。另外，降低市场准入门槛，还包括通过制度和政府的服务，引导多样性的金融组织进入农村领域，并引导已有的农村民间金融机构走上法制化发展道路，引入新的管理模式和经营模式。

（3）市场退出机制。在农村多元化金融市场的建设进程当中，应当允许经营不力、问题严重的民间金融机构按照制度程序退出农村金融领域，完善相关的退出机制，并建立保护股东和储户的利益机制。

（4）外部监管制度。首先要完善农村民间金融监管立法；其次要对民间金融的监管实施分类监管政策；再次要完善农村民间金融信息监测制度；最后要成立民间金融的行业自律组织。

参考文献

温涛，何茜，2020. 中国农村金融改革的历史方位与现实选择 ［J］. 财经问题研究（5）：3-12.

周立，2020. 中国农村金融体系的政治经济逻辑（1949～2019年） ［J］. 中国农村经济（4）：78-100.

强华玉，黄永兴，2020. 中国农村金融发展减贫效应研究——基于中西部省级数据 ［J］. 吉林工商学院学报，36（4）：86-92.

隋希钊，2020. 农业政策性金融支持农业经济发展存在的问题及对策 ［J］. 江西农业（8）：127-128.

黎怀敬，唐逸，覃慧，等，2020. 深度贫困县普惠金融发展的现状及对策研究——以广西昭平县为例 ［J］. 区域金融研究（4）：67-72.

谢琳，2020. 基于功能视角下广西农村金融服务农村经济发展路径分析 ［J］. 西部金融（2）：73-76.

王劲屹，2019. 我国农村金融体系独立性重构研究——基于罗尔斯正义原则 ［J］. 西南金融（12）：61-69.

司睿，2019. 农村金融体系改革的实践与经验——基于中央"一号文件"的研究 ［J］. 中国集体经济（32）：95-97.

闫志云，2019. 我国农村金融发展中存在的问题及其对策探究 ［J］. 南方农业，13（26）：101-102.

罗剑朝，曹瓅，罗博文，2019. 西部地区农村普惠金融发展困境、障碍与建议 ［J］. 农业经济问题（8）：94-107.

丁鼎，2019. 精准扶贫背景下中国农村金融创新发展路径探析 ［J］. 农业展望，15（7）：20-24.

刘昕，2019. 乡村振兴背景下农村金融发展对农业经济增长的影响分析 ［J］. 辽宁经济（7）：20-21.

路蓉，2019. 试用矛盾分析方法谈我国农村金融体系建设中存在的问题

[J]. 现代商业（5）：169-170.

潘妍妍，涂文明，2019. 破解农村金融发展不平衡不充分问题的经济逻辑与政策路径 [J]. 财经科学（3）：28-38.

周孟亮，罗荷花，2019. 双重目标下金融扶贫的实践偏差与模式创新 [J]. 郑州大学学报（哲学社会科学版），52（2）：46-50.

郭连强，祝国平，李新光，2019. 新时代农村金融的发展环境变化、市场功能修复与政策取向研究 [J]. 求是学刊，47（2）：66-76.

虞晓天，王梦涵，韩伊琳，2019. 改革开放 40 年农村金融发展的变迁和路径优化研究 [J]. 中国商论（15）：62-65.

徐国成，张怡超，2019. 基于农村金融视角的农民创业分析 [J]. 市场研究（7）：27-30.

石志禹，2019. 金融发展对地区贫困减缓的影响研究——基于广西数据的实证分析 [D]. 南宁：广西师范大学.

陈静稚，2018. 农村金融生态系统评价及优化研究——以统筹城乡综合配套改革试验区重庆市为例 [D]. 重庆：西南大学.

田甜，2011. 基于新农村建设背景下的重庆农村金融发展路径研究 [D]. 重庆：重庆师范大学.

江涛，2011. 统筹城乡背景下的银行制度创新研究——以重庆市为例 [D]. 成都：西南财经大学.

蒋静梅，2010. 重庆农村金融要素市场培育研究 [D]. 重庆：重庆大学.

韩正清，2006. 农村经济增长中的农村金融资源供给及效应 [D]. 重庆：西南大学.

温涛，2005. 中国农村金融风险生成机制与控制模式研究 [D]. 重庆：西南农业大学.

宋军，2003. 中国农村存款型金融中介制度研究 [D]. 重庆：重庆大学.

汪倩雯，2009. 统筹城乡视角下的重庆农村金融生态环境建设 [D]. 重庆：西南大学.

潘琳，2006. 政府购买与居民消费的实证研究 [J]. 中国社会科学（5）：68-76.

罗梦亮，2006. 预防性动机与消费风险分析 [J]. 中国农村经济（4）：12-19.

文启湘，1999. 消费需求结构升级与经济结构转换 [J]. 消费经济（6）：7-10.

唐德祥，2005. 重庆市农村居民消费的现实特征与预测 [J]. 统计与决策

(11): 81-82.

韩静轩, 2001. 我国城镇居民消费需求结构进行计量经济分析 [J]. 当代经济科学 (6): 83-86.

何继新, 2001. 透析开拓农村市场的障碍性因素 [J]. 工业技术经济 (6): 54-58.

傅裕嘉, 冯斌, 2000. 农村市场消费需求结构及发展趋势研究 [J]. 西安交通大学学报 (2): 27-29.

林毅夫, 2000. 加强农村基础设施建设启动农村市场 [J]. 农业经济问题 (95): 10.

谢商武, 2000. 对现阶段我国农民消费倾向的探析 [J]. 农业经济 (6): 37-39.

FIELDS, S GARY, 1992. Income distribution in less developed countries by R. M. Sundrum [J]. Journal of Economic Literature, 30 (3): 1542.

HUETH B, 2000. The goals of U. S. agricultural policy: A mechanism design approach [J]. American Journal of Agriculrural Economice, 82 (1): 14-24.

BAILEY M J, 1997. National income and the price level [M]. New York: Mcgraw-Hill.

SCHULTZE T W, 1968. Institutions and the rising economic value of man [J]. American Journal of agricultural Economics, 50 (5): 1113.

DOUTY H M, 1966. Occupation and pay in Great Britain, 1906-1960 [J]. Moth Labor Review, 89 (6): 670-671.

ERIK B, SMITH M D, 2000. Frictionless commerce? A comparison of internet and conventional retailers [J]. Management Science, 46 (4): 563-583.

ABEL A B, 1985. Precautionary saving and accidental bequest [J]. The American Economic Review, 75 (4): 777-791.

DEATON A, 1981. Essays in the theory and measurement of consumer behavior [M]. Cambidge: Cambidge University Press.

BANKS J B R, 1998. Is there a retirement saving puzzle? [J]. American Economic Review, 88 (4): 769-788.

CROOK J, 1996. Credit constraints and US household [J]. Applied financial Economics (6): 477-485.

CABALLERO R J, 1991. Earning uncertainty and aggregate wealth accumulation [J]. American Economic Review, 81 (4): 859-871.